Overath · *Wortmeldungen eines Landpastors*

Die Deutsche Bibliothek – CIP-Einheitsaufnahme
Overath, Joseph:
Wortmeldungen eines Landpastors: religiöse Zeitfragen /
Joseph Overath. – Abensberg: Kral 1994
ISBN 3-87442-052-3

Umschlagbild: Guter Hirt und betende Frau von der Via Salaria,
Rom, entnommen aus: Der Vatikan und das christliche Rom,
Vatikanstadt 1975.
Gesamtherstellung: J. Kral Verlagsdruckerei
D-93326 Abensberg
Printed in Germany
ISBN 3-87442-052-3

JOSEPH OVERATH

WORTMELDUNGEN EINES LANDPASTORS

Religiöse Zeitfragen

Schubert

Quae vera esse perspexeris, tene, et ecclesiae catholicae tribue; quae falsa, respue, et mihi qui homo sum ignosce.

St. Augustinus, de vera religione X, 20

Vorwort

Wie Josef Goldbrunner sagt, ist eine Pfarrei „ein Haus ohne Außenwände, oft weiß man gar nicht, wer aus- und eingeht, und der Wind kann ungehindert durch das Haus ziehen. Der Pfarrer vermag daher seine Gemeinde vor den geistigen Einflüssen der Zeit nicht zu schützen.“[1] Natürlich sind die Massenmedien immer schneller als die Sonntagspredigt. Wir leben ja in einer Zeit, in der wenige mit einem Schlag millionenfach die Unwahrheit ausstreuen können. Diese bittere Erfahrung macht jeder Seelsorger, der auch nur versucht, die Wahrheit der göttlichen Offenbarung den Menschen zu verkündigen.

So müssen wir als Seelsorger mit der bitteren Tatsache leben, daß unsere Pfarrei ein „Haus ohne Außenwände“ ist. Heute hat jener dieses „aufgeschnappt“, und morgen hat jene diesen Vorschlag. Als Seelsorger müssen wir uns auf die tollsten – den Massenmedien nachgeplapperten – Vorschläge gefaßt machen.

Und dennoch wagt ein Landpastor zu religiösen Zeitfragen Stellung zu nehmen. Er tut dies, obwohl auch seine Pfarrei ein „Haus ohne Außenwände“ ist.

Gerade als Landpastor will er sich Rechenschaft ablegen von der Hoffnung, die der Glaube an den Sohn des lebendigen Gottes entfacht (vgl. 1 Petr 3,15). Und falls jemand der Meinung sein sollte, er hätte durch die Herausgabe dieses Buches die „Seelsorge“ vernachlässigt, er sei nicht genug auf die Menschen zugegangen, so sei an can. 279 des Kirchenrechts erinnert. Dort ist deutlich ausgesprochen, daß Studium und die Ausübung des seelsorglichen Dienstes zusammenhängen.

Und das ist auch auf dem „Land“ so.

Drei Aspekte der heutigen Zeitfragen sah der Landpastor. Zunächst sieht er den Glauben in Anfechtung. Die Angriffe, die heute die Kirche (wie zu allen Zeiten) von *außen* erfährt, scheinen weniger schlimm als bestimmte Strömungen *in* der Kirche. Aber soweit es geht, wollte der Landpastor seinem Schafstall „Außenwände“ geben. Und deswegen nimmt er zu „Dauerbrennern“ der kirchenfeindlichen Diskussion Stellung, besonders zu den Themen Jungfrauengeburt, Eucharistie, Papst und Sekten.

Er erkennt aber auch klar den Disput in der Kirche. Als Seelsorger erlebt er, wie oft der kindliche Glaube von Menschen durch die

„Theolomogeleien“ nicht weniger Inhaber von theologischen Lehrstühlen schwer leidet.

Deswegen versucht er, einige Löcher im Zaun seines Schafstalles zu flicken, wenn er zu Priestermangel, Frauenpriestertum, Papsttum und Wahrheit Stellung nimmt.

Da der Landpastor das Bild der Pfarrei „ohne Außenwände“ sehr ernst nimmt, so wollte er seinen Schäfchen wenigstens solide Nahrung bieten, wenn er schon keinen Stall hat, der ohne Zugluft ist.

So zeigt dann das Kapitel III auf, wie die Menschen auch heute aus dem wahren Glauben leben können, wenn sie die Kost der Tradition nicht verachten. Jeder der 6 Abschnitte des letzten Teils des Buches „Aus klaren Quellen schöpfen“ möchte unverdorbenes Futter für die Schäfchen sein.

Indessen weiß der Landpastor zu gut, daß er weder die „Außenwände“ stopfen kann, noch Nahrung zu reichen imstande ist. So soll das Titelbild, das den Guten Hirten und die Orante zeigt, an den *einen und einzigen Seelenhirten* erinnern.

Für seine Herde und für sich betet der Landpastor mit den Worten des Tagesgebets des 4. Sonntags der Osterzeit:

Allmächtiger, ewiger Gott,
Dein Sohn ist der Kirche siegreich vorausgegangen
als der Gute Hirt.
Geleite auch die Herde, für die er sein Leben hingab,
aus aller Not zur ewigen Freude.

Osberghausen, am Fest Christi Himmelfahrt 1993

1 Josef Goldbrunner: Weisheit in der Leitung einer Pfarrgemeinde, in: Walter Baier u. a. (Hrsg.): Weisheit Gottes – Weisheit der Welt. Band II. Festschrift für Joseph Kardinal Ratzinger zum 60. Geburtstag. St. Ottilien 1987, 1221–1230, hier 1229.

Inhalt

I. Glaube in der Anfechtung

II. Disput in der Kirche

III. Aus klaren Quellen schöpfen

Quellennachweise

I.

Glaube in der Anfechtung

1. Vater Jesu? Ein Heiliger in den Schlagzeilen

Am 9. Juni 1987 konnten die Hörer im Mittagsmagazin des WDR u. a. diese Worte über die allerseligste Jungfrau und Gottesmutter Maria hören: „Nach meiner Meinung ist Jesus von einem menschlichen Vater geboren – Josef bietet sich an – und einer menschlichen Mutter auf normalem Wege gezeugt und geboren worden.“[1]

Selbst ein Hörer dieser Sendung, der nicht regelmäßig die heilige Messe besucht, wird sich an das Glaubensbekenntnis erinnern und fragen, ob denn diese Aussage mit dem dritten Artikel des Apostolicums „Qui conceptus est de Spiritu sancto, natus ex Maria Virgine“ in Einklang zu bringen ist.[2] Glaube wird heute öffentlich angefochten. Zu früheren Zeiten, als die Massenmedien die Nachrichten noch nicht flächendeckend verbreiten konnten, hatte es die Kirche einfacher im Umgang mit den Irrlehrern. Josef *Goldbrunner* analysiert treffend die heutige Situation: „Die Pfarrei ist ein Haus ohne Außenwände, oft weiß man gar nicht, wer aus- und eingeht, und der Wind kann ungehindert durch das Haus ziehen.“[3] Er nennt drei Tendenzen, die heute besonders die Wachsamkeit der Hirten verlangen: Die Theologie werde leicht als vergleichende Religionswissenschaft geboten, der Glaube könne zu einer allgemeinen menschlichen Frömmigkeit umgedeutet werden, und die Religion als solche werde zu einer seelischen Hygiene degradiert.

Die Leugnung der jungfräulichen Empfängnis Mariens stellt zunächst einen platten, wenn auch an der geistigen Luft unserer Zeit liegenden Materialismus dar. Diesen Materialismus kann man vereinfachend so beschreiben: Ich glaube nur an das, was den Sinnen zugänglich ist. Damit kommt dieser Weltanschauung das Eigentliche des Glaubens nicht zu Gesicht. Glaubensgeheimnisse und Wunder zumal übersteigen die Sinne des Menschen.

Daß der Kirche von außen der Wind ins Gesicht bläst, ist nicht verwunderlich. Auch innerhalb der Kirche stellen wir eine *zunehmende Banalisierung des Glaubens* fest. Diese Tendenzen werden leider oft von den zuständigen Stellen nicht gesehen.[4] Unter Banalisierung des Glaubens fassen wir hier eine Interpretation der Glaubenswahrheiten zusammen, die die Mysterien so sehr in die Ebene menschlicher Erfahrbarkeit herabholt, daß schließlich die Einzigartigkeit des Offenbarungsgeschehens nicht mehr gewährleistet bleibt.

Als Beispiel sei aus einem „Schnippelbogen“ für die Pfarrbriefe ein Text über „St. Joseph, der Arbeiter und seine Brüder“ angeführt: „Genau betrachtet: was war Joseph denn schon? Gut, ein Handwerker! Aber damit geht man doch nicht in die Geschichtsbücher ein. Doch das war Joseph: einer, der stand. Einer, der ohne großes Aufhebens die Drecksarbeit tat. Einer, der zu seiner Verlobten hielt, obwohl er nicht der Vater ihres Kindes war. Dieser Joseph hatte Brüder. Heute. Man findet sie nicht in der Zeitung.“[5]

Angenommen, jemand wüßte nur das in diesem Text Gesagte über den heiligen Joseph, was wüßte er dann vom Heiligen? Was der Text sagt, ist nicht falsch. Aber es ist eine Banalisierung des Glaubens. Ist der heilige Joseph wirklich austauschbar durch die Menschen, die die „Drecksarbeit“ tun? Ist jeder, der zu seiner Verlobten hält, die ein Kind von einem anderen Mann erwartet, schon der *vir iustus*, der gerechte Mann? Sicher möchte der Schreiber in bester Absicht heutigen Menschen den Heiligen nahebringen. Aber genau dies leistet der Text nicht. Eher findet eine billige Kumpanei mit dem Heiligen statt.

Ein weiteres Beispiel soll noch mehr verdeutlichen, was mit Banalisierung des Glaubens gemeint ist.

Der Misereor-Fastenkalender 1983 schreibt zum 19. März: „Jesus ist seinem Vater Josef 30 Jahre gefolgt.“[6] Daß Joseph der Vater Jesu ist, war auch im Mittagsmagazin zu hören. Aber der Leser des Fastenkalenders erhält noch weitere falsche Informationen: „Er baut den Sarg für die Bestattung der Toten.“ Der heilige Joseph war danach als Zimmermann in der Bestattungsbranche tätig! Ein Blick ins Neue Testament hätte doch gerade die Bestattungsriten der Juden (Leichnam wurde in Leinen gewickelt) deutlich werden lassen können.

So sind nicht nur die Massenmedien schuld, wenn der Kirche eine Diskussion über die grundlegenden Glaubenswahrheiten aufgedrängt wird, sondern diese wurmstichige Infragestellung kommt gleichermaßen aus dem Innern der Kirche. Dietrich *von Hildebrand* stellte bereits 1968 mit einer bewundernswürdigen geistigen Schärfe fest, das Trojanische Pferd sei in der Gottesstadt. In dem gleichlautenden Buch,[7] das wie ein Kompaß in der theologischen Verwirrung der letzten Jahrzehnte Richtung bietet, heißt es:

„Sie glauben im Grunde, daß die Schriftauslegung und die Lehre der Kirche den falschen philosophischen Interpretationen wissenschaftlicher Ergebnisse angepaßt werden sollte, oder gar schlechten Philosophien, auf denen viele soziologische und psychologische Theorien aufbauen, die fälschlicher Weise als rein wissenschaftliche Resultate dargestellt werden. Bewaffnet mit Schlagworten wie dem von der Anpassung an den wissenschaftlichen Geist der Zeit oder an die geschichtliche Epoche, in der der Mensch reif und mündig geworden sei, fordern die Progressisten das Recht, Änderungen an der Lehre der Kirche selbst vorzunehmen. Das zeigt sich vor allem in ihrem Versuch, die im Evangelium berichteten Wunder in einem bloß symbolischen Sinn auszudeuten – ja dieser Versuch erstreckt sich sogar auf die zentralen Mysterien der Verkündigung, der jungfräulichen Geburt und der Auferstehung."

Auf diesem Hintergrund versuchen wir nun, die Bedeutung und Würde des heiligen Joseph in der Heilsgeschichte darzustellen. Unter I. wird kurz über den Glauben gesprochen werden; Abschnitt II. stellt die Frage, was die Evangelien zur Jungfrauengeburt sagen. Der III. Teil wird versuchen, Joseph in seiner Einzigartigkeit zu beschreiben.

I.

Theologie ist Glaubenswissenschaft.[8] Und wenn wir uns theologisch um etwas mühen, dann muß der Glaube miteingeschaltet sein. Als gläubige Katholiken betrachten wir den Glaubensschatz der Kirche mit der menschlichen Vernunft, die ihrerseits bereits durch den Glauben erhellt ist. Gerade wenn wir über ein *Wunder* nachdenken, es in den größeren Zusammenhang der Heilsgeschichte einfügen, kommen wir nicht ohne den Glauben aus. Der Evangelist *Matthäus* berichtet uns die Heilung eines stummen Menschen durch Christus (Mt 9,32–34). Jesus treibt den bösen Geist aus, und der Mann kann wieder sprechen. Wichtig für unseren Zusammenhang ist die *Reaktion der Zeitgenossen* und Augenzeugen auf dieses Geschehen. Einige sagen: „So etwas ist in ganz Israel noch nie geschehen" (Vers 33). Diese Menschen erkennen an, daß jetzt ein Wunder geschehen ist und stellen sich mit der ganzen Person diesem Ereignis und dem, der dies getan hat. Die Pharisäer reagieren ganz anders: „Mit Hilfe des Anführers der Dämonen treibt er die Dämonen aus" (Vers 34).

Die Pharisäer „wissen" ebenso wie die übrigen Augenzeugen, daß Jesus dieses Wunder gewirkt hat. Aber das darf nicht wahr sein! Also suchen sie eine neue Erklärung, die sich eigentlich angesichts des Tatbestandes von selbst ausschließen müßte.

Wunder sind verschieden deutbar und werden immer wieder verschieden gedeutet. Erst der Glaubende, der sich Gott mit Haut und Haaren anvertraut, sieht in diesem oder jenem Geschehen ein Wunder.[9] Wunder können deswegen weder den Glauben beweisen noch entfachen. Wenn das Wunder geschieht, dann kommt der Mensch in eine Entscheidungsphase: entweder lehnt er grundsätzlich aus weltanschaulichen Erwägungen das Wunder ab, oder aber er öffnet sich der Umkehrbotschaft und ändert sein Leben.

Wenden wir dies auf unseren Heiligen an, dann können wir sagen, daß der heilige Joseph sein Leben mit Haut und Haaren auf die Botschaft des Engels hin Gott anvertraute und das Wunder der jungfräulichen Empfängnis Jesu voll und ganz akzeptierte. Um es mit einem biblischen Bild auszudrücken: Joseph ißt nicht vom Baum der Erkenntnis, sondern er steht staunend vor dem Geheimnis Gottes und findet so heim in Gott. Erst wenn wir den Glauben an Gottes Wirken annehmen, können wir Theologie treiben, die einzelnen Tatsachen einordnen und für unser Leben fruchtbar werden lassen.

Welches ist nun der „Inhalt" dieses Mysteriums? Bei der Jungfrauengeburt geht es um eine Aussage über Jesus Christus. Wenn ein Mensch von seinen Eltern gezeugt wird, dann schafft Gott jedesmal neu dessen unsterbliche Seele. Aber bei der jungfräulichen Empfängnis Jesu geht es „um den Anfang der menschlichen Seinsweise der Person des Wortes, die als solche von Ewigkeit her ist".[10] Hier geschieht etwas so Unerhörtes und Schwerwiegendes, daß die Skala der natürlichen Ordnung nicht mehr ausreichen kann; es geht um die Menschwerdung Gottes. Hier handelt Gott selbst in einer Weise, die nur noch mit dem *Schöpfungsakt* selbst verglichen werden kann. Weil Jesus der Gottmensch ist, kann gesagt werden: „Der Ausfall der normalen Zeugung ist also darin begründet, daß der Mensch Jesus – als Höhepunkt der Offenbarung – alle innerweltlichen Menschen transzendiert. Seine menschliche Natur als vom Logos personiert ist durch geschöpfliche Kausalität nicht erreichbar."[11] Die Frage, ob dies „möglich" ist, ist die Frage, ob Gott überhaupt existiert. Ein Gott, der die Welt erschaffen hat, kann immer wieder seine Schöpfung mit ihrer wunderbaren Ordnung „überspringen". Gerade im Hinblick auf die Menschwerdung Gottes ist dies bei der Jungfrauengeburt tatsächlich geschehen.

II.

Es stellt sich die Frage, ob die Evangelisten *Lukas* und *Matthäus,* wenn sie von der jungfräulichen Geburt berichten, eine *biologische Tatsache* beschreiben wollten oder vielleicht eine *theologisch-symbolische* Deutung zu geben beabsichtigten. Das würde sich dann so anhören: Die Evangelisten haben in der Sprache ihrer Zeit geschrieben, die voll von Göttermythen war. Sie wollten ausdrücken, daß Gott uns Menschen liebt und retten möchte.

Diese Argumentation ist nicht neu, wenn sie auch in unserer Zeit durch die Massenmedien mehr Menschen zu Gehör kommt. Seit der Aufklärung[12] des 18. Jahrhunderts – aber auch schon in früheren Aufklärungen – wurde versucht, die gesamte übernatürliche Offenbarung solchermaßen zu entleeren, d. h. sie lediglich noch als Appell zur allgemeinen Menschlichkeit zu verstehen.

Was in einem Kommentar[13] zum Matthäusevangelium, der aus der ersten Hälfte des 19. Jahrhunderts stammt, über die Jungfrauengeburt steht, könnte auch für die heutige Zeit geschrieben worden sein:

„Freilich, wer Jesus nur für einen menschlichen Moralphilosophen hält, der kann sich auch seine menschliche Entstehung nicht anders als eine gewöhnliche denken. Das Urchristentum hatte aber offenbar eine höhere Idee von Jesus, der der Glaube an seine wunderbare Menschwerdung sehr natürlich entspricht. Wir exegetisieren demnach gewiß im Geist des Urchristentums und des Evangelisten, wenn wir es hier mit der Absicht der alten Exegeten halten."[14]

Wer glaubt, daß Jesus von Nazareth der Sohn Gottes ist und die Gleichung Jesus = Christus anerkennt, der kann die Evangelien nicht anders als faktisch-biologisch deuten. Peter Alois *Gratz* hatte dies verstanden: Entweder ist Jesus ein bloßer „Moralphilosoph", oder aber er ist der Sohn des lebendigen Gottes.

Die Spannung, die dem aufklärerischen Denken entsprungen ist, ist bis heute noch nicht überwunden. Bis heute gibt es Exegeten, die nicht klar und eindeutig die Geschichtlichkeit der jungfräulichen Empfängnis anerkennen. So schreibt z. B. Otto *Knoch* im weitverbreiteten „Handbuch der Marienkunde“: „Eine klare und eindeutige historische Gewißheit über das Geschehen um Empfängnis und Geburt Jesu durch seine Mutter läßt sich angesichts dieser Quellenlage und der theologischen Prägung der evangelischen Marienzeugnisse jedenfalls nicht gewinnen.“[15]

Demgegenüber wird man, wenn es um die Geschichtlichkeit von Tatsachen geht, auch den *Historiker* hören müssen. Hugo *Staudinger* hat in seinem Buch „Die historische Glaubwürdigkeit der Evangelien“ nachweisen können, daß es keinen Grund gibt, diesen Berichten weniger Glauben zu schenken als etwa den übrigen antiken Berichten. So kann er zusammenfassend sagen: „Der Historiker kann feststellen, daß Jesus der Sohn Mariens, aber nicht der Sohn ‘Josefs’ war.“[16]

Es gibt heute eine Reihe von *Exegeten,* die die Berichte des heiligen *Lukas* und des heiligen *Matthäus* im Sinne des Historikers verstehen.

Bei aller nötigen Würdigung der theologischen Aussageabsichten der Kindheitsgeschichten kommt der Exeget Josef *Ernst* in seinem Kommentar zum Lukasevangelium zum Schluß, daß für den „Autor die Faktizität ein Wesenselement der Aussage ist.“[17] Lukas habe sicherlich einen „biologischen Sachverhalt“ berichten wollen: „Alle Versuche, die jungfräuliche Empfängnis nur als christologisches Interpretament zu verstehen, widersprechen eindeutig den Aussageabsichten des Autors.“[18]

Alexander *Sand* befaßt sich in seinem Kommentar[19] zum Matthäusevangelium ebenfalls ausführlich mit dieser Frage. Dabei kommt er bezüglich Mt 1,18 zu folgendem Schluß: „Nicht auf eine mythische Zeugung will diese Aussage verweisen, sondern auf einen in Gen 1,2f. vorgebildeten Schöpfungsakt Gottes . . . Nicht einem irdischen Erzeuger verdankt dieses Kind seine messianische Existenz, sondern Gott allein; dieses Kind ist nicht Sohn eines Elternpaares, sondern ist Gottes Sohn.“[20] Der Evangelist selbst habe die Tradition befragt und von ihr die Geschichte über die Geburt aus der Jungfrau Maria entnommen.

In diesem Rahmen müssen diese kurzen Hinweise genügen, zumal Johannes Joachim *Degenhardt* in seiner Schrift über die Jungfrauengeburt sagen konnte: „Es ist bei den Exegeten kaum bestritten, daß Matthäus und Lukas Josef nicht als den leiblichen Vater Jesu betrachten, sondern die wunderbare Empfängnis durch Überschattung des Heiligen Geistes aussagen wollen. Maria ist Jungfrau und Mutter zugleich, sie hat ohne Zutun eines Mannes das Kind empfangen, das dann auf Geheiß göttlicher Weisung von Josef adoptiert worden ist."[21]

Die Kirche hat also keineswegs die Heilige Schrift überinterpretiert, als sie die Lehre von der Geburt aus der Jungfrau in das Glaubensbekenntnis übernommen hat. Vielmehr sind die zwölf Artikel des Apostolicums der einzige Schlüssel zum Verständnis der Bibel.[22]

Neben der Exegese sind aber auch andere theologische Disziplinen zu befragen, wenn es um diese Glaubenswahrheit geht. So ist in jedem Fall die *Kirchengeschichte*[23] um eine Antwort anzugehen. Die Kirchenhistoriker sind offensichtlich immer von der Geschichtlichkeit der Aussagen von Lukas und Matthäus ausgegangen. So nennt Karl *Baus* den heiligen Joseph ausdrücklich Nährvater Jesu.[24] Insoweit der Kirchenhistoriker das Eingreifen Gottes grundsätzlich als Möglichkeit ansehen muß, wird er ohnehin mit den Berichten der Evangelien keine Schwierigkeit haben. Wenn er allerdings deistische Vorurteile (d. h. Gott kümmert sich nicht mehr um seine Schöpfung) in seine historische Analyse mit einfließen ließe, müßte er sich fragen lassen, ob der Deismus denn mit seiner Methode zu beweisen ist.

Hubert *Jedin* hat zu diesem Problem geschrieben: „Die historische Kausalität muß gegen das Eingreifen und Mitwirken transzendenter Faktoren geöffnet bleiben, die Möglichkeit außerordentlicher Phänomene (z. B. mystischer, aber auch von Wundern) darf nicht apriorisch ausgeschlossen werden."[25]

Und Erwin *Iserloh,* dem es auch darum geht, daß Kirchengeschichte eine theologische Disziplin ist, weist auf Faktoren hin, die wichtig sind: „Der Kirchenhistoriker rechnet (1) mit religiösen Bewegkräften im Bewußtsein der Menschen, die mit rein innerweltlichen Maßstäben psychologischer, politischer Art usw. nicht in den Griff zu bekommen sind; (2) mit dem Eingreifen des lebendigen Gottes selbst in die Geschichte, die er unabhängig vom Bewußtsein der Beteiligten, ja gegen ihr Wissen und Wollen auf seine Ziele hin ordnen kann."

Wir dürfen festhalten, daß sowohl die Exegese als auch die Kirchengeschichte die biologische Tatsache der Jungfrauengeburt annehmen kann, wenn und solange Gott als ein in die Geschichte eingreifender Gott begriffen wird.

Nach der Befragung der theologischen Disziplin verstehen wir jetzt die *Dogmatik* besser, die die Glaubenswahrheiten zu deuten und in das Ganze des katholischen Glaubens einzuordnen hat. Als Prinzip des katholischen Denkens darf man das „*et – et*", d. h. sowohl als auch, ansehen. Demgegenüber kann das reformatorische Denkprinzip durch das Wort „*solus*", d. h. alleine, charakterisiert werden. Das Grunddogma des katholischen Glaubens fordert geradezu das et – et, d. h. Jesus Christus ist wahrer Mensch und wahrer Gott. Leo *Scheffczyk* stellt in seinem Buch „Katholische Glaubenswelt"[27] diese Position des et – et genauer dar und gibt ihr den Namen „*Heilsrealismus*". Nur auf heilsrealistischem Humus kann katholische Deutung der Dogmen wachsen, wie dies gerade in einer Zeit einer mit dem Idealismus und dem Existentialismus liebäugelnden Theologie betont werden muß. Was meint „Heilsrealismus"? Scheffzyk antwortet so:

„Heilsrealismus will besagen, daß das Heil nach christlich-katholischem Verständnis gerade auch in die dem Ideellem, Geistigem entgegengesetzte Sphäre eindringt und sich ihr verbindet, nämlich der materiellen, kosmischen, sinnenhaften, geschichtlichen. Damit ist behauptet, daß sich das Übernatürliche und Göttlich-Geistige der ihm unterlegenen Wirklichkeit des sichtbar Materiellen bedient und sich in ihr ausdrückt, sie aber dadurch zugleich in das Heil hebt."[28]

Wer heilsrealistisch über das Dogma von der Gottessohnschaft Jesu Christi nachsinnt, der wird zum Schluß kommen, daß letztlich die Jungfrauengeburt die einzige Möglichkeit für diese Wahrheit ist. Johann *Auer* sagt deswegen: „Die Leugnung und Ignorierung der 'jungfräulichen Geburt' müßte das Christusbild der Offenbarung wesenhaft entstellen."[29] Hans *Urs von Balthasar* hat deswegen gefragt: „Konnte er, grob gesagt, zwei Väter haben, was ihn menschlich gezwungen hätte, sich zwei Vätern zu verdanken?"[30] Das innige und einzigartige Verhältnis Jesu zum Vater im Himmel schließt eine Vaterschaft Josephs aus. Denn bei der hohen Wertschätzung der Vaterschaft im biblischen Kulturkreis wäre Joseph als Vater Jesu sicher hochgeschätzt gewesen und hätte nicht in den Evangelien eine gegenüber Maria untergeordnete Rolle spielen müssen.[31]

Wer also die ältesten Urkunden der Kirche – das Neue Testament – ernstnimmt, dazu heilsrealistisch denkt – Gott wirklich etwas zutraut – der kann sich zur Jungfrauengeburt bekennen. Dazu darf nicht übersehen werden, daß keinerlei religionsgeschichtliche Parallelen zur Jungfrauengeburt nach dem Verständnis des Neuen Testamentes zu beweisen sind.[32] Unter dem Hinweis auf solch angebliche Parallelen zu antiken Göttergeschichten meinten viele Theologen die heilsrealistische Position aufgeben zu müssen und somit auch in letzter Konsequenz das Bekenntnis, daß Jesus wahrer Gott und wahrer Mensch ist.

Fassen wir die bisherigen Überlegungen zusammen: Exegetische, kirchenhistorische und dogmatische Argumente haben uns gezeigt, daß wir die Geburt aus Maria der Jungfrau heilsrealistisch auffassen können. Dies haben auch die Konzilsväter des Vatikanum II. getan: „Im Glauben und Gehorsam gebar sie (Maria) den Sohn des Vaters auf Erden, und zwar ohne einen Mann zu erkennen, vom Heiligen Geist überschattet, als neue Eva, die nicht der alten Schlange, sondern dem Boten Gottes einen von keinem Zweifel verfälschten Glauben schenkte“ (Lumen gentium, Art. 63).

III.

Welche Stellung hat nun der heilige Joseph, wenn er nicht der Vater Jesu war, wie wir gesehen haben? Die Heilige Schrift überliefert kein Wort aus seinem Mund, aber sie übergeht ihn auch nicht.

Sechs Aspekte sollen nun zum Leuchten gebracht werden, ähnlich den vielen hundert Seiten eines Brillanten. So soll versucht werden, wenigstens einige Seiten des Nährvaters Jesu zu verdeutlichen. Es geht also jetzt um *Joseph, den Urzeugen der Menschwerdung Gottes* im jungfräulichen Schoß Mariens.

1. Wie Matthäus berichtet (1,25), hat der heilige Joseph dem Sohn der Jungfrau *den Namen gegeben:* „Und er gab ihm den Namen Jesus.“ Der Pflegevater reihte Jesus durch diesen Akt in die Erbfolge Davids ein. Damit ist gesagt: „Dieser Jesus (und nur er allein) ist der Messias Gottes für Israel.“[33] Durch diese Namensgebung ist endlich

in Erfüllung gegangen, was seit Abraham alle Israeliten mit größter Sehnsucht erwarteten.

In biblischer Zeit war die Namensgebung eine wichtige, ja ehrenvolle Aufgabe. Name ist nicht einfach „Schall und Rauch". Im Namen ist die Person anwesend. Wer den Namen eines Menschen kennt, der konnte auch Macht über diesen Menschen ausüben.

Der Name Jesus leitet sich von jeschua, d. h. Jahwe ist Rettung, ab. Nach Apg 4,12 und Kol 3,17 ist der Namensträger der Retter von den Sünden und in diesem Namen „Jesus" ist umfassendes Heil vorhanden. Das Neue Testament weist an vielen anderen Stellen auf die Bedeutung dieses Namens für die Rettung hin (vgl. z. B. Röm 10,13; Apg 2,21 u. a.). Recht des Vaters ist es, dem Kind einen Namen zu geben, wie auch die Zachariasgeschichte (Lk 2,57–80) zeigt. Indessen wehrt sich Zacharias im Gegensatz zum heiligen Joseph nicht, die Namensgebung vorzunehmen. Erst auf das Geheiß des Engels gibt Joseph den Namen (Mt 1,21). Wenn Joseph das Wort des Engels nicht ernstgenommen hätte, dann wäre er nicht von der geistgewirkten Geburt Jesu überzeugt gewesen. Dann hätte er niemals dem Kind einen Namen geben können. So wird der heilige Joseph zum Urzeugen dafür, daß im Namen „Jesus" das Heil und die Rettung liegen.

2. Am Verhalten Josephs wird auch deutlich, daß *Glaube nicht mit Träumerei verwechselt* werden kann. Wenn der Evangelist Matthäus für seine Darstellung auf den Traum zurückgreift, dann spricht dies keineswegs gegen die Tatsächlichkeit des Berichtes. Dies zeigt ein Blick auf die zeitgenössischen Deutungen von Träumen. „Während im antiken Traumleben der Aberglaube, die Neugier und die niederen Süchte ihr Wesen trieben, haben die neutestamentlichen Traumerzählungen ihre Mitte in Christus: Gott leitet die Seinen . . ., der Herr schickt seinen Jüngern Trost und Stärkung . . ., eben auch im Traum."[34] Joseph versucht keineswegs den Traum zu deuten, sondern die Botschaft Gottes ist klar und eindeutig. Der Engel ist der Bote Gottes. Sogar das Erfüllungszitat (Jes 7,14 = Mt 1,23) gehört mit zur Botschaft des Engels. Joseph soll sich nicht auf etwas Vages verlassen, nicht auf eine Träumerei hin dieses Wagnis eingehen. Vielmehr verbürgt sich Gott selbst durch das Prophetenwort für die Wahrheit dessen, was der Heilige im Traum erfährt. Damit wird der Heilige zum Garanten eines Glaubens, der fast einzigartig in der

Heilsgeschichte steht. Das vom Engel Gesagte ist dermaßen ungewohnt, ja menschlich betrachtet unglaublich, daß es sich nicht um eine Träumerei handeln kann. Indessen bleibt das Wagnis des Glaubens. Joseph spürte am eigenen Leib, was Hans Urs *von Balthasar* so beschrieben hat: „Mit wem er (d. h. Gott) sich einläßt und wer sich mit ihm einläßt, der wird nicht geschont. Er muß mit in den Verdacht und die Zweideutigkeit, aus der man sich nicht herausreden kann."[35] Spätestens die Flucht nach Ägypten war der Beweis dafür, daß der Glaube des heiligen Joseph sich nicht auf einer Träumerei gründete, sondern auf einem festen Fundament.

3. Ferner zeigt sich, daß der Glaube Josephs eine *gesunde Kritik* nicht ausschloß. Ungeheuerlich war die Botschaft Gottes an den Heiligen. Er mußte gleichsam mehr Glauben aufbringen als Maria selbst, die ja doch die biologischen Abläufe ihres Körpers kannte. Demgegenüber ging der Glaube des heiligen Joseph in eine doppelte Richtung: Einmal mußte er Gott glauben und dann auch noch Maria. Von hier aus ist zu verstehen, daß er Maria entlassen wollte. Nach dem Gesetz (vgl. Dt 22,23f.) hätte er seine Verlobte steinigen lassen können, denn er mußte zunächst von einem Ehebruch ausgehen.

Es entspricht deswegen nicht dem Ernst der Offenbarungsurkunden des Neuen Testaments, wenn der Heilige auf vielen Bildern als alter und grauer Mann dargestellt wird.[36] Unter vielen anderen, die an diesen falschen Darstellungen Kritik übten, kann auf den Barockprediger Christoph *Selhammer* verwiesen werden. Man könne den Heiligen nicht so darstellen, als brauche er einen „dritten Fuß", d. h. eine Krücke. Und in der schönen Sprache der Barockpredigt fügt er hinzu: „Zudem, wie hätt' sich ein alter Dettl für die zarte Jungfrau geschickt?"[37]

Joseph hat nicht kritiklos geglaubt. Er schaltete zunächst seinen gesunden Menschenverstand ein, der heute und alle Zeit sagen muß, daß das Wunder nicht zu verstehen ist. Aber er blieb nicht bei dieser Kritik stehen, und er war damit weiter als manche unserer Zeitgenossen. Kritik bedeutet zunächst nur die Unterscheidung der Geister. Sie schützt davor, einer Lüge aufzusitzen. Ein gläubiger Mensch ist immer auch der kritische Mensch. Er muß sich Rechenschaft über die Hoffnung ablegen, die in ihm lebt (1 Petr 3,15). In diesem Sinne war der Glaube Josephs kritisch, unterscheidend. Er hat die kritischen Fragen nicht unterdrückt: Woher stammt das

Kind? Hat Maria mich betrogen? Warum mußte das gerade mir passieren?

Der Dichter Rainer Maria *Rilke* hat in seinem Gedicht „Argwohn Josephs“ die inneren Spannungen in diesen Tagen dargestellt[38]:

Und der Engel sprach und gab sich Müh'
an dem Mann, der seine Fäuste ballte:
„Aber siehst du nicht an jeder Falte,
daß sie kühl ist wie die Gottesfrüh'?“

Doch der andre sah ihn finster an,
murmelnd nur: „Was hat sie so verwandelt?“
Doch da schrie der Engel: „Zimmermann,
merkst du's noch nicht, daß der Herrgott handelt?

Weil du Bretter machst, in deinem Stolze,
willst du wirklich den zu Rede stell'n,
der bescheiden aus dem gleichen Holze
Blätter treiben macht und Knospen schwell'n?“

Er begriff. Und wie er jetzt die Blicke,
recht erschrocken, zu dem Engel hob,
war der fort. Da schob er seine dicke
Mütze langsam ab. Dann sang er Lob.

In diesem Gedicht hat Rilke den Nagel auf den Kopf getroffen, als er den Engel sprechen läßt: „Zimmermann, merkst du's nicht, daß der Herrgott handelt?“ und dann die Frage stellen läßt, ob er Gott zur Rede stellen wolle, der das Holz erschaffen habe, das der Mensch lediglich bearbeiten könne.

An diesem Punkt wird die Kritik überwunden und setzt der Glaube ein, der Glaube an den allmächtigen Schöpfer des Himmels und der Erde. Joseph wußte genauso um die normalen biologischen Abläufe wie wir heute. Und auch die Evangelisten waren mit uns auf dem gleichen Wissensstand. Aber gerade die breite Schilderung der Kritik des Heiligen zeigt, daß sie sich selbst darüber im klaren waren, etwas nicht Alltägliches zu berichten.

C.S. *Lewis* hat in seinem Buch über die Wunder diesen Sachverhalt mit ganz einfachen Worten dargestellt: „Hätte St. Josef der Glaube gefehlt, Gott zu vertrauen, oder die Demut, die Heiligkeit seiner Verlobten wahrzunehmen, so hätte er den wunderbaren Ursprung ihres Sohnes genauso leicht bezweifeln können wie jeder moderne Mensch; und jeder moderne Mensch, der an Gott glaubt, kann das Wunder ebenso leicht annehmen, wie es St. Josef tat. Du und ich, wir mögen nicht übereinstimmen, selbst bis zum Schluß dieses Buches, ob es Wunder gibt oder nicht. Aber reden wir doch wenigstens keinen Unsinn . . .“[39]

Das Entweder-Oder ist verlangt. Die Glaubensgröße des Nährvaters Jesu lag darin, daß er sich zu der festen Überzeugung durchringen konnte, daß er mit Maria auch Gott würde aus seinem Leben entlassen müssen, wenn er den Glauben verweigerte.

4. Weiterhin tritt der heilige Joseph den Gläubigen als leuchtender *Zeuge göttlichen Eingreifens* gegenüber. Dieser Heilige zwingt uns immer wieder, über das Verhältnis Gottes zur Welt nachzudenken. Alfred *Delp* stellt in seinen Vorträgen „Der Mensch und die Geschichte“[40] unabhängig vom Christusgeheimnis drei Beziehungen zwischen Gott und der menschlichen Geschichte fest: Zunächst ist Gott mit der Geschichte verbunden, da er ihr Schöpfer ist, Mensch und Gott sind somit verbunden über die *Kreatürlichkeit* des Ebenbildes Gottes. Sodann hat Gott dem Menschen die *Freiheit* gegeben, was eine weitere Beziehung zwischen Gott und Mensch darstellt (z. B. die Annahme wie auch die Ablehnung Gottes). Schließlich darf man auch sagen, daß Gott die Fäden der *Geschichte* in der Hand hält, insoweit er Anfang und Ende bestimmt.

Wenden wir uns nun dem Christusgeheimnis zu, dann wird diese Zuwendung Gottes zur Welt noch überhöht. Niemand hat ja das Eingreifen Gottes in die Schöpfung so sehr erleben dürfen als Maria, die bekennt, daß für Gott nichts unmöglich ist (vgl. Lk 1,37). In Jesus Christus ist die Beziehung Gottes zu den Menschen konkret geworden. Und Zeuge für dieses Eingreifen Gottes ist neben Maria auch Joseph.

Karl *von Linné* (1707–1778), der Begründer der Botanik und des nach ihm benannten Pflanzensystems, sagte einmal: „Den ewigen, unendlichen, allwissenden und allmächtigen Gott habe ich vorüberziehen sehen, und ich bin vor Ehrfurcht in die Knie gesunken.“[41] Was dieser Naturforscher im Bereich der natürlichen Geheimnisse erkannt hat, das hat der heilige Joseph in analoger Weise auch im Bereich des unaussprechlichen Mysteriums der Inkarnation erleben können.

Wer als Mensch das Eingreifen Gottes, den Kontakt des Schöpfers mit dem Geschöpf erlebt, der kann nur noch in die Knie sinken. Ähnliches erlebte der Apostel *Thomas* bei seiner Begegnung mit dem auferstandenen Christus: „Mein Herr und mein Gott!“ (Joh 20,28).

Joseph kniete als erster aller Menschen vor dem menschgewordenen Gottessohn, wie die Krippendarstellungen in Übereinstimmung mit der kirchlichen Tradition betonen. Dieses *Anbeten* ist die schlichte „Theologie“ des Nährvaters Jesu. Anbeten heißt in Latein „adorare“, die Hand zum Mund führen, eine Kußhand als Ehrfurchtsbezeugung erweisen. Die Heilige Schrift, die kein Wort aus dem Mund unseres Heiligen berichtet, läßt den Nährvater Jesu auf deutlichere Weise zu uns sprechen: im Gestus der Anbetung. Wie das Staunen der Beginn aller philosophischen Betrachtung ist, so das *Anbeten der Urgrund aller Theologie.* Wenn ich anbete, dann werde ich zum Theologen, weil ich dann nicht nur über Gott spreche, sondern auch mit ihm. Hier in diesen Zusammenhang gehört das schöne Wort von einer Theologie, die auf den Knien betrieben wird. Erst dann bekommt der Mensch die Kraft und die Gabe, die heiligen Geheimnisse zu betrachten und auszulegen, wenn er zuvor in der Anbetung die Größe dieses Gottes erleben durfte.

Der schlichte Zimmermann aus Nazareth verweist uns auf diese wortlose Theologie, auf diese anbetende und aus dem Herzen sprechende Wissenschaft, die Geschmack an Gott findet und deswegen allein Weisheit ist.[42] Er steht am Anfang der großen Gebetsgeschichte der Kirche, und der Sakramentshymnus des heiligen *Thomas von Aquin* „Adoro te“ ist nicht zuletzt auch ein Gebet, das an die Krippe paßt.[43]

5. Wer über den Pflegevater Jesu spricht, wird auch die enge Beziehung des heiligen Josephs zur *Kirche* nicht übersehen. Die ersten Anfänge der Kirchengeschichte waren der Sorge des Heiligen anvertraut, da Maria schon Urbild der Kirche ist. Wenn auch die Kirche der Seitenwunde des Gekreuzigten entspringt, so ist sie doch schon in vorbereitenden Stufen zu erkennen, bevor Jesus öffentlich aufgetreten ist.[44] So darf man durchaus sagen, daß der heilige Joseph

am Anfang der Kirchengeschichte steht. Dies drückt übrigens auch das Tagesgebet des 19. März aus:

> Praesta, quaesumus, omnipotens
> Deus, ut humanae salutis
> mysteria, cuius primordia
> beati Joseph fideli custodiae
> commisisti, Ecclesia tua,
> ipso intercedente, iugiter
> servet implenda. Per Dominum.[45]

Joseph kommt als Einzigem der großen Gestalten des alten Bundes die hohe Auszeichnung zu, die Anfänge des Neuen Bundes miterleben und gar mitgestalten zu können. Wenn das Tagesgebet das Wort „primordium“ benutzt, dann ist damit die Gründung einer Stadt, der erste Spatenstich gemeint. Wenn Maria das Urbild der Kirche und gar Mutter der Kirche ist, dann kommt Joseph die Ehre zu, diesem Urbild von Anfang an gedient zu haben.

Diesen engen Bezug zur Kirche betont auch der heilige *Bernardin von Siena* in der Lesehore zum Namensfest am 19. März.[46] Neben Maria gebühre auch Joseph Dank. Er sei der Schlußpunkt des Alten Bundes, da er als einziger aller Menschen leiblich besessen habe, was die übrigen großen Männer des Alten Bundes durch die göttliche Verheißung lange herbeigewünscht hätten. Ihn könne man gar mit der Kirche vergleichen, da die Kirche und er der Welt Christus bringe.

Die übrige Liturgie des Namensfestes vergleicht den heiligen Joseph mit dem Stammvater Abraham. Abraham steht am Anfang Israels, Joseph am Beginn des neuen Israels, der Kirche.

Noch hat es keine Kreuzigung gegeben und doch hat der Nährvater Jesu sein „Kreuz“ zu tragen! Er erlebt mit der heiligen Familie das harte Schicksal der Verfolgung – eines der innewohnenden Kennzeichen des echten und wahren Christusjüngers. Der heilige *Johannes* kommentiert diese Seite der jungen Kirche mit den Worten: „Er kam in sein Eigentum, aber die Seinen nahmen ihn nicht auf“ (1,11). Deutet nicht die Flucht nach Ägypten den Weg der Kirche? Wie oft war die Kirche auf der Flucht vor den weltlichen Machthabern? Kann sie je mit den Mächtigen dieser Welt auf gutem Fuß stehen?

Joseph antwortet auf diese Bedrohung durch die „Welt" mit der ihm eigenen Glaubenssouveränität und bricht in ein unbekanntes Land auf. Daß Gott schon eingreifen wird, ist das Vermächtnis Josephs an die Kirche, deren erste Anfänge er miterleben konnte.

6. Romano *Guardini* sagte in seinem Buch „Der Herr" über die Stelle Mt 1,19–25: „Damals ist das große und selige Geheimnis der christlichen Jungfräulichkeit erwacht."[47] Jetzt tritt uns also der heilige Joseph als jungfräulicher Mensch vor Augen, der auf den neuen Himmel und die neue Erde verweist (vgl. Apk 21,1f.).

Wie die Ehe, die zur Würde eines Sakramentes erhoben ist, auf die jetzige sichtbare Schöpfung verweist, so möchte die Jungfräulichkeit um Christi willen eine Aussage über die neue Schöpfung machen. Mit Jesus Christus hat bereits diese neue Welt begonnen, denn nun stöhnt und seufzt die alte Welt und wartet auf die Wiederkunft Christi (vgl. Röm 8,18–30).

Der heilige Joseph ist *der erste jungfräuliche Mensch um Christi willen*, wenn wir von der Jungfrau Maria absehen, die ohnehin einen besonderen einzigartigen Platz in der Heilsgeschichte hat. Bewußt und freiwillig verzichtet der Heilige auf seine ehelichen Rechte gegenüber der immerwährenden Jungfrau Maria. Damit wird deutlich, daß die Kirche, an deren Anfang der Nährvater Jesu steht, Zeichen der Transzendenz, der neuen Schöpfung ist.[48] Wir stellen fest, daß Joseph bereits die evangelischen Räte der Armut, der Keuschheit und des Gehorsams lebt, bevor Christus diesen Weg geöffnet hat. Das zeigt überdeutlich, daß dem Heiligen eine außerordentliche Stellung im Christusgeschehen einzuräumen ist.

Heute wendet man oft ein, die Jungfräulichkeit stehe der Entfaltung einer wahren Liebe im Wege. Demgegenüber hat Dietrich *von Hildebrand* geantwortet: „Das Herz der jungfräulichen Seele muß noch viel gelöster sein in Liebe als das des verehelichten, es muß trunken sein von der übernatürlichen, von allem Egoismus befreiten Liebe, die Vorbild aller Liebe ist, es muß in überragender Weise alles enthalten, was sich sonst an echter Liebe, an wirklicher Hingabe in den Geschöpfen findet."[49] Aus theologischer Sicht wird diese Aussage eines Philosophen ergänzt, wenn Wolfgang *Beinert* sagt: „Sie (d. h. die Jungfräulichkeit) ist Haltung, nicht Enthaltung. Sie hat also fundamental positiven Chrakter. Wo er nicht gesehen wird, vor allem, wo er nicht verwirklicht wird, degeneriert Jungfräulichkeit zur Altjüngferlichkeit und schlägt damit in bloße Negativität um."[50]

Diese Haltung im positiven Sinn zeigt sich gerade am heiligen Joseph, der diese Lebensform in Gehorsam und Demut auf sich genommen hat. Sein Leben steht ganz in der Liebe zur heiligen Familie. So konnte ein Prediger des letzten Jahrhunderts ausrufen: „Fürchtet er, so geschieht es für die Person Jesu – verlangt er etwas, so geschieht es für die Verpflegung Jesu – leidet er, so geschieht es aus Mitleiden mit dem leidenden Jesus."[51]

Jungfräulichkeit ist eine *Tugend*, die erhofft und erwartet. Christus steht im Mittelpunkt der Hoffnung, nicht die alte und vergehende Welt. Joseph ist ganz Ohr, ganz hoffend, ganz erwartend. Er ist ein *Mann des Adventes,* sowohl der ersten Ankunft Christi als auch der Wiederkunft des Herrn.

*

Die Ausführungen haben gezeigt, daß der heilige Joseph nicht zu verstehen ist, wenn nicht die Tatsache der jungfräulichen Geburt aus Maria geglaubt und im heilsrealistischen Sinn angenommen wird. Die Größe und Würde des Heiligen fließt aus seiner einzigartigen Stellung zur Gottesmutter und zu Jesus Christus selbst. Wir verehren ihn nicht, weil er etwa der „Vater Jesu" wäre, wie manche Theologen uns einreden möchten, sondern weil er der demütige, gehorsame und keusche Pflegevater Jesu ist.

Wir sehen im heiligen Joseph den Patron der Kirche, der gerade heute als leuchtendes Zeichen gegen alle Versuche einer Neuinterpretation und Verfälschung des katholischen Glaubensschatzes verehrt werden muß.

Anmerkungen:

1 Zitat nach: Bischöfliche Pressestelle Essen: Stellungnahme zu den Äußerungen von Prof. Dr. Uta Ranke-Heinemann vom 10. Juni 1987, 2.

2 Vgl. zum Artikel des Glaubensbekenntnis u. a.: Herrmann, Hilde/Klausener, Erich (Hrsg.): Geboren aus der Jungfrau Maria. Offenheit und Einsicht aus dem Credo der Kirche. Berlin 1973; Balthasar, Hans Urs von: Empfangen durch den Heiligen Geist, geboren von der Jungfrau Maria, in: Sandfuchs, Wilhelm (Hrsg.): Ich glaube. Vierzehn Betrachtungen zum Apostolischen Glaubensbekenntnis. Würzburg [3]1975, 35–49; Albrecht, Barbara: Kleine Marienkunde. Meitingen/Freising 1979; Scheffczyk, Leo: „Jungfrauengeburt“ – Biblischer Grund und bleibender Sinn, in: ders.: Glaube als Lebensinspiration. Gesammelte Schriften zur Theologie (= Sammlung Horizonte. Neue Folge 18), Einsiedeln 1980, 224–238; Schäffner, Albert: Maria – die neue Eva. München 1981; Auer, Johann: Jesus Christus – Gottes und Mariä „Sohn“ (Kleine Katholische Dogmatik IV/1), Regensburg 1986, 299–309; Simmel, Oskar: Glaubensbuch. Überlegungen zum Apostolischen Glaubensbekenntnis. München 1986, 123–128.

3 Weisheit in der Leitung einer Pfarrgemeinde, in: Baier, Walter u. a. (Hrsg.): Weisheit Gottes – Weisheit der Welt. Band II. Festschrift für Joseph Kardinal Ratzinger zum 60. Geburtstag, St. Ottilien 1987, 1221–1230, hier 1229.

4 Zur Herstellung von Pfarrbriefen und kurzen Pfarrnachrichten werden im Auftrag mancher Ordinariate Schnippelbögen verteilt, die dann auf die Pfarrbriefe geklebt werden.

5 Das Beispiel (eines unter zahllosen) wurde entnommen den Pfarrnachrichten der Katholischen Kirchengemeinde St. Peter und Paul in Troisdorf zum 27. April 1987.

6 Dieser Kalender wird vom Bischöflichen Hilfswerk *Misereor* in Aachen herausgegeben. Worin unterscheidet sich diese Aussage von der im Mittagsmagazin am 9. Juni 1987?

7 Das Trojanische Pferd in der Stadt Gottes. Regensburg [2]1968, 71–72; vgl. meinen Aufsatz: Der katholische Philosoph Dietrich von Hildebrand (1889–1977) als Kritiker der Liturgiereform, in: *Theologie und Glaube* 69 (1979), 415–431; in Kath. Bildung: 20 Jahre nach dem II. Vatikanischen Konzil. Schlaglichter aus dem Blickwinkel der Kirchengeschichte auf die Gegenwartslage, in: 87 (1986), 193–206.

8 Vgl. Scheffczyk, Leo: Die Theologie und die Wissenschaften. Aschaffenburg 1979.

9 Nähere Angaben zu dieser Frage bei Richard Glöckner: Biblischer Glaube ohne Wunder? (= Sammlung Horizonte, Neue Folge 14), Einsiedeln 1979.

10 Wenisch, Bernhard: Geschichten oder Geschichte? Theologie des Wunders. Salzburg 1981, 245.

11 Wenisch 246.

12 Vgl. meinen Beitrag: Die Überwindung der Aufklärung im Fürstbistum Breslau. Faktoren der Entwicklung, in: Kirchengeschichte. Orientierungshilfen, Standpunkte, Impulse für heute (= Europäische Hochschulschriften XXIII, 294), Frankfurt/Bern 1987, 93–117.

13 Gratz, Peter Alois: Kommentar über das Evangelium des Matthäus, 2 Bde., Tübingen 1821 u. 1823; vgl. dazu meinen Aufsatz: Peter Alois Gratz (1769–1849). Ein zu Unrecht vergessener Neutestamentler des letzten Jahrhunderts, in: *Ellwanger Jahrbuch* XXVIII (1979/1980), 82–98.

14 Gratz, Bd. 1, 32–33.

15 Maria in der Heiligen Schrift, in: Beinert, Wolfgang / Petri, Heinrich (Hrsg.): Handbuch der Marienkunde. Regensburg 1984, 79.

16 Staudinger, Hugo: Die historische Glaubwürdigkeit der Evangelien. Würzburg 21974, 46.

17 Ernst, Josef: Die jungfräuliche Geburt Jesu, in: Das Evangelium nach Lukas. Übersetzt und erklärt von Josef Ernst (= Regensburger Neues Testament, hrsg. von Otto Kuss), Regensburg 1977, 75–80, hier 75.

18 Ernst 75.

19 Das Evangelium nach Matthäus. Übersetzt und erklärt von Alexander Sand (= Regensburger Neues Testament, hrsg. von Jost Eckert und Otto Knoch), Regensburg 1986.

20 Sand 62.

21 Die Jungfrauengeburt. Die Lehre der Schrift und der Kirche in kurze Thesen gefaßt. in: Maria im Geheimnis der Kirche. Bild der neuen Frau. Kult und Frömmigkeit – Lehre – Ökumene (Sonderausgabe von *Catholica* 2/3 1975), Münster 1975, 164–168, hier 166.

22 Die Heilige Schrift kann erst im Rahmen der Kirche und ihrer Glaubensbekenntnisse richtig verstanden werden. Man darf nicht übersehen, daß die Kirche vor den Schriften des Neuen Testaments bestand. Über die Funktion des Glaubensbekenntnisses siehe: Henri de Lubac: Credo. Gestalt und Lebendigkeit unseres Glaubensbekenntnisses. Einsiedeln 1975.

23 Vgl. neben anderen meine „Einführung in das Studium der mittleren und neueren Kirchengeschichte“ (= Europäische Hochschulschriften XXIII, 134), Frankfurt/Bern 1979.

24 Jesus von Nazareth und die Kirche, in: Jedin, Hubert (Hrsg.): Handbuch der Kirchengeschichte, Bd. 1, Freiburg/Basel/Wien 1962, 84–88, hier 85.

25 Einleitung in die Kirchengeschichte, in: Handbuch (wie Anm. 24), 5.

26 Kirchengeschichte – Eine theologische Wissenschaft, in: ders.: Kirche, Ereignis und Institution. Aufsätze und Vorträge, Bd. 1, Münster 1985, 26.

27 Katholische Glaubenswelt. Wahrheit und Gestalt. Aschaffenburg ^{2}1978, 106–123.

28 Ebd. 107.

29 Auer 308.

30 Balthasar 42.

31 Ebd. 45: „Wie sehr hätten die Lebensquellen Josefs gepriesen werden müssen, aus denen nun endlich der ersehnte Sproß Davids hervorgehen sollte.“

32 Vgl. dazu Joseph Ratzinger: Tochter Sion. Einsiedeln 1977, 55: „Reiligionsgeschichtliche Parallelen im eigentlichen Sinn zu den neutestamentlichen Weihnachtsgeschichten gibt es nicht.“

33 Sand 49.

34 Bauer, Johannes B.: Traum, in: ders.: Bibeltheologisches Wörterbuch. Graz/Wien/Köln ^{3}1967, 1361.

35 Balthasar 49.

36 Seitz, Joseph: Die Verehrung des heiligen Joseph in ihrer geschichtlichen Entwicklung bis zum Konzil von Trient. Frankfurt 1908; Mikuda, Barbara: Josephskult und Josephsikonographie im österreich-schlesischen Gebiet; in: *ArSKG* 44 (1986) 93–106.

37 Zitat nach: Bauerreiss, Romuald: Kirchengeschichte Bayerns. VII. Band: 1600–1803. St. Ottilien 1970, 274.

38 Karrer, Otto (Hrsg.): Maria in Dichtung und Deutung. Eine Auswahl. Zürich 1962, 89.

39 Zitat nach Glöckner 7.

40 Der Mensch und die Geschichte (= Nürnberger Liebhaberausgaben, Bd. XXIV), Nürnberg o. J., 43ff.

41 Zitat nach Frankenberger, Ernst: Gottbekenntnisse großer Naturforscher. Leutesdorf ^{12}1982, 9.

42 Heute ist ein Brückenschlag, ja eine Synthese zwischen geistlicher und wissenschaftlicher Theologie bitter nötig.

43 Text lat. und deutsch z. B. bei: Adam, Adolf: Te Deum laudamus. Große Gebete der Kirche. Freiburg/Basel/Wien 1987, 74–75.

44 Commissio theologica internationalis: Documenta 13: Themata selecta de ecclesiologia. Vatikanstadt 1985, 11–12 (nr. 1.4).

45 Diese Oration lautet in privater Übersetzung: „Allmächtiger Gott, gib, wir bitten dich, daß deine Kirche die Geheimnisse des menschlichen Heiles, dessen Anfänge du der treuen Wachsamkeit des heiligen Joseph anvertraut hast, durch seine Fürsprache immer bewahre und zur Erfüllung bringe . . .“.

46 Liturgia Horarum zum 19. März (Officium lectionis).

47 Der Herr. Betrachtungen über die Person und das Leben Jesu Christi. Würzburg [13]1964, 15.

48 Das Vatikanum II. betonte eigens, daß die Kirche als Ziel das endzeitliche Heil hat (vgl. z. B. Gaudium et spes, luctus et angor Art. 40). Dies muß heute entgegen allen immanentischen Umdeutungsversuchen des Glaubens betont werden.

49 Reinheit und Jungfräulichkeit. St. Ottilien [4]1981, 199–200.

50 Die mariologischen Dogmen und ihre Entfaltung, in: Handbuch der Marienkunde (wie Anm. 15), hier 278.

51 Cajetan Maria Fidelis von Kolb: Zehn Predigten zum Lobe des heiligen Joseph, des Nährvaters Jesu Christi. Augsburg [2]1807, 100.

2. „Heiliges Brot“ oder der Leib Christi?

Überlegungen zur Vermittlung der Lehre vom Altarsakrament im Grundschulalter

Die heilige Messe, in deren Mittelpunkt das allerheiligste Sakrament des Altares steht, ist die „Quelle und der Höhepunkt des ganzen christlichen Lebens“,[1] wie die Kirchenkonstitution „Lumen gentium“ sagt. Und so ist auch die Geschichte der Kirche weithin die Geschichte der Verehrung und des Kultes der Eucharistie. Die Heiligen, die das Rückgrat aller Kirchengeschichte sind, haben stets ein inniges Verhältnis zum Altarsakrament gehabt.[2] Wenn auf den folgenden Seiten der Versuch unternommen wird, die Frage einer Klärung näher zu bringen, ob der Ausdruck „heiliges Brot“ der geeignete Begriff für das „Geheimnis des Glaubens“ ist, dann tut sich die ganze Problematik einer kirchlichen Zeitgeschichte auf. Die historische Sehweise wird auf diesen Seiten vorherrschend bleiben, wenn auch dogmatische und katechetische Aspekte nicht fehlen dürfen. Die Themenstellung ist von der zeitgenössischen Diskussion über die Katechese mitbestimmt und verweist somit auf ein wichtiges Merkmal der kirchlichen Zeitgeschichte.[3] Sodann sind einflußreiche Schriften zu untersuchen, die den größten Teil der heutigen Priester und Katecheten beeinflußt haben. Schließlich – und auch dies ist ein Charakteristikum der Zeitgeschichte – ist die Person des Schreibers zugleich Zeitzeuge und Kirchenhistoriker.

Daß die Katechese in einer tiefen Krise steckt, ist keinem verborgen geblieben, der aufmerksam die Vorgänge seit dem Zweiten Vatikanischen Konzil verfolgt hat. Dabei ist die Schuld an dieser Krise nicht dem Konzil selbst anzulasten, sondern mehr einer zögernden Rezeption des Konzils. Für die Katechese in Deutschland ist es besonders fatal, daß das „*Allgemeine Katechetische Direktorium*“ nicht übersetzt worden ist und somit offiziell in die Überlegungen einer zeitgemäßen Weitergabe des Glaubens nicht einbezogen werden konnte.[4]

Kardinal Joseph *Ratzinger* sagt über einen Teil der heutigen Katechese:

„Es gibt heute die fatale Tendenz, überall dort, wo in der Botschaft des Glaubens die Materie ins Spiel kommt, auszuweichen und sich aufs Symbolische zurückzuziehen, von der Schöpfung angefangen über die Geburt Jesu aus der Jungfrau und seine Auferstehung bis zur realen Präsenz Christi in der Verwandlung von Brot und Wein und bis zu unserer Auferstehung und der Wiederkunft des Herrn.“[5]

Schon ein flüchtiger Überblick und ein erster Eindruck über unser Thema kann bestätigen, daß weithin die Eucharistie eine *symbolhafte Erklärung* vor Kindern findet. Immer wieder, wenn man an einer Kindermesse teilnimmt, hört man, jetzt habe man sich zum „heiligen Mahl“ um einen „Tisch“ versammelt und Jesus sei uns allen nahe im „heiligen Brot“. Demgegenüber gebrauchen nur wenige Kinderkatechesen den Ausdruck „heilige Wandlung“ und bemühen sich um die Betonung der Realpräsenz. Deswegen sei an ein Wort aus dem Rundschreiben der Kongregation für das katholische Bildungswesen über die Einführung der Priesteramtskandidaten in das geistliche Leben erinnert:

„Kein Aspekt darf dem anderen geopfert werden: Die Unterweisung des Konzils von Trient über die Wirklichkeit des Opfers muß in ihrer ganzen Aussagekraft festgehalten werden, und nicht weniger die „Realpräsenz“; der Aspekt der brüderlichen Gemeinschaft, so tief man ihn auch verstehen kann und soll, darf dem wesentlichen Gedanken keinen Eintrag tun, nämlich dem des Opfers Christi, ohne den auch das eucharistische Mahl seinen Sinn verlieren würde. Man muß um die Einseitigkeiten wissen, die sich heute in diesen Punkten bemerkbar machen, und auf die die Priester ein wachsames Auge haben müssen. Kein pastoraler Versuch in diesem Bereich, der sich nicht auf die gesunde Lehre stützt, kann sich letztlich nutzbringend auswirken.“[6]

Es ist eindrucksvoll, daß Pastoral und gesunde Lehre hier zusammengesehen werden. Unter dem Deckmantel „pastorale Gründe“ versucht man demgegenüber ziemlich alles und jedes einzuführen. In der Tat können Dogma und Pastoral nicht auseinandergerissen werden, ohne daß unendlicher Schaden für die Kirche entsteht.

Um ein *Beispiel* zu nennen: Kindern wird die heilige Messe nicht dadurch erklärt, daß wichtige Teile und Aussagen vergessen werden, sondern allein dadurch, daß die Kinder zur Fülle des Glaubens geführt werden. Im Gabengebet des Pfingstsonntags heißt es: „Sende uns deinen Geist, damit er uns in die volle Wahrheit einführt und uns das Geheimnis dieses Opfers immer mehr erschließt."[7]

Von hier aus zeigt sich auch die Grenze der heute fast allerorts üblich gewordenen „Gestaltungskreise für Liturgie". Das Hinhören auf den Geist, das Stillewerden ist die beste Vorbereitung der Liturgie. Zudem wird von diesen Kreisen oft übersehen, daß die Meßvorbereitung der Kinder zu Hause anfangen muß. Papst *Johannes Paul II.* schreibt in „Familiaris consortio": „Zur häuslichen Vorbereitung und Fortsetzung der in der Kirche gefeierten Gottesdienste greift die christliche Familie zum Privatgebet mit seiner reichen Vielfalt von Formen."[8] Wie Dogma und Pastoral zusammengehören, so müssen sich auch Familie als Hauskirche und die Liturgie der Kirche ergänzen. Denn keine auf Dauer angelegte Hinführung der Kinder zur Eucharistie wird aufblühen können, wenn die Familie nicht subsidiär zur Seite steht. Mittlerweile scheint die Bedeutung der Familie als Hauskirche mehr anerkannt zu sein.[9]

Nach diesen Vorbemerkungen soll nun die Frage untersucht werden, ob der Ausdruck „heiliges Brot" Kindern das Geheimnis des Glaubens voll und ganz erschließen kann. Unter I. werden Kindergebetbüchlein und übrige katechetische Literatur auf dieses Thema befragt. Sodann wird der Begriff „heiliges Brot" unter theologischen Aspekten diskutiert (II). Schließlich werden Stundenentwürfe zeigen, wie Kindern im Grundschulalter die Lehre der Kirche über die heilige Eucharistie nahegebracht werden kann (III).

I. Analysen von Kindergebetbüchern und Katechetischer Literatur

Der Ausdruck „heiliges Brot" ist heute zu einer Selbstverständlichkeit geworden. Demgegenüber ist die überlieferte Redeweise weithin verdrängt worden. Kaum findet sich in der Literatur der Versuch, den Ausdruck „heiliges Brot" einer Kritik zu unterziehen und ihn mit den übrigen Bezeichnungen für die heilige Eucharistie zu vergleichen. Der „*Katholische Kurz-Katechismus*"[10], der als einziger deutschsprachiger Katechismus die Ausrichtung am „Allgemeinen Katechetischen Direktorium" versucht,[11] schreibt: „Die hl. Eucharistie ist nicht bloß ein 'heiliges Brot' oder ein Zeichen oder eine Kraft Christi, sondern Jesus selbst mit Fleisch und Blut, mit Leib und Seele. Gottheit und Menschheit."[12] Es fällt auf, daß zur gleichen Zeit, wo im Sachkundeunterricht der Grundschule durchaus komplizierte Sachverhalte vermittelt werden, die meisten Religionsbücher den Glauben nicht selten in die Nähe des Banalen und Kindischen rücken, wie der folgende Überblick zu zeigen vermag. Die klare und eindeutige Sprache des „Kurz-Katechismus" ist leider nicht der Normalfall in heutigen religiösen Kinderbüchern.

1. Zu heutigen Kindergebetbüchern

Die neun im folgenden vorgestellten Kindermeßbücher sind teilweise vor, während und nach dem Konzil erschienen. Die Auswahl versucht, alle Typen von Kindermeßbüchern zu erreichen, die derzeit angeboten werden und eine besondere Verbreitung erfahren haben.

Mein erstes Meßbuch (Freiburg 1952):

Das beste vorkonziliare Meßbuch für Kinder ist zweifellos „Mein erstes Meßbuch"[13], das von Benediktinern der Erzabtei Beuron in Zusammenhang mit dem „Schott"[14] herausgegeben wurde. Die heilige Messe ist als Summe und Kulminationspunkt der gesamten Heilsgeschichte dargestellt. Diese Sehweise kann Kindern ein besonders tiefes Verständnis vermitteln. Auf den ersten Seiten werden Gedanken über die Bedeutung von Weihwasser und Kerzen angestellt.[15] Die Welt ist als Schöpfung Gottes verstanden, die ich leihweise gebrauchen darf. Im Opfer der heiligen Messe gebe ich Gott diese Leihgabe zurück. Damit hat das Kind einen Zugang zum Opfergeschehen der heiligen Messe. Den einzelnen Teilen der heiligen Handlung stehen Bilder aus der Heilsgeschichte gegenüber. Der Einzug des Priesters[16] wird mit der Begegnung der Menschen im Paradies verglichen: So wie Gott dort die Menschen treffen konnte, kann der Mensch heute in der Liturgie mit Gott in Kontakt kommen.[17] Das Stufengebet wird mit der Vertreibung aus dem Paradies verglichen. Die Sünde ist als Realität gesehen, die aber nicht endgültig bleibt. Das Kind wird schon hier an Jesus Christus und sein Leiden für uns sündige Menschen denken. Eigens wird auch beschrieben, daß der Priester die Stufen des Altares emporsteigt.[18] Gott ist der Heilige, und der Mensch, der hier durch Moses dargestellt ist, muß sich ihm mit Ehrfurcht nähern.[19] Das „Gloria“ wird mit Weihnachten in Zusammenhang gebracht. Die Freude über die Zuwendung Gottes zu den Menschen bricht durch; die Sünde ist in der Wurzel überwunden.[20] In der Lesung wird auf alttestamentliche Vorbilder für Jesus Christus verwiesen, und zum Evangelium heißt es: „Suchet zuerst das Reich Gottes!“[21] Auch der zweite Teil der heiligen Messe wird den Kindern exakt vermittelt. Ausdrücklich wird darauf hingewiesen, daß Brot und Wein zum Opfer bereitet werden.[22] Wenn dann zur Opferung des Kelches Bilder mit Lebenssituationen des Kindes vorgestellt werden, wird es dem Kind klarer, daß es sich selbst mit in das Opfer einbringen muß. Zum „Sanctus“ sind Engelschöre gemalt, damit der Bezug zwischen der irdischen und kosmischen Liturgie seinen Ausdruck findet[23] Dem Schema des „Canon Romanus“ folgend, der zur Zeit der Entstehung des Büchleins der einzige Kanon war, folgen nun die Fürbitten für die Lebenden vor der hl. Wandlung. Die Kinder aller Welt sind vereint als Kinder Gottes. Die Wandlung wird in zweifacher Weise dargestellt. Zunächst heißt es: „Das Brot wird verwandelt.“[24] Schlicht und einfach sind die erklärenden Worte: „Ich höre Deine Worte: Dies ist mein Leib. So hast Du dieses Brot verwandelt in das Brot des ewigen Lebens.“[25] Das Bild zeigt Jesus Christus mit Brot und Wein. Zur Verwandlung des Weines wird der Bezug zum Kreuzesopfer durch das Bild der Kreuzigung Jesu hergestellt. Den Kindern wird empfohlen folgendes Gebet zu sprechen: „Sei gegrüßt, o kostbares Blut meines Herrn Jesus Christus, für mich vergossen am Kreuze: Mein Herr und mein Gott, ich bete Dich an!“[26] Bis heute ist es üblich, daß zu Beginn der Hochgebete die Meßbücher durch eine Darstellung des Gekreuzigten geschmückt sind.[27] Das Memento für die Verstorbenen präzisiert den Opfergedanken und stellt die Verbindung zur Auferstehung dar. Es ist auch noch von den „Seelen“ die Rede.[28] Die heilige Kommunion wird als Speise für die Seele dargestellt, wobei der Hinweis auf die Reinheit des Herzens nicht vergessen ist.[29] Der Schlußsegen stellt noch einmal das Handeln des Priesters „in persona Christi“ heraus. Es wird ein kurzer Hinweis auf die wahre Heimat des Christen im Himmel gegeben.[30] Im Anhang zum meisterhaften Kindermeßbüchlein findet sich eine Gebetsschule, die aus den Psalmen zusammengestellt ist.[31]

Das Büchlein „Mein erstes Meßbuch“ zeugt von einem tiefen Glauben an die Realpräsenz, die in der heiligen Wandlung beginnt. Die Struktur der heiligen Messe als Opfer ist richtig umschrieben. Es ist zu bedauern, daß in Anpassung zum heutigen Meßbuch ein ähnliches Kindermeßbüchlein nicht entstanden ist.

Kinder sprechen mit Gott (F.M. Rensle/R. Schöpper, Dortmund 1965):

Das Buch[32] ist im großen und ganzen brauchbar, weil es viele Gebete zu verschiedenen Situationen enthält. Allerdings ist der Teil, der die heilige Messe betrifft, nicht geglückt. Die Sprache erreicht nicht die kirchliche Lehre. Anstelle des Wortes „Altar“ findet sich immer der Begriff „Tisch“. Den Kindern wird die Eucharistie ausschließlich als Mahl am Tisch nahegebracht. Ist dies noch zulässig? Ist dies nur mit kindgemäßer Ausdrucksweise zu erklären? Diese Tischfanatik geht so weit, daß das Wort Gottes als Tischrede verstanden wird. So heißt es zum Evangelium: „Lieber Jesus, wir wissen, daß bei Festen und Feiern eine Tischrede gehalten wird, bevor man ißt. Da sagt man dann etwas ganz Schönes und Wichtiges. So hören wir jetzt auch aufmerksam, was Du Deinen Aposteln und den ersten Christen als Deine Frohe Botschaft von unserem Vater im Himmel und Seiner und Deiner Liebe zu uns gesagt hast.“ Zur Gabenbereitung werden „Brot und Wein auf den Tisch getragen und vom Priester zum heiligen Mahl bereitet.“ Es wundert angesichts dieser Sprache wohl nicht, daß das Glaubensbekenntnis der Kirche nicht erwähnt wird. Das Hochgebet ist als das „gemeinsame Tischgebet“ bezeichnet, während übersehen ist, daß es sich um ein Amtsgebet des geweihten Priesters handelt. Das Wort „Wandlung“ ist peinlich vermieden, doch findet sich die Aussage, daß aus Brot und Wein der Leib und das Blut Christi werden. Diese Aussage ist aber relativiert durch die Betonung des Mahles. Zur Kommunion heißt es, wir „empfangen Christus in dem kleinen weißen Stückchen Brot“. Es ist überaus mißverständlich und für Kinder verwirrend, wenn die hl. Hostie nach der Wandlung wiederum Brot genannt wird. Brot ist ohnehin zu sehen, während die Worte den Glauben an die Realpräsenz bekennen müssen.

Bevor das Büchlein den Segen beschreibt, räumen die Verfasser der Purifikation einen hohen Stellenwert ein: „Nach dem gemeinsamen Mahl bringt der Priester den Tisch und, was er zum Mahl gebraucht hat, wieder in die alte Ordnung. Er putzt den Kelch und die kleine Schale für das Brot." Es fällt auf, daß der Tabernakel keine Erwähnung findet. Wenn die heilige Messe nur das beschriebene „Mahl" ist, dann ist das Reponieren überflüssig.

Die Verbindung zum Kreuzesopfer kommt ebenfalls zu kurz. Auf einem Bild ist das Altarkreuz zu sehen, das aber nicht erklärt wird. Werden Kinder hier nicht die Frage stellen, was das „Mahl" wohl mit dem Kreuz zu tun habe? Auch der Satz „Bevor Christus ans Kreuz geschlagen wurde, von den Toten auferstand und zu seinem Vater in den Himmel ging, sorgte er noch dafür, daß wir immer bei ihm sein und in der Heiligen Messe mit ihm zu Tisch gehen können" erklärt die Eucharistie nicht als Gegenwärtigsetzung des Kreuzesopfers.

Das Büchlein „Kinder sprechen mit Gott" betont einseitig den Mahlcharakter in der Eucharistie, ohne den Begriff „heiliges Brot" zu verwenden. Den Kindern wird anhand dieser Ausführungen kaum verständlich werden, daß Jesus Christus unter den Gestalten von Brot und Wein auf dem Altar gegenwärtig ist.

Mein Jesus, bist du da? (H. Kautz; Einsiedeln, Zürich, Köln 1968):

Viele Auflagen erlebte auch das Büchlein von H. Kautz.[33] Die Seiten 26–54 befassen sich mit der Erklärung der heiligen Messe. Klar wird dem Kind, daß es sich mit Christus opfern muß.[34] Diese Selbstopferung wird zur Gabenbereitung verdeutlicht: „Nimm alles, was ich habe! Ganz allein für dich will ich leben und lernen und streiten und sterben!"[35] Zur Wandlung findet sich eine klare Aussage über die Realpräsenz: „Lieber Heiland, das Wunder ist geschehen. Brot und Wein sind verwandelt in dein heiliges Fleisch und Blut. Wandle auch mich um zu deinem Gotteskind."[36] Es zeigt sich, daß dieses Büchlein die Realpräsenz ernst nimmt und nicht das Wort „heiliges Brot" gebraucht, um in scheinbar kindgemäßer Sprache das Wesen der Eucharistie zu erklären. Wenn auch die Bilder des Meßbüchleins nicht mehr ganz dem heutigen Geschmack entsprechen, so könnte doch in einer Neuauflage die grundsätzlich positive Tendenz des Buches verbessert werden.

Mein Kirchbuch (E. Groß; Freiburg, Basel, Wien 1983):

Im Jahre 1971 erschien dieses Kindermeßbuch von Engelbert *Groß*.[37] Dieses Buch geht vom erneuerten Missale Papst *Pauls* VI. aus, das 1970 erschienen ist und die Grundlage für die heutige Feier der Eucharistie bildet. Nach einer guten Hinführung in die heiligen Orte und Sachen kommt es zu einigen Besonderheiten, die näher betrachtet werden müssen. Es geht so gerade noch an, daß den Kindern empfohlen wird, den Banknachbarn in der Kirche zu begrüßen,[38] aber es wird nicht erklärt, warum die Kniebeuge zu machen ist. Das Ewige Licht wird so erklärt: „Das kleine rote Feuer macht uns allen klar: Bei Gott sein, das ist gut."[39] Warum findet sich hier kein Hinweis auf den Tabernakel? Für Kinder wird es nicht ganz einleuchtend sein, wenn im Bild S. 14–15 Tabernakel und Ewiges Licht fehlen. Die Gestik des Handausbreitens und der Bußakt werden in kindgemäßer Form erklärt. Gelungen ist auch die Darstellung des Glaubensbekenntnisses: „Die Kirche gibt ein ernstes Versprechen."[40]

Die Gabenbereitung wird ausführlich beschrieben und findet eine verständliche Deutung: „Brot und Wein: Damit bringen wir das, was wir tun. Damit bringen wir das, wovon wir leben."[41] Leider kommt nun das Hochgebet nicht zur Darstellung. Von der Präfation ist keine Rede, die Wandlungsworte sind ebenfalls nicht angeführt. Die Bilder auf S. 46 und 47 zeigen lediglich den Gekreuzigten und die Frauen am leeren Grab. Kein Kind wird ohne textlichen Kommentar diese beiden Bilder mit den Gaben von Brot und Wein in Verbindung bringen. Hätte hier nicht die klassische Deutung der Gaben als Zeichen des Todes angeführt werden können? Es findet sich statt dessen eine Tischfanatik. Auf S. 48 heißt es: „Der Herr bittet die Kirche zu Tisch. Am Tisch des Herrn geschieht das Abendmahl."[42] Es geschieht eben nicht nur das Abendmahl, sondern die Grundgestalt der heiligen Messe ist das Opfer. Es ist irreführend – auch für Kinder – wenn die heilige Wandlung als bloßes Abendmahl erklärt wird. Die eucharistischen Gaben werden an keiner Stelle des Buches als der Leib Christi bezeichnet. Zur heiligen Kommunion heißt es: „Wir nehmen vom Tisch des Herrn. Wir essen davon."[43]

Im Anhang des Büchleins findet sich ein Brief an die Großen über „Mein Kirchbuch",[44] der den Erwachsenen die Idee des Buches nahebringen soll. Auch dort ist nirgends die Realpräsenz angedeutet. Der Vorgang der Wandlung soll wohl gemeint sein, wenn Groß schreibt: „Der göttliche Vater schaut die Menschen an. Das ist ihr Glück. Am Tisch des Herrn wird diese Liebe deutlich. Wir leben davon. Wir speisen daraus unser Dasein da draußen. Da draußen verläuft der Weg der Kirche mitten in der Welt!"[45]

Barmherziger Jesus 42R – Original (Ausschnitt)
von Schwester Faustine, Krakau/Polen

1931 zeigte sich Jesus Sr. Faustine in einer Vision und forderte sie auf:

„Male ein Bild von mir, so wie du mich siehst, und schreibe darunter: JESUS, ICH VERTRAUE AUF DICH! Ich wünsche, daß dieses Bild verehrt auf der ganzen Welt wird. Jene, die dieses Bild verehren, verspreche ich, daß sie nicht verlorengehen. Ich verspreche ihnen den Sieg über den Feind im Leben und besonders in der Stunde des Todes. Ich selbst werde sie verteidigen wie meine Ehre.
Solange wird die Menschheit weder Ruhe noch Frieden finden, bis sie sich vertrauensvoll an Gottes Barmherzigkeit wendet. Meine Barmherzigkeit kann man nur schöpfen mit dem Gefäß des Vertrauens: Je größer das Vertrauen, um so mehr empfängt man. Ehe ich als gerechter Richter erscheine, komme ich noch zuvor als König der Barmherzigkeit."

Barmherzigkeitssonntag: „Ich wünsche, daß meine Barmherzigkeit festlich am 1. Sonntag nach Ostern gefeiert werde . . . Jene, die gebeichtet haben und an diesem Tag die heilige Kommunion empfangen, erhalten nicht nur die Verzeihung ihrer Sünden, sondern auch den Nachlaß der Strafen, die sie dafür verdient haben. Dieses Fest wird ein Trost für die ganze Welt werden!"

Rosenkranz der Barmherzigkeit: Am 14. 9. 1935 vernimmt Sr. Faustine: „Bete immer wieder den Rosenkranz, den ich dich gelehrt habe. Jeder, der ihn betet, wird meine Barmherzigkeit im Leben und besonders in der Todesstunde erfahren."

Anfang: Vater unser . . . Gegrüßt seist du, Maria . . .
Ich glaube an Gott . . .

Große Perlen: „Ewiger Vater, ich opfere Dir auf den Leib und das Blut, die Seele und die Gottheit Deines über alles geliebten Sohnes, unseres Herrn Jesus Christus – und die Tränen und die Bitterkeiten seiner heiligsten Mutter* –, um Verzeihung zu erlangen für unsere Sünden und für die Sünden der ganzen Welt."

Kleine Perlen: „Durch sein – und der Mutter* – schmerzhaftes Leiden, hab Erbarmen mit uns und mit der ganzen Welt."

Am Schluß dreimal: Heiliger Gott, heiliger starker Gott, heiliger unsterblicher Gott, hab Erbarmen mit uns und mit der ganzen Welt.

* kann als sinnvolle Ergänzung hinzugefügt werden.

Zu beziehen bei: **WBL WERK DER BARMHERZIGEN LIEBE**
Sekretariat, Eichbühl, CH-6075 Grossteil OW

WBL WERK DER BARMHERZIGEN LIEBE
Postfach 216, A-6851 Dornbirn

KSA Kath. Schriften-Apostolat
Postfach 12 47, D-7955 Ochsenhausen

In diesem Buch ist das Sprechen von verwandelten Gaben vermieden, ja es kommt nicht einmal der umstrittene Ausdruck „heiliges Brot“ vor. Daß der Herr mitten unter uns ist, zeigt gerade dem Kind noch nicht die wirkliche Gegenwart unter den Gestalten von Brot und Wein.

Ich gehe zur heiligen Messe (Läpple; Aschaffenburg 1975):

Auch in diesem Buch[46] finden sich die Ausdrücke „heiliges Brot“ bzw. „heiliges Mahl“. Aber beide Begriffe finden eine Erklärung, so daß die Realpräsenz in kindlicher Weise ausgedrückt ist. Zwar findet sich nirgends das Wort „Wandlung“, aber der Vorgang ist im Sinne der Kirche exakt beschrieben: „Das Brot sieht zwar noch wie Brot aus. Jetzt aber ist es der Leib Jesu.“[47] *Läpple* hebt sich von einigen anderen Autoren durch die präzise Ausdrucksweise ab. Damit sich keine falschen Vorstellungen über die Anwesenheit Jesu Christi bei den Kindern bilden, betont er: „Der Herr Jesus Christus ist nun mitten unter uns. Unsichtbar ist er auf dem Altar unter den Gestalten von Brot und Wein.“[48] Hier wird den Kindern zu Recht abverlangt, zu glauben, was die Kirche glaubt. Der Ausdruck „heiliges Brot“ wird mit der Bekenntnisformel „Leib Christi“ in Verbindung gebracht und kann deswegen als Erläuterung der Realpräsenz dienen.[49]

Läpples Buch ist brauchbar wegen der ausdrücklichen Betonung der Realpräsenz. Die Verbindung zwischen Abendmahl und Kreuzesopfer ist hergestellt,[50] wenn sie auch noch vertieft werden könnte.

Kinder reden mit Jesus (K. Albrecht; Stuttgart 1977):

Auch in diesem Buch kommt die Eucharistiefeier zur Sprache.[51] Die Feier des Abendmahles wird zum Anlaß genommen, die heutige heilige Messe als „Abendmahl“ zu bezeichnen.[52] Auch die Emmausperikope wird auf die Eucharistie hin gedeutet – zu Recht. Offen bleibt allerdings, was es mit dem „Brot“ auf sich hat, das den Christen am Sonntag gereicht wird.[53] Im letzten Kapitel „Die ersten Christen feiern das Abendmahl“[54] wird die Eucharistie auf das Mahl beschränkt. Der Zusammenhang mit dem Kreuzestod kommt erst gar nicht ins Blickfeld, die Realpräsenz findet auch keine Erwähnung! Die ersten Christen „haben zu dir gebetet. Sie haben das Brot gebrochen und allen davon gegeben. Auch wir feiern das Abendmahl.“[55]

In dem Buch „Kinder reden mit Jesus“ ist die katholische Lehre von der Eucharistie an keiner Stelle angedeutet. Die häufige Erwähnung von „Abendmahl" läßt vielmehr darauf schließen, daß eher eine Einführung ins evangelische Verständnis von Eucharistie geplant sein könnte. Wie *Jungmann* zeigen konnte, war das Wort „Abendmahl" im 16. Jahrhundert etwas Neues und ist heute für den evangelischen Sakramentsgottesdienst reserviert.[56]

Der Herr ist mein Hirt (Bischöfl. Kath. Arbeitsgem. Trier; Donauwörth 1977):

Unter diesem Titel erschien ein Büchlein, das die Kinder auf Beichte und Erstkommunion vorbereiten möchte.[57] Als Grundstruktur der heiligen Messe findet sich „heiliges Mahl". Positiv fällt auf, daß Szenen aus dem Leben Jesu dem Geschehen der heiligen Messe gegenübergestellt sind. So kann den Kindern deutlich werden, daß der Priester „in persona Christi" die heilige Handlung vollzieht.

Der Begriff „Wandlung" kommt erst später vor, nicht als Erklärung für den Kern des Hochgebetes.[58] Es wird aus dem Text jedoch klar, daß Jesus die Opfergabe sein möchte. Dennoch überwiegen Begriffe wie „Tisch", „Mahl" oder „heiliges Brot". Von den verwandelten Gaben ist nirgends in dem Sinn die Rede, daß Jesus unter ihnen gegenwärtig wäre. Wenn es zur heiligen Kommunion heißt: „Herr Jesus Christus, am heiligen Tisch schenkst du uns das heilige Brot, deinen verklärten Leib, dich selbst"[59], ist damit noch nicht die Realpräsenz zur Sprache gebracht. Die Realpräsenz kann nicht als ein Mahl mit Jesus erklärt werden. Hier können bei Kindern leicht Assoziationen ans Profane entstehen, die dann eine Barriere für das Annehmen des Glaubens der Kirche darstellen.

Die Überbetonung des Mahlcharakters zeigt sich auch an einem Gebet, das den Kindern zur Gabenbereitung empfohlen wird. Es heißt dort: „Herr Jesus, halt nun gnädiglich mit uns dein Mahl am heiligen Tisch."[60] Damit wird das Geschehen der heiligen Messe als Mahl erklärt. Ist Eucharistie wirklich nur „heiliges Mahl"? Wird Kindern nicht das eigentliche Wesen der Handlung vorenthalten?

Das kleine Kindermeßbuch (B. Senger; St. Augustin 1979):

Dieses Kindermeßbuch *Sengers* führt die einzelnen Teile der heiligen Messe auf.[61] Damit ist der richtige Versuch unternommen, die Kinder gleich mit der Struktur der Feier vertraut zu machen. Es fällt aber auf, daß der Begriff „Wandlung“ keine Rolle spielt, während er z. B. im „Gotteslob“ eigens Erwähnung findet.[62] Demgegenüber spielt das „heilige Mahl“ auch in diesem Buch eine übergeordnete Rolle. Als Vorspann zur eigentlichen Meßerklärung wird der Versuch unternommen, die heilige Messe mit Situationen aus dem Leben Jesu in Verbindung zu bringen. Wenn das Wunder der Brotvermehrung eucharistisch ausgelegt wird, ist dies annehmbar. Wenn es dann aber ohne weitere Erklärung heißt, daß der Priester das „große Dankgebet über die Gaben“ spreche und anschließend werde „das heilige Brot an alle ausgeteilt“,[63] ist dies eine Verkürzung. Zunächst steigt im Kind wieder eine Assoziation ans banale Essen auf, und weiter ist die Behauptung verkehrt, die Eucharistie solle an alle ausgeteilt werden. Die Behauptung „an alle“ verdeckt vollständig die Tatsache, daß die Buße die Voraussetzung für den würdigen Empfang der Eucharistie ist.[64]

Es geht auch nicht an, Kindern historisch ungenaue Daten zu vermitteln. Die Behauptung, Jesus habe die erste heilige Messe mit seinen Jüngern im Abendmahlsaal gefeiert, ist zu undifferenziert.[65] Eine christliche Liturgie war zu diesem Zeitpunkt noch gar nicht entwickelt, und die Struktur der heiligen Messe kann nicht einfach als „Abendmahl“ verstanden werden.

Eigenartigerweise findet sich später doch ein Hinweis darauf, daß die Gaben von Brot und Wein als „Zeichen unserer Liebe und Opferhingabe mit Christus“ zu deuten seien.[66] Wenn zur Wandlung wiederholt wird, daß eben lediglich „dasselbe“ geschieht wie im Abendmahlssaal, dann ist für Kinder das Opfer, auch wenn es wörtliche Erwähnung findet, kaum mehr zu verstehen.[67] Da die Wandlung ohnehin nur „heiliges Brot“ bewirkt, ist der Bezug zum Kreuzesopfer ganz verloren. So ist es im Sinne des Autors auch konsequent, wenn kein Altarkreuz auf den Bildern zu finden ist. Wenn S. 33 die Gaben unter einem großen Kreuz gemalt werden, bedeutet dies für Kinder noch keine Gegenwärtigsetzung des Kreuzesopfers. Dies schafft auch nicht der Satz: „Wir vereinigen uns mit der Liebe und dem Opfer Jesu“,[68] der kommentarlos in die überzogene Tisch- und Mahltheorie gestellt ist.

So läßt das Büchlein Sengers für Kinder Fragen offen: Warum steht in unserer Kirche ein Kreuz auf dem Altar? Was ist im Tabernakel? Ein brauchbares Kindermeßbuch müßte diese beiden zentralen Fragen beantworten.

Das Kindergebetbuch (F. Andreas/J. Quadflieg; Düsseldorf 1980):

Dieses Kindergebetbuch gehört zu den erfreulichsten Werken, die die heilige Messe in einer für Kinder verständlichen Form auslegen und nicht den Verkürzungen erliegt, die heute weithin üblich geworden sind.[69] Kinder können durch dieses Buch in die katholische Frömmigkeit eingeführt werden, weil sowohl die heilige Messe als auch das Kirchenjahr und die Heiligenfeste ausführliche Erklärung finden. Dies ist der Vorteil dieses Buches gegenüber fast allen anderen Kindermeßbüchern.

In diesem Rahmen interessiert nur die Darstellung der heiligen Messe. Wenn sich auch der verwirrende Begriff „heiliges Mahl" findet, so tut er in richtiger Einordnung dem wahren Eucharistieverständnis keinen Abbruch. Wohltuend ist, daß „Kyrie" und „Gloria" genannt sind; das hat den Vorteil, daß die Kinder gleich die richtige Bezeichnung lernen. Das „Gloria" wird in Verbindung zum weihnachtlichen Lobgesang der Engel gebracht, wobei den Kindern die unsichtbare Welt der Engel nahegebracht wird.[70] Lesung und Evangelium werden als Wort Gottes dargestellt, von den Bildern eindrucksvoll unterstrichen. Daß der Priester auf S. 8 das Manipel trägt, ist von den damaligen liturgischen Vorschriften her zu verstehen; die erste Auflage des Buches stammt von 1960.

Nicht ganz zu verstehen ist, warum zum „Credo" an das Martyrium des heiligen Stephanus erinnert wird. Das Bild zum „Credo" hätte auch anders ausfallen können, z. B. hätte man die Stände der Kirche, die den Glauben bekennen, darstellen können.

Die Gabenbereitung wird als Geschenk für Gott gedeutet, womit schon der Opfergedanke anklingt. Die Bilder 14 und 15 drücken den kosmischen Charakter der Liturgie aus. Dies ist besonders wichtig, weil allzu oft die heilige Messe als eine Feier der Gemeinde allein vorgestellt wird. Erfreulicherweise ist das Wort „Wandlung" genannt[71] und sogar farblich hervorgehoben. Jesus, der Brot und Wein in Händen hält, ist auf dem gegenüberliegenden Bild als der Gekreuzigte dargestellt. Das Gedächtnis der Toten findet Erwähnung, und die bildliche Darstellung macht deutlich, daß der erhöhte Christus alle Zeiten überdauert.[72]

Das Büchlein verwendet nicht das Wort „heiliges Brot", sondern den Kindern wird der richtige Ausdruck „heilige Kommunion" vermittelt. Die innige Vereinigung mit Christus wird durch ein Gebet ausgedrückt: „Jesus, ich bin dein; Jesus, du bist mein; bleibe immer bei mir.“[73]

2. Zu den Glaubensbüchern und Katechismen

Das Eucharistieverständnis der Kinder wird nicht nur durch Meßbüchlein beeinflußt, sondern auch durch Glaubensbücher und Katechismen. Auch diese Bücher sind zu befragen, ob sie die Realpräsenz und den Opfercharakter der heiligen Messe zum Ausdruck bringen oder ob sich in ihnen auch die verschwommenen Begriffe „heiliges Mahl“ und „heiliges Brot“ finden.

Über lange Jahre kam die Katechese in Deutschland ohne diese Begriffe aus. So kennt der „*Katholische Katechismus der Bistümer Deutschlands*“, der sog. „Grüne Katechismus“, eine exakte Terminologie. Mahl und Opfer sind nicht gegeneinandergestellt, sondern harmonisch verbunden.[74]

So kann auf dem Hintergrund der präzisen Darstellung der kirchlichen Eucharistielehre gesagt werden: „Die heilige Eucharistie ist das Familienmahl der Gotteskinder.“[75] Gleichzeitig findet sich auch das Wort „Meßopfer“, das aus den neueren Kindermeßbüchern gestrichen ist. Die Definition der heiligen Messe läßt nichts an Deutlichkeit zu wünschen übrig: „Das heilige Meßopfer ist das immerwährende unblutige Opfer des Neuen Bundes, in welchem das Kreuzesopfer vergegenwärtigt wird.“[76] Und in der Rubrik „Für mein Leben“ heißt es: „Ich will bei der heiligen Messe an das Kreuzesopfer meines Heilandes denken und mich mit ihm ganz dem Vater opfern.“[77]

Nun ist jedoch der Katechismus nicht mehr in Gebrauch. Mittlerweile beginnen Bischöfe einzusehen, daß es ganz ohne Katechismus bei der Glaubensunterweisung nicht geht.[78] Es ist dringend zu wünschen, daß ein *verbindlicher* Katechismus, der sich am „Allgemeinen Katechetischen Direktorium“ ausrichtet, eingeführt wird.[79] Erst dann wird Generationen von Kommunionkindern wieder das Wesen der heiligen Messe richtig erklärt werden können.

Die Feier der Erstkommunion (V. Hertle/M. Saller; Kevelaer 1972):

Dieses Buch ist gegenüber dem „Grünen Katechismus“ von einer einzigartigen Mahlfanatik besessen[80] Die Realpräsenz kommt kaum zur Sprache, und die heilige Messe wird durchgehend als „heiliges Mahl“ bezeichnet und somit verzeichnet. Das Wort „Wandlung“ darf den Kindern nicht zugemutet werden. Es bleibt bei dem dünnen Hinweis, daß im heiligen Mahl der Leib Christi empfangen wird.[81] Die Danksagung nach der heiligen Kommunion spricht davon, daß sich Christus den Kindern im heiligen Brot geschenkt hat und deswegen ganz nahe ist.[82]

Es ist unvorstellbar – aber die bittere Wahrheit – daß das Kreuzesopfer in dieser Meßerklärung keine Erwähnung findet. Der Opfergedanke ist zugunsten des „heiligen Mahles“ vollständig eliminiert. Diese unkorrekte Darstellung der heiligen Messe wiegt um so schwerer, da doch bei den Erstkommunionfeiern viele kirchenfremde Katholiken zur Kirche kommen. Wäre es gerade hier nicht die Pflicht einer Pastoral, die sich vom Dogma der Kirche leiten läßt, klar und eindeutig das Geheimnis des Glaubens zu bekennen? Soll mit dieser Verwässerung des Glaubens „lauen“ Katholiken geholfen werden, wieder einen Zugang zur Lehre der Kirche zu finden?[83]

Die Botschaft des Glaubens (A. Baur/W. Plöger; Donauwörth 1978):

Doch es gibt auch Alternativen zur Mahlfanatik. Die „Botschaft des Glaubens“[84] stellt die kirchliche Lehre übersichtlich, verständlich und unverkürzt dar. Vor allem ist an diesem Buch hervorzuheben, daß durch die vielen Gebete und Lieder der Zusammenhang zwischen der lex credendi und der lex orandi hergestellt wurde. Zweifelsohne gehört dieser Katechismus zu den positiven Neuerscheinungen der letzten Jahrzehnte.

Bezüglich der Lehre vom Altarssakrament ist der Katechismus besonders gelungen, wenn man an viele Einseitigkeiten denkt, die sich heute zeigen. Die Ableitung der Eucharistiefeier vom Mahl ist überwunden: „In der Eucharistiefeier wird das Kreuzesopfer Jesu Christi gegenwärtig.“[85] Der Terminus „heiliges Brot“ findet sich nicht, demgegenüber wird von Hostie oder konsekrierter Hostie gesprochen, was etwas ganz anderes bedeutet. Die Gegenwart Christi unter den Gestalten von Brot und Wein wird ausführlich dargestellt und gegen die Lehren der Reformatoren herausgearbeitet. Dabei fällt auf, daß das Wort „Mahl“ den rechten Stellenwert hat, wenn es heißt, die heilige Messe sei „Vergegenwärtigung des Kreuzesopfers Christi, Mahlfeier mit dem gegenwärtigen Herrn."[86]

Das Buch weist auch darauf hin, daß die hl. Kommunion nicht ein Ritual ist und daß nicht jeder an ihr teilnehmen müsse. Ausdrücklich wird gesagt, daß „kein Teilchen der heiligen Gestalten verloren" gehen soll; dies ist angesichts der Handkommunion nötig zu betonen.[87]

Glaube trägt (W. Hoffsümmer; Mainz 1979):

Auch Willi Hoffsümmers „Glaube trägt"[88] stellt die kirchliche Lehre von der Eucharistie richtig dar. Die Wandlung ist als „Kernstück der Eucharistiefeier in der heiligen Messe"[89] beschrieben. Hoffsümmer ist bemüht, die Spannung zwischen Mahl und Opfer zu erklären. Er kann dies in seiner verständlichen Sprache tun; darin liegt der Hauptwert des Werkes. Er führt die heutige heilige Messe auf das Abendmahl zurück, und zum Opfercharakter sagt er: „Die heilige Messe ist aber keine Wiederholung des Kreuzestodes, sondern das Geschehen von damals wird noch einmal Gegenwart."[90] Tabernakel, Kniebeuge und Fronleichnam werden erklärt. Der Ausdruck „heiliges Brot" wird neben anderen Begriffen für das Allerheiligste genannt. Allerdings wird nicht von der Verehrung und Anbetung des Allerheiligsten im Tabernakel gesprochen.

Grundriß des Glaubens (Deutscher Katechtenverein; München 1980):

Der Katechismus „Grundriß des Glaubens" versteht sich als Systematik zum Unterrichtswerk Zielfelder.[91] Die Eucharistie ist als „Lebensmitte der Kirche" beschrieben.[92] Es ist eine Eigenart des Buches, am Ende eines jeden Abschnitts in Lexikonform wichtige Begriffe zu erklären. Eigens wird die Wandlung erklärt, die leicht mißzuverstehen sei.[93] Zunächst wird die heilige Messe als Erinnerung an Jesu letztes Mahl erklärt, allerdings folgt ein Kapitel: „Die Kirche gedenkt der Hingabe ihres Herrn",[94] das mehr auf das Opfer eingeht. Selbstverständlich ist auch die Rede vom „heiligen Brot"[95], das aber als der Leib Christi charakterisiert wird.

Dem „Grundriß" muß man Recht geben, insoweit er es sich nicht einfach macht, das eucharistische Geheimnis zu erklären. Es ist versucht worden, die heilige Messe von allen Seiten zu beleuchten: vom Mahl aus, vom Opfer. Aber vielleicht überwiegt doch der Mahlcharakter; dies scheinen die Verfasser zu meinen, wenn sie zum Schluß des Passus über die Eucharistie schreiben: „Heutigen katholischen Christen ist die Eucharistiefeier besonders vertraut als Mahl in Gemeinschaft mit ihrem erhöhten Herrn.“[96] Von dieser Prämisse aus ist es verständlich, daß das Mahl als Struktur der Eucharistie aufscheint. An diesem Punkt liegt aber auch die Grenze des Buches.

Die Geschichte von unserer heiligen Messe (A. M. Cocagnac; Freiburg, Basel, Wien 1980):

Während der „Grundriß des Glaubens“ mehr für die Hand des Lehrers bestimmt ist, können Grundschulkinder mit dem Buch von A. M. *Cocagnac* schon mehr anfangen.[97] Die Eucharistie ist in den Ablauf der Heilsgeschichte eingebunden, und die alttestamentlichen Vorbilder führen schrittweise zum Höhepunkt der Offenbarung in Jesus Christus. Wenn auch der Mahlcharakter sehr betont wird, so ist doch gleichzeitig die Realpräsenz gelungen dargestellt. Etwas zu einfach ist die Deutung des Abendmahles: „Durch die Feier der heiligen Messe nehmen wir mit allen Christen am letzten Abendmahl teil, das Jesus am Abend vor seinem Tod für seine Jünger bereitet hat.“[98] Doch kommt wenige Seiten danach zum Ausdruck, daß es auch um das Geheimnis des Todes Jesu geht.[99] Die heilige Wandlung findet eine richtige Erklärung, und es wird klar, daß der Priester im Namen Jesu handelt.[100] Das Buch kommt ohne den Begriff „heiliges Brot“ aus; anstelle dieses verschwommenen Begriffes ist die Rede vom Lebendigen Brot, das nicht den banalen Brotgedanken assoziiert. Die Realpräsenz ist an vielen Stellen ausgedrückt. Besonders brauchbar ist die Rede vom Lebendigen Brot.[101] Sehr schön und für Kinder beeindruckend sind auch die bildlichen Darstllungen des Kreuzes und der Gaben von Brot und Wein. Der Kommentar ist schlicht und verständlich: „Bei der heiligen Messe essen wir dieses Brot, das der Leib Jesu ist, und trinken aus diesem Kelche den Wein, der das Blut Jesu ist. Jedesmal verkünden wir dadurch, daß er für uns gestorben ist, bis zu dem Tage, wo er wiederkommen wird auf die Erde.“[102]

Kindern die Meßfeier eröffnen (G. Duffrer; München 1980):

Als letztes sei auf ein Buch Günter Duffrers hingewiesen, das alle übrigen Bücher in den Schatten stellt. Das Heft *„Kindern die Meß-*

feier eröffnen“[103] schafft es, die heilige Messe in kindgemäßer Sprache zu erklären. Schade, daß zu diesem Buch nicht auch ein Kindermeßbüchlein erschienen ist!

Duffrer sagt gleich im Vorwort, worum es ihm in erster Linie zu tun ist: „Wenn es das Kreuzesopfer Christi gibt, wenn es eine Wandlung gibt, wenn Kreuz und Auferstehung Kernbotschaft unseres Glaubens sind, dann muß man davon reden, muß man sie von den Dächern rufen, man darf nichts verschweigen, auch vor Kindern nicht.“[104] Dieses Buch sollte wegen seiner unverkürzten Sicht der Eucharistie *Pflichtlektüre für all die vielen Mitglieder in Kindermeßkreisen werden,* damit die Erwachsenen zunächst einmal selbst wissen, worum es bei der heiligen Messe geht. Denn Duffrer sagt: „Man muß manchmal den Verdacht hegen, daß ‘Kindergottesdienst-Gestalter’ bei der Auswahl von Texten und Gesängen nur von ihren eigenen Kenntnissen ausgehen und dabei oft die Möglichkeiten übersehen, die sie auf diese Weise den wartenden Kindern vorenthalten.“[105] Es geht keineswegs um die Gestaltung als Selbstzweck, sondern um eine Hinführung der Kinder zur heiligen Messe, wie die Kirche sie vorschreibt. Liturgie ist nicht der Beliebigkeit des einzelnen Priesters oder gar eines Liturgiekreises überlassen, wenn auch noch so oft Gründe „pastoraler Art“ angeführt werden mögen. Die beste Pastoral ist die Pastoral, die den Menschen die volle Wahrheit des katholischen Glaubens verkündet.

Duffrer erklärt die einzelnen Teile der heiligen Messe ausführlich. Er geht jeweils von den Texten der „Allgemeinen Einführung“ aus[106] und stellt diesen Texten Passagen aus dem Kindermeßdirektorium gegenüber. So führt er in die Frömmigkeit der Liturgie ein und stellt Beispiele vor, wie die Meßgebete vereinfacht werden können. Die besondere Stärke des Buches liegt aber in der kindgemäßen Erschließung der einzelnen Teile der heiligen Messe. Diese Texte können als Predigten in Kindermessen verwendet werden, z.B. für die Vorbereitung auf die Erstkommunion. Eigens wird die Wandlung ausführlich erklärt. Die Ausführungen über die heilige Wandlung[107] gehören zu dem Besten, was nach dem Konzil an Meßerklärungen veröffentlicht worden ist. Duffrer vermeidet den Ausdruck „heiliges Brot“, der nicht einer kindgemäßen Sprache entsprungen ist.

Er kann auch die Verbindung von Abendmahl und Kreuzesopfer plausibel machen. Seine Zurückweisung eines mehr symbolischen

Eucharistieverständnisses ist ebenfalls erwähnenswert: „Vielleicht werdet ihr jetzt sagen: Jetzt verstehe ich, was Jesus gemeint hat. Brot kann man essen, und Wein kann man trinken. Dabei kann man auch an Jesus denken. Und wenn man an Jesus denkt, dann ist er auch bei uns. Nein, Jesus hat es anders gemeint. Er hat wirklich gesagt: Dieses Brot, das bin ich selbst. Und dieser Wein, das bin ich selbst. Jesus will ja nicht nur bei uns sein, sondern er will wirklich in uns sein."[108] Und um das tägliche Brot vom verwandelten Brot zu unterscheiden, klärt Duffrer auch die Frage, ob die Bitte um tägliches Brot im „Vater unser" etwas mit der Eucharistie zu tun habe: „Vielleicht denkt ihr: Das ist doch ganz klar. Im Vater unser heißt es: Unser tägliches Brot gib uns heute. Und auch in der Meßfeier essen wir ja Brot. Aber wenn ihr so denkt, dann ist das nicht ganz richtig. Denn das Brot, das Jesus im Vater unser meint, ist doch vor allem das Brot, das zu Hause auf dem Tisch steht oder das ihr in die Schule mitnehmt. Es ist das Brot, das wir jeden Tag essen, damit wir nicht hungern müssen. Das Brot in der Meßfeier aber ist gar nicht mehr dasselbe Brot, das wir zu Hause haben. Es ist verwandelt, es ist Jesus selbst."[109]

Wie unschwer zu erkennen ist, kann Kindern das Geheimnis der Eucharistie ohne die Kategorie des „heiligen Brotes" verständlich gemacht werden. Es sollte zu denken geben, daß die Sonntagsmessen immer leerer werden, vor allem was Jugendliche und Kinder angeht.[110] Wenn die neueren Erklärungsversuche (heiliges Brot, Versammlung um einen Tisch, heiliges Mahl) wirklich so kindgemäß wären, würden bestimmt mehr Kinder und Jugendliche an der sonntäglichen Eucharistiefeier teilnehmen. Aber es hat den Anschein, daß die Mahltheorie nicht in der Lage ist, Kindern den schlichten Glauben an das Allerheiligste zu vermitteln. Wenn das Leben als Christ den Kindern ohne den Opferbegriff erklärt wird, können aus diesen Kindern wohl kaum Katholiken werden.[111]

Die Analyse der Kindermeßbüchlein konnte zeigen, daß der Begriff „heiliges Brot" meistens mit dem Verschweigen der Wesensverwandlung korrespondiert. Der Begriff des Kreuzesopfers ist dann den Kindern auch nicht erklärt. Schwierigkeiten haben viele Büchlein auch mit dem Verhältnis zwischen Abendmahl und Kreuzestod.

In den katechetischen Werken war die Darstellung der Eucharistie mehr gelungen, wenn es dort auch beträchtliche Mängel gibt. Allerdings beeinflussen die unvollständigen Kindermeßbüchlein Generationen von Kindern, während die Glaubensbücher mehr auf (kritischere?) Erwachsene wirken. Es wird hohe Zeit, daß es wieder selbstverständlich wird, Kindern das Glaubensgeheimnis der Eucharistie mit „Wandlung" und „Opfer" zu erklären.

II. Theologische Aspekte

Nachdem in Teil I die Lehre von der Eucharistie in verbreiteten Kindergebetbüchern und anderer katechetischer Literatur dargestellt worden ist, stellt sich die Frage, inwieweit diese Lehre mit der Lehre der Kirche übereinstimmt. Um es deutlich zu sagen: „Die Stimme des kirchlichen Lehramtes ist ‚Echo der Stimme Christi'", wie Papst Paul VI. so bedeutungsvoll formulierte.[112] Die Art, wie über ein Glaubensgeheimnis gesprochen wird, ist nicht der Beliebigkeit unterworfen, sondern sie muß sich mit der Begrifflichkeit der Kirche decken.[113] Theologie ist nur in, unter und mit der Kirche möglich, die den Glauben vorstellt, der vom Theologen systematisch bedacht wird.[114]

Auf diesem Hintergrund soll untersucht werden, ob der Ausdruck „heiliges Brot" nicht in einer bestimmten Spannung zu den übrigen Bezeichnungen, die die Kirche für die heilige Eucharistie verwendet, steht. Dabei ist unumstritten, daß die vielen Begriffe das Geheimnis nicht ausloten können und daß die Kirche und ihre Theologen sich immer wieder um neue Ausdrücke mühen müssen, die sich allerdings am Lehramt auszurichten haben. So ist nichts gegen die Verwendung des Begriffes „heiliges Brot" einzuwenden, wenn er wirklich unter anderen Begriffen gebraucht wird und wenn sein Inhalt allen Kindern klar ist. Wenn aber eine Einseitigkeit auftritt, die auf eine Ideologie schließen läßt, ist Kritik anzumelden. Die folgenden Überlegungen schließen sich an die Eucharistielehre der analysierten Bücher an und beanspruchen in keiner Weise Vollständigkeit. Es handelt sich um Argumente gegen den Begriff „heiliges Brot", die dessen einseitige Verwendung angreifen.

1. „Heiliges Brot" läßt keine Assoziation zum Opfercharakter der heiligen Messe zu, der schon in der Heiligen Schrift begründet ist.

Wie Bibelwissenschaftler ausführen, hat das letzte Abendmahl einen direkten Bezug zum Kreuzesopfer Jesu. Rudolf *Schnackenburg* schreibt:

„Die Abendmahlstiftung Jesu bedeutet mehr als ein symbolhaftes, den Kreuzestod bezeichnendes und deutendes Geschehen; es ist eine das Kreuzesopfer repräsentierende und seine Sühnekraft applizierende für die Zeit bis zur Parusie wirksam setzende Handlung (vgl. 1 Kor 11, 26), die damit auch am Opfercharakter des Todes Christi partizipiert."[115]

Es geht also nicht an, die heilige Messe als bloße Wiederholung des Abendmahls darzustellen und zu sagen, das Letzte Abendmahl sei die erste heilige Messe gewesen. Mit den Worten „heiliges Mahl" und „heiliges Brot" verdeckt man für die Kinder die ganze Wirklichkeit des Tuns Jesu beim Mahl am Abend vor seinem Leiden. Es führt auch zu einem Mißverständnis des Letzten Abendmahls, wenn es als christliche Liturgie dargestellt wird. Wenn das Augenmerk der Kinder nur auf das „heilige Brot" gelenkt wird, kann auch nicht zum Ausdruck kommen, daß in der Eucharistie das Opfer Christi gegenwärtig gesetzt wird, wie die ununterbrochene Lehre der Kirche es zu glauben vorstellt.[116]

Auch Karl Hermann *Schelkle* betont, daß im Abendmahl schon der Opfergedanke zu sehen ist: „Die beiden Wörter Leib und Blut bezeichnen im Abendmahl den sich dahingegebenen und hingebenden Herrn. Diese beiden wesentlichen Wörter stellen das Geschehnis der Hingabe Jesu als Sühne und Heiligung für die Menschen dar."[117] Diesen Gedanken drückt die einseitige Verwendung von „heiliges Brot" auch nicht aus. Wenn ich Kindern aber sage, daß es sich um den Leib Christi handelt, ist der Opfergedanke schon mitgedacht. Indem uns Christus seinen Leib gibt, gibt er etwas fort.

Auch die Stelle 1 Kor 11,26 „Sooft ihr denn dieses Brot esset und den Kelch trinket, verkündet ihr damit den Tod des Herrn, bis er kommt" schlägt den Bogen zum Opfer. Paulus „verweist auf die Realität, die in der Eucharistie dargestellt wird, auf den gekreuzigten Herrn. Das Kreuz ist aufgerichtet, wo die Worte dieser Danksagung gesprochen werden".[118] Der Apostel betont in Vers 29, daß der Leib des Herrn von einfachem Brot unterschieden werden muß, während „heiliges Brot" wiederum nicht von sich aus auf diesen Unterschied hinweist.

Wird einem Kind nicht von Anfang an vermittelt, daß in der heiligen Messe das Kreuzesopfer vergegenwärtigt wird, so kann es niemals verstehen lernen, daß die Kirche das Meßopfer für das Seelenheil von Verstorbenen feiert. Wenn die heilige Messe nur „heiliges Mahl" ist, in dem wir „heiliges Brot" empfangen, muß das Kind sich fragen, wie denn die Verstorbenen an dieser Feier teilhaben können. Folgerichtig ist es dann, wenn die Meßbüchlein, die die Mahl- und Brottheorie vertreten, auch mit keinem Wort auf das Gedächtnis der Toten eingehen.

2. „Heiliges Brot" grenzt die Eucharistie auf Speise ein.

Wie wir gesehen haben, assoziiert „heiliges Brot" nicht das Wort „Opfer", wie es z. B. bei „Hostie" gegeben ist. Darüber hinaus ist „heiliges Brot" geeignet, die Eucharistie auf Speise einzuschränken und die Opferhandlung nur in der Speise zu sehen. Demgegenüber sagt das Konzil von Trient: „Wer sagt, . . ., die Opferhandlung bestehe in nichts anderem, als daß uns Christus zur Speise gereicht werde, der sei ausgeschlossen."[119] Wenn also Opfer und Kreuz nicht erwähnt werden, ist es unmöglich, Kindern (wie Erwachsenen) die heilige Messe als das zu erklären, was sie ist: Sühnopfer des Neuen Bundes. Der Ausdruck „heiliges Brot" schränkt, wenn er einseitig gebraucht wird, die Eucharistie auf Speise ein. Wo dieser Ausdruck gebraucht wird, findet man auch ein Altarkreuz überflüssig und spricht vom „heiligen Mahl".

3. „Heiliges Brot" klammert die Frage nach der Wesensverwandlung aus.

Das Wort „heiliges Brot" läßt die Frage offen, ob es sich wirklich um verwandeltes Brot handelt. Dem katholischen Dogma geht es gerade um die Verwandlung der Substanz des Brotes, die bei diesem Begriff keine Rolle spielt. Der Augenschein wird den Kindern als die volle Wirklichkeit angeboten. Papst *Pius VI.* verurteilte im Jahre 1794 die Meinung, die Pfarrer sollten über den Leib Christi predigen, ohne jedoch die Lehre von der Transsubstantiation zu berücksichtigen.[120] Wenn viele Kindergebetbücher die Lehre von der Wesensverwandlung nicht klar und eindeutig ausdrücken, befinden sie sich im Grunde auf einer Linie mit den Vorschlägen der Synode von Pistoja, die Pius VI. monierte. An der Realpräsenz, die im Sinne der

Kirche verkündet wird, hängt der ganze Zugang zur Eucharistie. Wenn Kindern der Begriff „Wandlung" und vielfach auch die gemeinte Sache vorenthalten wird, kann der Glaube an die Eucharistie nicht richtig weitergegeben werden. Wie die sinkende Zahl der jugendlichen Teilnehmer an den heiligen Messen zeigt, zieht ein um die Realpräsenz verkürzter Glaube nicht mehr an!

4. „Heiliges Brot" kann der Impanationslehre Vorschub leisten.

Die Impanationslehre besagt, daß das Brot nach der Wandlung Brot bleibt, aber der Leib Christi im Brot gegenwärtig werde. Vor allem A. *Rosmini-Serbati* vertrat im 19. Jahrhundert diese Theorie. Er meinte, das Brot würde durch die Seele Christi belebt und dies genüge, um den Vorgang der Wandlung zu kennzeichnen. Die Kirche mußte diese Meinung verwerfen.[121]

Die Meinung, Brot bleibe Brot, ist in unserem Zusammenhang bemerkenswert. „Jesus kommt in das Brot" oder „Gott ist im Brot" – das sind heutige Erklärungsversuche, die eindeutig der Impanationslehre zuzuordnen sind. Legt der Ausdruck „heiliges Brot" nicht nahe, daß es sich noch immer um Brot handelt, wenn auch „heiliges"? Kann ein auf diese Weise belehrtes Kind den Schritt vollziehen lernen, daß es eben nicht mehr Brot ist? Die kirchliche Lehre von der Wesensverwandlung scheint „einfacher" zu sein: Mit dem Brot geschieht in der Wandlung etwas; etwas, was nur mit dem Glauben erkannt werden kann. Würde es sich lohnen, das Brot anzubeten? Nur die Gestalt des Brotes bleibt erhalten. Deswegen muß Kindern vermittelt werden, daß der Glaube mehr sieht.

5. „Heiliges Brot" lenkt nicht vom Urteil der Sinne hin zum Glauben.

Im *Catechismus Romanus* heißt es: „Man muß also dafür sorgen, daß die Gläubigen den Geist soviel als möglich vom Urteil der Sinne abziehen und zur Betrachtung der unermeßlichen Kraft und Macht Gottes sich anregen lassen."[122] Das Wort „heiliges Brot" sagt nicht aus, daß die Substanz des Brotes nicht mehr besteht. Den Kindern wird vielmehr suggeriert, es handle sich um Brot. Das ist aber doch gerade nicht die Lehre der Kirche. Wenn es z. B. heißen würde, das Brot sei verwandelt, klingt schon sofort die ganz neue Dimension an. Brot assoziiert Essen. Brot, und wenn es noch so heilig ist, zieht mich nicht vom Urteil der Sinne ab auf eine andere Welt. Brot kann ein Kind beim Bäcker kaufen, demgegenüber wäre die Hostie im Alltag nicht verfügbar, und dieser Begriff würde den Gedanken nicht auf die Speise allein lenken. Geht nicht das „heilige Brot“ auf die Nivellierung des von der Kirche geforderten Unterschiedes zwischen gewöhnlicher Speise und der Eucharistie aus?[123] Brot besteht auch nach der Wandlung noch in einem doppelten Sinn: Einmal bleibt die Gestalt des Brotes bestehen und zum anderen dauert die Kraft der Speise an.[124]

6. „Heiliges Brot“ verstellt das Verständnis für die ganze Tiefe und Breite des Dogmas von der Eucharistie.

Wenn „heiliges Brot“ immer wieder mit Ausdrücken wie „Versammlung um den heiligen Tisch“ und „Essen des heiligen Mahles“ Kindern vermittelt wird, ist dies eine Verkürzung des Glaubens der Kirche. Dann wird der Blick für die Eucharistie bei den Kindern verstellt. Die meisten Meßbüchlein übersehen, daß kindgemäße Sprache nicht darin besteht, etwas besonders Leichtes auszuwählen, sondern *das Ganze* den Kindern nahezubringen.

So wird bezüglich der Eucharistie übersehen, daß die heilige Messe drei Komponenten hat, die nicht getrennt werden können: „Daher ist die Messe – das Herrenmahl – zugleich und untrennbar: das Opfer, durch welches das Opfer des Kreuzes fortdauert; die Gedächtnisfeier des Todes und der Auferstehung des Herrn, der sagt: ‚Tut dies zu meinem Gedächtnis‘ (Lk 22,19); das heilige Mahl, bei dem das Volk Gottes durch die Kommunion des Leibes und Blutes des Herrn an den Gütern des österlichen Opfers teilnimmt, den neuen Bund, den Gott ein für allemal im Blute Christi mit den Menschen geschlossen hat, erneuert, und in Glaube und Hoffnung das endzeitliche Mahl im Reiche des Vaters im voraus zeichenhaft darstellt und bereits beginnt und so den Tod des Herrn verkündet, bis er kommt.“[125]

Ein Blick auf die gängigen Kindergebetbücher hat zeigen können, daß diese umfassende Sicht der Eucharistie meist reduziert worden ist. Übrig bleibt dann das „heilige Mahl“, weil man der Meinung ist, dies könnten die Kinder verstehen. Im übrigen hat sich auch im Bereich der Meßkatechese nicht durchgesetzt, was das „Allgemeine Katechetische Direktorium“ fordert.[126] In diesem „Grunddokument der Katechese", wie Papst *Johannes Paul II.* das Direktorium nennt,[127] wird gefordert, den Kindern die ganze Fülle des katholischen Glaubens an die Eucharistie zu vermitteln.

Bezüglich der Wesensverwandlung heißt es: „In der Eucharistie wird nämlich durch das Aussprechen der Wandlungsworte die tiefe (nicht die sinnenfällige) Wirklichkeit von Brot und Wein in den Leib und das Blut Christi verwandelt; diese wunderbare Verwandlung hat in der Kirche den Namen ‚Transsubstantiation' bekommen. Folglich ist unter den Erscheinungsformen (oder unter der sinnenfälligen Wirklichkeit) des Brotes und des Weines die Menschheit Christi selbst nicht nur durch ihre Kraft, sondern durch sich selbst (d. h. wesenhaft-substantialiter) zusammen mit seiner göttlichen Person auf ganz geheimnisvolle Weise verborgen gegenwärtig."[128]

Es stellt sich die Frage, ob die hier gemeinte Sache mit dem Begriff „heiliges Brot" ausgedrückt wird. Den Kindern soll der Glaube vermittelt werden, ganz und ungekürzt. Dies ist zweifellos eine schwierige Aufgabe. Aber wenn sich jemand daransetzt, ein Kindermeßbüchlein zu schreiben, sollte an sich angenommen werden, daß er mit dem Glauben der Kirche so verbunden ist, daß er diesen auch Kindern weitergeben kann. Wie die älteren Kindermeßbücher zeigen, ist es möglich, Kindern die heilige Messe in einer verständlichen Sprache zu erklären. Warum sollte dies heute nicht mehr möglich sein? Etwa deswegen, weil der kirchliche Glaube anders interpretiert wird?

7. „Heiliges Brot" läßt vermuten, daß die Grundstruktur der heiligen Messe als Mahl angesehen wird.

Nicht selten wurde in den Kindermeßbüchern behauptet, die heilige Messe sei die Wiederholung des Abendmahls Jesu mit seinen Jüngern. Auch gegenüber Kindern ist es nicht richtig, Tatbestände verkürzt und falsch darzustellen. Die Kinder lernen die falsche Sicht der heiligen Messe und können später kaum mehr zu einem richtigen Eucharistieverständnis geführt werden. Der Begriff „Abendmahl" ist von Martin *Luther* eingeführt und hängt von seiner Einführung her mit der Leugnung des Opfercharakters der heiligen Messe zusammen. Bis heute ist der Begriff „Abendmahlgottesdienst" das Wort für den sakramentalen Gottesdienst der evangelischen Christen, die auch einen Wortgottesdienst ohne Abendmahl kennen. Es handelt sich um Sprachverwirrung, wenn es in vielen katholischen Pfarreien neuerdings heißt, am Gründonnerstag feiere man einen „Abendmahlgottesdienst.“[129] Die Übernahme dieses Begriffes dient weder einer echten Ökumene,[130] noch kann er die Wirklichkeit der heiligen Messe nach katholischem Verständnis umschreiben. Denn die Mahlgestalt der heiligen Messe kann in Zweifel gezogen werden, da sie keine Wiederholung des biblischen Abendmahls sein möchte. Wer den Kindern so die Heilige Schrift auslegt, übersieht die Tradition der Kirche und handelt biblizistisch. So kann Kardinal *Ratzinger* schreiben:

„Das letzte Abendmahl Jesu ist zwar der Grund aller christlichen Liturgie, aber es ist selbst noch keine christliche Liturgie. Im Jüdischen vollzieht sich der Einsetzungsakt des Christlichen, das aber noch keine eigene Gestalt als christliche Liturgie gefunden hat.“[131]

Dieses Abendmahl ist also nicht die erste heilige Messe, auch nicht für eine Meßerklärung, die sich an Kinder richtet. Es kann nicht die Tatsache der Kreuzigung und Auferstehung übersehen werden: „Das Hereintreten des Auferstandenen unter die Seinigen ist der neue Beginn, der den jüdischen Festkalender als das Vergangene hinter sich läßt und der eucharistischen Gabe ihren neuen Zusammenhang setzt.“[132] Die beiden Ausdrücke „heiliges Mahl“ und „heiliges Brot“ bringen die Kinder auf die falsche Fährte. Es geht wesentlich darum, daß die Gaben von Brot und Wein geopfert werden, wie Jesus Christus sich am Abend vor seinem Leiden auch hingegeben hat:

„Es ist einfach zu billig, wenn Eucharistie zum Mahl der Gemeinschaft erklärt wird. Sie hat Christi Tod gekostet, und die Freude, die sie verheißt, setzt das Eintreten in dieses Todesgeheimnis voraus. Eucharistie ist eschatologisch orientiert und darum kreuzestheologisch zentriert. Das ist gemeint, wenn die Kirche am Opfercharakter der Messe festhält; hier geht es in der Tat darum, ob die Größenordnung beibehalten oder verfehlt wird, ohne die die eigentliche Tiefe der befreienden Macht Gottes beiseite gelassen wird.“[133]

Wir sehen, daß die heilige Messe kein Mahl ist, wie die Ausdrücke „heiliges Mahl“ und „heiliges Brot“ dies nahelegen.

8. „Heiliges Brot“ verstellt den Blick für das Kreuzesopfer Jesu als Sühnopfer.

Wenn Kindern suggeriert wird, die heilige Messe sei ein Freudenmahl, bei dem sie „heiliges Brot“ bekämen, wird die Eucharistie um das Sühnopfer verkürzt. Gerade heute, wo der Stellenwert des Kreuzesopfers als Sühne für die Sünden der Welt in großen Teilen der Theologie anders als in der Tradition gesehen wird, kommt der Bezeichnung der Eucharistie eine große Rolle zu.[134] „In einer solchen Situation wird der betende Glaube der Kirche, die eucharistische Memoria, die Erinnerung daran wachhalten müssen."[135] Die verwandelten Gaben vergegenwärtigen das blutige Sühnopfer, das Jesus seinem göttlichen Vater freiwillig für das Heil der Welt dargebracht hat. Dieser Gedanke muß in der Kindermeßerklärung auf jeden Fall einen Niederschlag finden, sei es, daß er in den Ausführungen über das Hochgebet zur Sprache kommt, sei es, daß er beim „Agnus Dei" den Kindern verständlich gemacht wird. Der ganze Ernst der Erlösung durch den blutigen Kreuzestod darf nicht ausgespart bleiben, weil sonst die heilige Messe zu einem unverbindlichen Festmahl degradiert wird. Wenn das Kreuz nicht den Mittelpunkt der Meßerklärung einnimmt, dann kann die Meßkatechese nicht stimmen. Brot ist zum Essen bestimmt, und kein Kind kann von dem einseitigen Gebrauch des Begriffes „heiliges Brot" zu der Wahrheit vordringen, die das *Konzil von Trient* so herrlich formulierte: „Denn es ist ein und dieselbe Opfergabe, und es ist derselbe, der jetzt durch den Dienst der Priester opfert und der sich damals am Kreuze darbrachte, nur die Art der Darbringung ist verschieden."[136]

Gerade im Hinblick auf die heutige Lage weiter Teile der Theologie, wird man in Kindermeßkatechesen besonders das Sühnopfer betonen und deswegen den Ausdruck „heiliges Brot" vermeiden.

9. „Heiliges Brot" weist nicht auf die Vereinigung mit Christus hin.

Es ist eigenartig, daß auf der einen Seite „Mahl" und „Brot" überbetont werden, daß man aber auf der anderen Seite mit dem Begriff „heiliges Brot" doch nicht zum tiefsten Wesen der heiligen Kommunion vordringt. Wichtig ist, daß Kindern einsichtig wird, Kommunion sei die tiefste Vereinigung mit Jesus Christus. Leo *Scheffczyk* weist die Grenzen auf, die einer Meßerklärung als Mahlerklärung gesteckt sind.[137] Er erinnert daran, daß ohne die Betonung der Realpräsenz überhaupt kein Mahl stattfinden kann. Dann schreibt er: „Wenn man nämlich damit Ernst macht, daß diese Gaben nicht mehr Brot und Wein sind, sondern Fleisch und Blut Christi, d. h. der ganze pesönliche Herr, dann kann man eigentlich schon nicht mehr von einem gewöhnlichen Essen und Trinken sprechen.“[138] Keineswegs ist gemeint, Jesus werde wie leibliche Nahrung aufgenommen. Aber gerade an dieser Stelle ist die Grenze von „Brot“ und „Mahl“ gegeben. In der heiligen Kommunion zieht uns der Gottmensch ganz in sich hinein: „Wir werden von ihm inkorporiert, wir werden ein Leib mit ihm, wir wachsen mit ihm zusammen, wie ein Glied in einen Organismus einwächst, der als Leib dem Haupte unterstellt ist.“[139]

Kindern kann diese Dimension der Eucharistie mit dem Wort „heilige Kommunion“ erschlossen werden, wenn die Gemeinschaft und die Vereinigung mit Jesus Christus vom Ansatz Scheffczyks erklärt wird. Dies führt in jedem Fall zu einem tieferen Eucharistieverständnis, als mit dem Begriff „heiliges Brot“ erreicht werden kann. Die richtige Erklärung der heiligen Kommunion kann im Kind ein Gebet im Sinn des Katechismus *Gasparris* aufkommen lassen: „Mein guter Jesus, sehnsüchtig verlange ich, Dich in mein Herz zu empfangen: komme bald, laß mich nicht länger warten!“[140]

10. „Heiliges Brot“ kann Kinder an „heilige Orte und Sachen“ erinnern.

Die deutsche Sprache kennt keinen Unterschied zwischen „sanctus“ und „sacer“. Auch deswegen ist der Begriff „heiliges Mahl“ sehr problematisch.[141] Es könnte der Eindruck entstehen, daß es sich beim „heiligen Brot“ um geweihtes Brot handelt, das symbolhaft den Leib Christi darstellt. Wenn es schon falsch ist, vor Kindern im Zusammenhang mit den verwandelten Gaben von Brot zu sprechen und die Umwandlung der Gestalt außer acht zu lassen, dann wird die Konfusion durch das Wort „heilig“ noch größer. Da ist das Fremdwort „konsekrieren“ wegen seiner Präsizion Kindern durchaus zuzumuten, zumal wenn man bedenkt, was andere Schulfächer an Fremdworten verlangen. Wegen der Exaktheit darf eine solch hohe Forderung gestellt werden. Das Meßbuch, in das die Kinder hineinwachsen sollen, spricht eine deutliche Sprache. Während vor der heiligen Wandlung von „panis“ die Rede ist, wird danach von „hostia consecrata“ gesprochen. Dieser Unterschied muß Kindern entsprechend vermittelt werden.

11. „Heiliges Brot" findet in der offiziellen Sprache der Kirche keine Verwendung.

Das Wort „heiliges Brot" werden die Kinder in den offiziellen Büchern der Kirche nicht wiederfinden. Deswegen ist es besser, die Kinder gleich mit einer Sprache vertraut zu machen, die auch in den Augen der Kirche eine hohe Bedeutung hat.

Zwar schreibt der *Canon Romanus* „offerimus . . . panem sanctum vitae aeternae", aber im deutschen Meßbuch hat sich der Begriff „heiliges Brot" nicht durchsetzen können.[142] Auch die Hinweise für die Auslegung und Didaktik des Lektionars für Kindergottesdienste kennen nicht das umstrittene Wort „heiliges Brot".[143] Auch der *Codex Juris Canonici* kennt nicht das Wort. Seine Terminologie richtet sich eher am Wort „Allerheiligstes Sakrament" aus.[144] In can. 898 wird verlangt, die Eucharistie mit höchster Anbetung „devotissime" zu verehren.[145] Exakt heißt es auch in can. 899 von Brot und Wein „species". Häufig findet sich auch das Wort „sacrificium", was einer Rückweisung des Mahlcharakters gleichkommt. Wenn in can. 904 die Privatmesse empfohlen wird, dann heißt dies doch, daß das Opfer auch ohne „Mahl" der Gläubigen wertvoll ist. Als Bezeichnung für die Eucharistie werden auch „sacra communio" oder „cibus divinus" gebraucht; can. 939 spricht von „hostia consecrata".

Es ist überaus wichtig, daß Kinder anhand von *klaren Begriffen* zum Glauben geführt werden. Nur so kann erreicht werden, daß Kinder langsam in die Sprache der Kirche wachsen und das „sentire cum ecclesia" lernen.

An einem Beispiel soll die Wichtigkeit einer richtigen Sprache verdeutlicht werden. Hans *Hilger* erklärte in seinem „Büchlein vom lieben Brot"[146] drei Dimensionen des Brotes: Zunächst stellte er den Kindern Brot vor, das die Erde gibt. Die zweite Stufe war das Brot, das uns die Liebe spendet. Schließlich sprach er dann über das Brot, in dem die Liebe sich uns selbst gibt. Hilger geht stufenweise vor und kann bei der Eucharistie ankommen. Er überspringt keine Ebene. Die verwandelten Gaben kann er als Opfer beschreiben, indem er die Trennung von Fleisch und Blut als Zeichen des Todes beschreibt.[147]

Hilgers Buch spricht eine Sprache, die zur Sprache der Kirche hinführt. Dagegen sieht es in *Hoffsümmers* „Kommuniongeschichten" ganz anders aus.[148] Zunächst beschreibt er, was ein Stück Brot alles den Menschen zu sagen hat. Dann wird gefragt, was die Bibel über Brot sagt. Schließlich wird das Geheimnis des eucharistischen Brotes behandelt. Hoffsümmer bleibt in diesem Buch leider beim Begriff „heiliges Brot“ stehen. Zwar sagt er, die Gaben seien verwandelt,[149] aber die folgende Legende „Du wirst in mich verwandelt“ kann die Wandlung nicht näher erläutern. Wenn es heißt, am Fronleichnamstag ziehe „die ganze Gemeinde mit dem Heiligen Brot“ durch die Straßen, wird der falsche Sprachgebrauch offenkundig.[150] Der Versehgang wird so erklärt: „Denn er (der Kranke) braucht noch den anderen Arzt, dem selbst der Tod gehorchen muß: Jesus im Brot.“[151] Drängt sich bei der Formulierung „Jesus im Brot“ nicht der Gedanke an die Impanationslehre auf? Wie sollen Kinder mit solchen Begriffen zur katholischen Fülle des Glaubens kommen? Brauchbar sind nur solche Bücher, die dem Kind die Sprache der Kirche näherbringen.

Fazit:

„Heiliges Brot oder der Leib Christi?“ – So stellten wir die Frage. Die Argumente, die unter II. vorgetragen wurden, beantworten die Frage eindeutig. „Heiliges Brot“ hat seinen Sinn als *eine* Bezeichnung unter anderen Begriffen. Allerdings ist der Begriff zumindest für Kinder mißverständlich, und er scheint eher vom Glauben der Kirche wegzuführen als Kinder mit der unverkürzten Lehre von der Eucharistie bekannt zu machen. Es wurde bewußt darauf verzichtet, unter den einzelnen Argumenten die Stellen aus den betreffenden Kindermeßbüchern anzuführen. Geht es doch bei einer Auseinandersetzung nicht um Personen, sondern um die Sache. Die Eucharistie sollte uns alle Mühe wert sein, auch die der Auseinandersetzung.

Es konnte gezeigt werden, daß die traditionellen Begriffe wie „Wandlung“ „Hostie“ und konsekrieren“ auch heute noch ihre volle Bedeutung haben. Wegen der Eindeutigkeit sind sie dem umstrittenen Begriff „heiliges Brot“ vorzuziehen.

III. Unterrichtsanregungen für die Grundschule

Bevor nun verschiedene Unterrichtsimpulse für die Grundschule vorgestellt werden, ist es notwendig, noch einmal mit

Nachdruck auf die *Aufgabe der Eltern* bei der Glaubensunterweisung der Kinder hinzuweisen. Schulischer Religionsunterricht kann erst dann voll fruchtbar werden, wenn das Elternhaus das erlernte Wissen in eine christliche Gebetspraxis überleitet. Papst *Paul VI.* stellte in der Generalaudienz am 11. August 1976 dazu die wichtigen Fragen, von deren Beantwortung das Überleben des katholischen Glaubens in Europa abhängen wird: „Mütter, lehrt ihr eure Kinder die christlichen Gebete? Bereitet ihr eure Kinder, in Übereinstimmung mit den Priestern, auf den Empfang der ersten Sakramente vor: Beichte, Kommunion, Firmung? Gewöhnt ihr sie, wenn sie krank sind, an den leidenden Christus zu denken? Die Hilfe Mariens und der Heiligen anzurufen? Betet ihr den Rosenkranz in der Familie? Und ihr, Väter, versteht ihr, mit euren Kindern zu beten, mit der ganzen Hausgemeinschaft wenigstens ab und zu? Euer Beispiel, eure Redlichkeit im Denken und Handeln, von Zeit zu Zeit unterstützt durch ein gemeinsames Gebet, bedeutet eine Lehre fürs Leben, ist ein Frömmigkeitsakt von einzigartigem Wert. Tragt den Frieden nach Hause: Pax huic domui! (Friede sei diesem Haus!) Denkt daran: So erbaut ihr die Kirche!“[152]

Glaubensvermittlung ist auf die Hauskirche angewiesen. Es wäre falsch, schulischen Religionsunterricht zu isolieren. Gerade die Eucharistie lebt davon, daß sie von Kindern tatsächlich gefeiert werden kann. Der katholische Glaube richtet sich nicht einseitig an Verstand und Gedächtnis, sondern an den ganzen Menschen, der den erlernten Glauben vollziehen soll.

1. Bildkatechesen:

Brotvermehrung (Evangeliar aus Echternach): Mk 6,32–44 / Lk 9,11–17 (Grundschulbibel Nr. 121)[153]

a) Lesen des Textes

Das nötige exegetische Vorwissen findet der Lehrer bei: Glöckner, Richard: Biblischer Glaube ohne Wunder? Einsiedeln 1979, 108–114. Die Perikope Nr. 121 wird vorgelesen. Der Inhalt des Textes wird nacherzählt. Erste Eindrücke werden gesammelt.

b) Bildbetrachtung (Bild in: Botschaft des Glaubens, S. 304)

Jesus ist Mittelpunkt des Bildes. Er streckt seine Hände aus. Das Ausbreiten der Hände erinnert an das Kreuz. Er ist bereit, sich für uns verteilen zu lassen. Seine Hände werden Brot: Er gibt sich selbst, nicht nur einfaches Brot. Jesus ist das Brot, das lebendige Brot, das vom Himmel herabgekommen ist. Fast wie ein König thront er über den Menschen, seine Gestalt beherrscht das ganze Bild. Der Heiligenschein betont das Kreuz. Die Apostel geben weiter, was sie vom Herrn empfangen haben. Es entsteht eine Kette von Christus über die Apostel zu den Menschen. Die, die sich nach Brot sehnen, erhalten es aus den Händen der Apostel. Es ist so viel da, daß sogar noch Körbe gefüllt werden können. Die Menschen sind bereit, aus den Händen der Apostel zu empfangen. Sie lassen sich beschenken, von Christus durch die Apostel. Die Menschen auf der rechten Bildseite bleiben bloße Zuschauer, sie blicken nicht auf Jesus. Die Menschen auf der linken Seite zeigen ihre leeren Hände. Sie wollen nicht glauben, daß ein Wunder geschieht.

c) Parallelen zur Eucharistie

Zunächst ist dort das Zeichen des Brotes, das bei der heiligen Messe die zentrale Rolle spielt, wie auch schon in der Perikope. Dieses Brot kommt von Jesus Christus, er selbst ist gegenwärtig unter der Gestalt des Brotes (Hände werden Brot). Sodann ist das Sprechen des Lobpreises zu bedenken. Jesus lobt seinen göttlichen Vater (Eucharistie ist Dank dafür, daß er bei uns ist). Deswegen wird die heilige Messe auch Opfer des Lobes genannt.

Jesus Christus stillt den Hunger der Menschen „alle aßen und wurden satt". Aber der Hunger liegt auf einer anderen Ebene, wenn wir an die hl. Kommunion denken. Hier kann erklärt werden, daß Brot und Sattwerden einen tiefen Sinn im Sakrament der Eucharistie erhalten.

Opfer Christi und der Kirche: Hildegard von Bingen[154]

a) Bildbetrachtung (siehe Abbildung S. 62)

Die obere Bildhälfte zeigt Jesus Christus am Kreuz. Blut und Wasser fließen aus der Seitenwunde. Die goldene Gestalt (Kirche) hält einen Kelch hin und empfängt Sakramente (Taufe und Euchari-

stie). Der Tod Christi belebt die Kirche durch die Sakramente. Jesus geht heim zu seinem göttlichen Vater (rechts oben die Hand). Freiwillig geht er als Sühnopfer in den Tod, damit wir Leben in Fülle haben.

Die untere Bildhälfte zeigt, wie das Meßopfer mit dem Kreuzesopfer zusammenhängt. Der goldene Strahl geht auf die Gaben über. Die Gestalt der Kirche hält als Zeichen ihrer Bereitschaft die Arme weit geöffnet. Die vier kleinen Bilder zeigen die Bedeutung der heiligen Messe an. Sie ist ja Mittelpunkt des ganzen Kultes, Zentrum der gesamten Heilsgeschichte.

Gott erweckt seinen Sohn
(aus der Welt = grün)
Jesus wird geboren aus der
Jungfrau Maria

Jesus fährt in den Himmel auf

Jesus herrscht über die Welt
(Welt = grüne Farbe)

In den Hochgebeten der heiligen Messe gedenkt die Kirche der heilbringenden Taten Christi. Besonders im Römischen Hochgebet, dessen Kenntnis fast ganz verschwunden ist, wird beschrieben, was die kleinen Bilder aussagen. Mit den Kindern kann Gotteslob Nr. 357, nach der hl. Wandlung, gelesen werden.

b) Meßerklärung

In der heiligen Messe wird auf sakramentale Weise das Kreuzesopfer gegenwärtig (auf unblutige Weise). Jesus hat beim Letzten Abendmahl die Gaben von Brot und Wein dazu bestimmt, Zeichen seiner Gegenwart zu sein. Das Heil und die Taten Gottes durch seinen Sohn Jesus Christus werden wieder gegenwärtig. Unter den Gestalten von Brot und Wein ist auf dem Altar der gekreuzigte Sohn Gottes gegenwärtig. Christus läßt seine Braut, die Kirche, nicht allein. Die Kirche ist bereit, ihn aufzunehmen, mit offenen Armen.

Nun können wir verstehen, wenn vom „Meßopfer" gesprochen wird. Wir beten nach der heiligen Wandlung: „Deinen Tod, o Herr, verkünden wir und deine Auferstehung preisen wir, bis du kommst in Herrlichkeit."

2. Liedkatechese

„Das Heil der Welt, Herr Jesus Christ, wahrhaftig hier zugegen ist." (Gotteslob Nr. 547)

Eine Liedkatechese hat den Vorteil, daß besser der Zusammenhang von Glaube und Leben herausgestellt werden kann. Kinder singen gerne, und was gesungen wird, prägt sich tiefer ein. Durch Musik kann sogar mitunter eine falsche Prägung der Persönlichkeit erzielt werden. Um so wichtiger ist es, Kindern die Lehre von der Eucharistie anhand solider Lieder aufzuzeigen. Nicht alles, was heute an Liedgut in Kindermessen gesungen wird, führt zum Verständnis der Eucharistie.[155] Das Lied „Das Heil der Welt" ist jedoch geeignet, jungen Menschen vieles vom Wesen der Eucharistie zu vermitteln. Der Text des Liedes stammt vom Jesuitenpater Friedrich von Spee; die Melodie kommt aus dem Geistlichen Psalter (Köln 1638). Das Lied möchte vier Aussagen vermitteln:

Jesus Christus ist sakramental zugegen als das „Heil der Welt".

Er hat für uns Menschen das Leiden auf sich genommen, deshalb sind wir von Schuld befreit.

Jesus Christus ist im Sakrament anzubeten.

Die Liebe Christi zu uns Menschen bewahrt die gläubigen Christen vor dem ewigen Tod.

– *„Wahres Manna"*

In der Grundschulbibel Nr. 45 findet sich die Geschichte des Himmelsbrotes „Manna", das die Israeliten auf ihrem Zug durch die Wüste vor dem Hungertod bewahrte. Das Manna ist Zeichen der Fürsorge Gottes für sein Volk. Gott sorgt für sein Volk auf vielfältige Weise. Die Eucharistie wird im Lied „wahres Manna" genannt, weil Jesus Christus endgültig Gottes Sorge um uns Menschen gezeigt hat. Es geht nun nicht mehr um das Brot, das wieder Hunger macht und den Tod nicht besiegen kann, sondern um Jesus Christus, das Leben in Fülle. Eucharistie ist nicht Brot, sondern Jesus Christus; sie ist mehr als Manna der Wüste.

– *„Wahres Osterlamm"*

Während das Manna mehr auf die heilige Kommunion bezogen ist, möchte der Ausdruck „Osterlamm" auf den Opfercharakter der heiligen Messen verweisen. In der Grundschulbibel kann Nr. 41 „Die Israeliten feiern das Fest der Erlösung" gelesen werden. Das Osterlamm des Paschafestes ist Zeichen für Jesus Christus, der durch seinen Opfertod den Übergang (Exodus) ins Reich der Ewigkeit aufgeschlossen hat. In ihm sind die Zeichen des Alten Bundes in Erfüllung gegangen. Die Eucharistie ist der geopferte Leib Christi, der uns den Zugang zum Vater ermöglicht.

– *Kniebeuge und Anbetung*

Wenn Jesus Christus unter der Gestalt des Brotes als „wahres Manna" und „wahres Osterlamm" im Tabernakel gegenwärtig ist, dann ist er auch anzubeten. Anbetung bedeutet zunächst einmal, daß ich bei ihm bin. Kinder müssen erkennen, daß man Jesus in der Kirche besuchen kann.

Die Frage der Anbetung ist mit der Frage der Realpräsenz verknüpft. Jesus ist mit seiner Gottheit anwesend. Die Kinder müssen einsehen, daß nicht „heiliges Brot" angebetet wird. Es ist Götzendienst, einen Gegenstand anzubeten (vgl. Tanz um das „Goldene Kalb").

Der Glaube an die Realpräsenz hat die Kniebeuge als Zeichen der Anbetung. Den tiefen Sinn der Kniebeuge hat Romano Guardini herausgearbeitet.[156] Wichtig ist auch die Einführung in die liturgische Körperhaltung, weil sie Kindern die Welt des Sakralen erschließen kann. Der enge Zusammenhang zwischen Gestik und innerem Leben ist für Kinder besonders gut zu erkennen.

3. Verschiedene Weisen der Gegenwart Christi in der heiligen Messe

In der Liturgiekonstitution heißt es: „Gegenwärtig ist er (Jesus Christus) im Opfer der Messe, sowohl in der Person dessen, der den priesterlichen Dienst vollzieht – „denn derselbe bringt das Opfer jetzt dar durch den Dienst der Priester, der sich einst am Kreuze selbst dargebracht hat“ – wie vor allem unter den eucharistischen Gestalten. Gegenwärtig ist er mit seiner Kraft in den Sakramenten, so daß, wenn immer einer tauft, Christus selber tauft. Gegenwärtig ist er in seinem Wort, da er selbst spricht, wenn die heiligen Schriften in der Kirche gelesen werden. Gegenwärtig ist er schließlich, wenn die Kirche betet und singt, er, der versprochen hat: „Wo zwei oder drei versammelt sind in meinem Namen, da bin ich mitten unter ihnen (Mt 18,20).“[157]

a) Ebene der menschlichen Erfahrung

Es leuchtet ein, daß jemand, der leiblich nicht anwesend ist, durchaus „da sein“ kann. Ein Bild, ein Brief oder sonst ein Erinnerungsstück läßt einen Abwesenden da sein. Vor allem die anderen Menschen werden an den Abwesenden erinnert. Das gleiche Phänomen können wir bezüglich von Personen feststellen. Die Schule wird repräsentiert (dargestellt) durch den Lehrer. Wenn ein Kind in den Ferien einen Lehrer sieht, dann steigt die Erinnerung an die Schule auf.

b) Ebene des Glaubens

Jesus ist auf vierfache Weise unter uns Gläubigen gegenwärtig. Er ist der auferstandene Herr, der Raum und Zeit überwunden hat. So kann er bei uns sein, unter uns sein. In der heiligen Messe und bei der Sakramentenspendung erleben wir Menschen Jesus Christus. Besonders bei der Feier der Eucharistie ist er auf vierfache Weise bei uns:

– „Wo zwei oder drei versammelt sind in meinem Namen, da bin ich mitten unter ihnen.“ (Mt. 18,20) Jesus Christus möchte in der

Versammlung der Gläubigen nicht fehlen. Erst wenn er dabei ist, kann die Versammlung ihren Sinn haben. Durch die Taufe und Firmung nehmen die Katholiken am Allgemeinen Priestertum teil, d. h. Jesus Christus wirkt durch sie an den Menschen. Diese Form der Gegenwart Christi besteht zu Beginn der heiligen Messe. Kinder malen eine Kirche oder Menschen, die sich um den Altar versammelt haben.

– In der Versammlung der Kirche ist ein Mensch, der besonders viel von Jesus Christus gegenwärtig macht. Der Priester trägt die Gewänder, die uns an Jesus erinnern sollen. Dieser Priester ist nicht mehr ein Privatmann, ein „Herr Schmitz" oder ein „Herr Müller". Durch seine Priesterweihe gehört er zum Weihepriestertum. Er ist ganz in den Dienst Christi genommen und kann die Wandlungsworte sprechen. Auch in seinem privaten Leben erkennt man ihn an der Priesterkleidung; er möchte ganz von Jesus Christus Zeugnis ablegen. Jesus Christus ist in der Person des geweihten Priesters anwesend. Der Priester hat die Vollmacht, die heilige Messe zu feiern.

– Jesus Christus ist auch unter dem Wort der Heiligen Schrift gegenwärtig. Wenn Lesung und Evangelium vorgelesen werden, dann spricht Jesus zu uns, er ist mitten unter uns. Der Priester ehrt das Evangelienbuch mit einem Buchkuß. Dadurch wird deutlich, daß Jesus im Wort bei uns ist. Die Kinder können anhand einer schönen Bibelausgabe und eines Taschenbuches sehen, wie die Kirche mit Gottes Wort umgeht.

– In einer ganz anderen Art, die wirklicher und schöner ist, kommt Jesus Christus zu uns, wenn in der heiligen Wandlung der geweihte Priester die Gaben von Brot und Wein verwandelt. Unter diesen Gestalten ist Jesus Christus, der Sohn des lebendigen Gottes, wirklich und wahrhaftig gegenwärtig. Das können wir mit den Augen nicht sehen. Auch die anderen Arten der Gegenwart Christi können wir nicht sehen. Doch der Glaube sieht mehr als der Verstand. Und das eigentlich Wichtige im Leben müssen wir glauben, z. B. daß meine Eltern es gut mit mir meinen, wenn sie etwas verbieten.

Jesus Christus möchte ganz bei seiner Kirche sein. Er läßt seine Kirche nicht allein, weil er sie liebt. Diese Liebe zur Kirche ist stärker als alle Erkenntnis.

Die ersten drei Formen der Anwesenheit Christi sind vorübergehend. Nach der heiligen Messe bleibt seine Gegenwart im Altarsakrament bestehen. Sein geopferter Leib, der sich für uns hingegeben hat, bleibt bei uns. Deswegen dürfen wir Jesus tagsüber besuchen. Er wartet auf unseren Besuch. Ihm können wir alles sagen. Wir machen vor dem Tabernakel eine Kniebeuge, weil Jesus unser Herr und Meister ist. Wir denken über seinen Tod und seine Auferstehung nach. Wir freuen uns, daß er bei uns sein kann.

Die Kinder können Bilder malen, z. B. einen Priester in Meßgewändern, eine Bibel, die heiligen Gestalten von Brot und Wein. Wenn der Aspekt der Gemeinschaft betont werden soll, kann anhand des Bildes „Gemeinschaft der Heiligen“[158] die Anwesenheit Christi in den verschiedenen Stufen betrachtet werden.

4. Der Priester handelt nicht selbst, sondern Christus handelt durch ihn

a) Der Priester feiert die heilige Messe in „persona Christi“.

Er handelt nicht aus eigener Vollmacht, sondern aus seiner Weihevollmacht heraus, die ihm in der Priesterweihe übertragen worden ist. Den Kindern ist zunächst der Unterschied zwischen Privatpersonen und Amtspersonen zu erklären, damit sie das Wesen des Priesters besser verstehen lernen. Alle Kinder kennen Polizisten, die im Auftrag des Staates Sorge tragen, daß die Verkehrsteilnehmer sich an bestimmte Regeln halten. Die Polizisten tragen Uniform, die sie kenntlich macht. Da kommt kein Privatmann, sondern jemand mit einem besonderen Auftrag. Der Polizist kümmert sich von Amts wegen um seine Aufgaben. Die Mutter, die mich ermahnt, vorsichtig zu fahren und mich an die Verkehrsregeln zu halten, sagt dies in erster Linie aus Sorge um mich. Auch Richter sind Amtspersonen. Sie sprechen Recht „Im Namen des Volkes“. Sie selbst bestrafen nicht die Verbrecher, sondern sie sind Sprachrohr und Werkzeug der staatlichen Gesetze. Sie müssen sich an die Gesetze halten, wenn sie Urteile sprechen.

b) Auch der Priester ist eine Amtsperson.

Er handelt nicht in eigenem Auftrag, sondern er handelt nach Jesu Aussage: „Tut dies zu meinem Gedächtnis.“ Dieses Wort sagte Jesus zu seinen Aposteln, nicht zu allen Gläubigen. Der Priester sagt anstelle von Jesus: „Dies ist mein Leib.“

Durch die Priesterweihe ist der Priester mit Jesus Christus verbunden. Eine Kette geht vom heutigen Priester zurück bis zu den Aposteln und Jesus Christus. Jesus wird gegenwärtig durch seine Priester, wenn sie predigen und Sakramente spenden.

c) „In persona Christi“

Sehr gut sichtbar wird dieser Ausdruck durch die Bilder, die sich in der „Kirchengeschichte in Bildern“ befinden.[159] Dort wird der Streit des hl. Augustinus mit den Donatisten beschrieben. Die Donatisten waren der Meinung, sündige Priester könnten keine gültigen Sakramente spenden. Augustinus sagte demgegenüber, daß nicht der Priester das Sakrament spendet, sondern durch ihn Christus. Die bildliche Darstellung dort zeigt die Aussage auf ihre Weise: Hinter dem Priester ist Jesus Christus gemalt, als Zeichen, daß er der eigentliche Spender des Sakramentes ist. Die Kinder können die Bilder des Buches abmalen und anschließend die Gebete zur Gabenbereitung lesen: „Herr, wir kommen“ und „Herr, wasche ab“. Darin kommt zum Ausdruck, daß sich auch der Priester vor Gott schuldig macht. Es geht darum, daß die Kinder lernen, daß auch Priester Sünden tun.

5. Was ist ein Opfer?

Besonders der Opferbegriff ist heute umstritten. Viele Kindermeßbücher erwähnen die gemeinte Sache nicht. Dennoch ist ohne das Opfer die heilige Messe nicht zu erklären.[160]

a) Verzicht ist manchmal der einzige Weg, etwas zu erreichen.

Die Kinder wissen: Ein Sportler muß trainieren, um Leistung zu bringen. Das verlangt einen anderen Lebensstil mit mancherlei Verzichten. – Verzicht kann sich auch auf meine Zeit beziehen. Wenn ich einen kranken Klassenkameraden besuche, dann ist die Zeit meines Besuches unwiderruflich verloren. Sie ist aber gut eingesetzt, weil ich dem Kranken eine Freude gemacht habe. Ich habe Zeit geopfert. – Wenn ich für arme Kinder Geld spende, dann bringe ich ebenfalls ein Opfer. Ich kann aber das Geld wieder neu verdienen. Anders ist das bei Vater und Mutter: Sie setzen ein Stück ihres Lebens für die Familie ein. Leben ist ohne Opfer und Verzicht nicht möglich.

b) Der Glaube sagt uns, daß alle Dinge Gott gehören.

Ich bin als Mensch von ihm erschaffen. Er hat mir die Zeit meines Lebens gegeben. Ich schulde Gott mein Leben. Die Gaben von Brot und Wein oder auch der Krankenbesuch sind Zeichen dafür, daß ich Gott etwas zurückgebe.

Nun kann ein Bild gemalt werden: Jedes Kind malt seinen Namen in die Beere einer Weintraube oder in die Körner einer Ähre. Wir sind die Gaben, wir opfern uns Gott mit Jesus Christus.

c) Es gibt verschiedene Formen des Opfers.

Wenn ich Gott beleidige, gehe ich falsch mit den Gaben um, die ich empfangen habe. Sünde ist eine Beleidigung Gottes (z. B. Gott gibt mir die Intelligenz, ein guter Schüler zu werden. Durch den falschen Umgang mit der Zeit werde ich faul und ein schlechter Schüler). Wenn ich also Gott beleidigt habe, muß ich ihn versöhnen mit mir. Dies geschieht durch ein Sühnopfer. – Andererseits kann ich Freude empfinden, daß er mir alles gegeben hat. Ich erkenne Gott als meinen Vater und Schöpfer an. Dann bringe ich ein Dank- und Lobopfer dar. Das Leben mit Gott ist ohne Opfer nicht möglich.

d) Die heilige Messe als Opfer.

Jesus Christus hat sich für uns am Kreuz geopfert. Dies war ein Sühnopfer für unsere Sünden. Er hat den Schuldschein durchgestrichen, wie der heilige Paulus sagt. Ein anderes Bild ist das Freikaufen (Auslösen, Erlösen). – Die Gaben von Brot und Wein werden Leib und Blut Christi. Wenn sich das Blut vom Fleisch trennt, verblutet der Mensch. Jesus ist für uns verblutet, gestorben. Die Gaben von Brot und Wein weisen auf diesen Vorgang hin. Es ist das größte Opfer, wenn jemand sein Leben hingibt. Jesus als Gottessohn geht freiwillig in den Tod. Dieses Opfer wird gegenwärtig, wenn er unter den Gestalten von Brot und Wein auf dem Altar anwesend ist. – Wir opfern uns geistig mit auf. Wir selbst werden zu einer Gabe, die Gott wohlgefällt. Im 4. Hochgebet heißt es: „eine lebendige Opfergabe in Christus zum Lob deiner Herrlichkeit." Unser Leben mit Gott hat als Höhepunkt das Opfer Christi und der Kirche, die heilige Messe. Darum nehmen wir oft und andächtig an der heiligen Messe teil.

6. „Augen, Mund und Hände täuschen sich in dir" – Heilige Wandlung

Die heilige Wandlung ist das Kernstück der heiligen Messe, das Kreuzesopfer, das gegenwärtig gesetzt wird. Der Vorgang ist nur im Glauben zu erfassen: Die Kirche spricht vom „Geheimnis des Glaubens".

a) Der Unterschied zwischen Substanz und Gestalt.

Er ist für die Lehre von der Eucharistie wichtig und kann den Kindern etwa so erklärt werden: Substanz bedeutet das, was etwas wirklich ausmacht. Die Gestalt ist das, was wir sehen können, die äußere Erscheinungsform.

– Eine Sache bleibt sich gleich, obwohl sich die äußere Form ändert. Durch alle Lebensalter hindurch ändern sich die Menschen äußerlich. Dennoch dürfen wir sagen, daß das „Ich des Menschen" (Seele) sich gleichbleibt.

– Eine Sache kann etwas anderes sein, als sie darstellt. Beispiele sind echte und falsche Edelsteine oder gefälschtes Geld.

– Bei der Eucharistie bleibt die äußere Gestalt. Das Brot bleibt Brot. Wir schmecken und sehen keinen Unterschied. Aber das, was Brot wirklich ist, die Substanz des Brotes, ist verwandelt. Jesus Christus ist unter der Gestalt des Brotes anwesend. „Substanz" kann auch mit „Wesen" übersetzt werden. Dann kann der Begriff der Wesensverwandlung eingeführt werden.

b) Die Kinder werden fragen, wie eine Wesensverwandlung möglich ist. *Duffrer* weist darauf hin, daß Gott nicht einfach seine Macht uns Menschen vormacht.[161] Er erklärt die Wandlung mit der Liebe Gottes, die Dinge tut, die nicht „nötig" sind. – Eine andere Antwort ist auch möglich. Jesus gehört nicht mehr der zeitlichen und räumlichen Sphäre an. Er ist bei seinem Vater. Dort ist er zu Hause. – Jedes Kind hat schon einmal erfahren, daß Zeit versinken kann, wenn man ganz in ein schönes Spiel vertieft ist. Die Zeit kann dann im Fluge vergehen. Und Jesus ist bei Gott, seinem Vater, jenseits der Welt, die er durch Tod und Auferstehung überwunden hat. Deswegen ist er nicht an die Zeit gebunden. – Auch die Bindung an den Raum ist aufgehoben. Wenn man gut gelaunt ist, achtet man nicht auf die

Umwelt, die Welt um mich kann versinken. Das Herz ist dann der eigentliche Raum der Freude. Jesus ist durch die Auferstehung in eine vollkommene Freude gekommen. Er ist jenseits der Zeit und des Raumes. Deswegen kann er in der heiligen Messe unter der Gestalt des Brotes bei uns sein, anwesend werden.

c) Wenn diese Bilder auch nur die Wandlung umschreiben können, so sollte man nicht auf ihre Verwendung verzichten. Als Abschluß der Stunde bietet sich das Lied „Gottheit tief verborgen" (Gotteslob Nr. 546) an. Unter Umständen kann dieses Lied auswendig gelernt werden.[162]

Anmerkungen:

1 Art. 11: „In der Teilnahme am eucharistischen Opfer, der Quelle und dem Höhepunkt des ganzen christlichen Lebens, bringen sie das göttliche Opferlamm Gott dar und sich selbst mit ihm; so übernehmen alle bei der liturgischen Handlung ihren je eigenen Teil, sowohl in der Darbringung wie in der heiligen Kommunion, nicht unterschiedslos, sondern jeder auf seine Art."

2 Holböck, Ferdinand: Das Allerheiligste und die Heiligen. Eucharistische Heilige aus allen Jahrhunderten der Kirchengeschichte. Stein am Rhein 1979.

3 Stasiewski, Bernhard: Kirchengeschichte und Zeitgeschichte, in: Reformate Reformanda. Festgabe für Hubert Jedin zum 17. Juni 1965, hrsg. von Erwin Iserloh und Konrad Repgen. Teil II: Münster 1965, 631–644; Conzemius, Victor: Die Notwendigkeit einer wissenschaftlichen kirchlichen Zeitgeschichte, in: *Concilium* 2 (1966) 479–486; Overath, Joseph: Einführung in das Studium der mittleren und neueren Kirchengeschichte. (Europäische Hochschulschriften, XXIII, 134) Frankfurt/Bern 1979, 68–70.

4 Overath, Joseph: Zur Rezeption des Allgemeinen Katechetischen Direktoriums in der nachkonziliaren Kirche, in: *Münchener Theologische Zeitschrift 33* (1982), 295–307 (Lit.!); Rhein, Raphael von: Allgemeines Katechetisches Direktorium. Zur Geschichte der deutschen Übersetzung, in: *Theologisches* Nr. 157 (Mai 1983), Sp. 5216–5217.

5 Die Krise der Katechese und ihre Überwindung. Rede in Frankreich. Einsiedeln 1983, 34–35.

6 Verlautbarungen des Apostolischen Stuhles, Nr. 19 (6. Januar 1980). Bonn 1980, 17.

7 Übersetzung des Meßbuches für die Bistümer des deutschen Sprachgebietes. Hier kann nicht auf die Übersetzung des Meßbuches eingegangen werden.

8 Verlautbarungen des Apostolischen Stuhles, Nr. 33 (22. November 1981). Bonn 1981, 62 (Art. 61).

9 Das Apostolische Schreiben „Familiaris consortio" (vgl. Anm. 8) hat eine Fülle von Hinweisen gegeben, wie Hauskirche zu verwirklichen ist und was sie bedeutet. Vgl. auch: Joseph Kardinal Höffner: Die Familie als Hauskirche. Von der Weitergabe des Glaubens. (Kölner Beiträge – Neue Folge) Köln 1977; Renate und Norbert Martin: Brenn-Punkt Ehe und Familie. Berichte und Reflexionen eines Auditoren-Ehepaares im Anschluß an die Römische Bischofssynode 1980. Geleitwort von Joseph Kardinal Ratzinger. Vallendar 1981; in biblischer Hinsicht: Klauck, Hans-Josef: Die Hausgemeinde als Lebensform im Urchristentum; in: *Münchener Theologische Zeitschrift 32* (1981), 1–15.

10 Katholischer Kurz-Katechismus. Gemäß dem Directorium Catechisticum Generale, Rom-Vatican 1971, deutsche Ausgabe Parzeller-Fulda 1973, herausgegeben von einer interdiözesanen Katechetengemeinschaft. Königstein 1975 (1. Auflage). Mittlerweile liegt die 14. Auflage vor mit 170 000 Exemplaren.

11 Overath, Rezeption,302–304.

12 Kurz-Katechismus 31.

13 Mein erstes Meßbuch. Meßbüchlein für Kinder im Anschluß an die Schott-Meßbücher hrsg. von Benediktinern der Erzabtei Beuron. Freiburg 1952[13] (mit Bildern von Wolfgang Felten).

14 Der Beuroner Benediktinermönch Anselm Schott (1845–1896) gab seit 1884 ein lateinisch-deutsches Volksmissale heraus und beeinflußte damit die Liturgische Bewegung. Iserloh, Erwin: Innerkirchliche Bewegungen und ihre Spiritualität, in: Jedin, Hubert/Repgen, Konrad: Die Weltkirche im 20. Jahrhundert (= Handbuch der Kirchengeschichte, Bd. VII), Freiburg, Basel, Wien 1979, 301–337.

15 Mein erstes Meßbuch 6–10.

16 Das Meßbüchlein setzt das Missale Romanum ex decreto sacrosancti Concilii Tridentini restitutum (letzte Ausgabe 1962) voraus. Über die Problematik der Einführung des erneuerten Meßbuches im Jahre 1970 vgl. Overath, Joseph: Der katholische Philosoph Dietrich von Hildebrand (1889–1977) als Kritiker der Liturgiereform, in: *Theologie und Glaube* 69 (1979), 415–431.

17 Mein erstes Meßbuch 12.

18 Ebd. 16.

19 Ebd. 16. „Gib auch mir eine heilige Ehrfurcht, daß ich Deine Gebote immerdar halte!" Vgl. Hildebrand, Dietrich von: Die Bedeutung der Ehrfurcht in der Erziehung, in: ders.: Idolkult und Gotteskult. Gesammelte Werke, Bd. VII. Regensburg 1974, 365–374, auch: Liturgie und Persönlichkeit. Salzburg 1934², 56–70: Der Geist der Ehrfurcht in der Liturgie.

20 Mein erstes Meßbuch 18.

21 Ebd. 22. Damals waren weite Teile der Theologie noch nicht von dem „Hominismus" infiziert, vgl. Hesse, Erwin: Thesen zur Diagnose und Therapie des Progressismus, in: Pfeil, Hans (Hrsg.): Unwandelbares im Wandel der Zeit. 19 Abhandlungen gegen die Verunsicherung im Glauben. Aschaffenburg 1976, 86–108.

22 Ebd. 26 und 28.

23 Ebd. 30.

24 Ebd. 34.

25 Ebd. 34. Dort wird in dem Gebet das verwandelte Brot als anbetungswürdig gezeigt: „Sei gegrüßt, o wahrer Leib meines Herrn Jesus Christus, für mich geopfert am Kreuze! Mein Herr und mein Gott, ich bete Dich an!"

26 Ebd. 36.

27 Das derzeit gültige deutsche Meßbuch hat überhaupt keine Bilder, während das lateinische Missale Papst Pauls VI. weiterhin Bilder hat.

28 Ebd. 38. Hier kann nur kurz auf den Streit um die Seele hingewiesen werden. Vgl. meine Replik, in: *Internationale Katholische Zeitschrift 9* (1980), 383; Schnitzler, Theodor: Was die Sakramente bedeuten. Hilfen zu einer neuen Erfahrung. Freiburg, Basel, Wien 1981, 176, schreibt über den neuen Ordo der Krankensalbung: „Ein Glück, daß die Übersetzer der lateinischen Vorlage nicht der Torheit huldigten, der die Übertragung der Toten- und Begräbnisriten erlegen ist, als sie das Wort Seele peinlich vermied!" Es ist allerdings zu fragen, wie lange solch törichte Texte noch offiziell in der Liturgie in Gebrauch bleiben werden.

29 Ebd. 42.

30 Ebd. 44. Heute ändern nicht wenige Priester den Segen von „euch" auf „uns" ab. Es bleibt zu fragen, ob diese Priester sich nicht bewußt sind, daß sie in persona Christi ihr Amt ausüben.

31 Ebd. 46–52.

32 Rensle, Franz M./Schöpper, Rudolf: Kinder sprechen mit Gott. Zuhause und in der Kirche. Dortmund 1965. Leider hat das Buch keine Seitenzahlen.

33 Kautz, H.: Mein Jesus bist du da? Büchlein zum Beten für kleine Kinder. Mit Bildern von M. Teschemacher. Einsiedeln, Zürich, Köln 1968 (= 1955).

34 Ebd. 26.

35 Ebd. 36.

36 Ebd. 40.

37 Groß, Engelbert: Mein Kirchbuch. Zur Einführung in die heilige Messe (Bilder von Reinhard Herrmann). Freiburg, Basel, Wien 1983¹¹.

38 Ebd. 11. Es stellt sich die Frage, ob diese Begrüßung nicht zum Erzählen führt. Die Kinder können sich besser im stillen Beten auf die heilige Handlung vorbereiten.

39 Ebd. 12; in der ersten Auflage (1971) hieß es noch zum Ewigen Licht: „Es macht allen klar: Gott ist nahe. Wer auf Gott hört, der ist dem Feuer nahe. Das Wort Gottes feuert die Kirche an" (12). Ewiges Licht ist doch Zeichen der Anwesenheit der gewandelten Gestalten, weniger der Anwesenheit Christi im Wort des Evangeliums.

40 Ebd. 34.

41 Ebd. 42.

42 Ebd. 48; in II. wird noch ausführlich auf das Verhältnis zwischen Abendmahl und hl. Messe eingegangen.

43 Ebd. 52. Wenn ich einem Kind sage, es möge sich Brot von einem Tisch des Herrn nehmen, wird der Gedanke auf gewöhnliches Brot gelenkt. Es geht aber doch gerade darum, daß nicht mehr Brot da ist, sondern Christi Leib unter der Gestalt des Brotes. Die Bereitschaft, alles im Glauben anzunehmen, die bei Kindern groß ist, könnte hier getrost über die Eucharistie sprechen lassen wie es im „Grünen Katechismus" üblich gewesen ist.

44 Ebd. 60–64.

45 Ebd. 64.

46 Illustriert von P. Ghysens. Aschaffenburg 1975.

47 Ebd. 33; zum Blut Christi finden sind ähnliche Worte (35).

48 Ebd. 37.

49 Ebd. 43.

50 Ebd. 25, ein Bild von der Kreuzigung würde das Gemeinte wohl noch besser verdeutlichen.

51 Albrecht, Konrad: Kinder reden mit Jesus. Gebete und Bilder zum Leben Jesu. (Bilder von Jacques le Scanff) Stuttgart 1977[7].

52 Ebd. 129: „Ich aber weiß: du feierst mit uns das Abendmahl. Du gibst uns dein Brot. Du selbst kommst zu uns. Du hast uns lieb. Du sorgst für uns."

53 Ebd. 171

54 Ebd. 190–191.

55 Ebd. 191.

56 J.A. Jungmanns Studie gibt die nötige Aufklärung: „Abendmahl" als Name der Eucharistie, in: *Zeitschrift für Katholische Theologie 93* (1971), 91–94.

57 Der Herr ist mein Hirt. Kindergebetbuch zu Buße und Eucharistie. Hrsg. von der Bischöflichen Katechetischen Arbeitsgemeinschaft Trier. Donauwörth 1977[13].

58 Ebd. 70 im Zusammenhang mit einem Gebet nach der Wandlung.

59 Ebd. 61.

60 Ebd. 48.

61 Senger, Basilius: Kleines Kindermeßbuch (Bilder von Noelle von Alphen). St. Augustin 1979[4].

62 Gotteslob Nr. 352,3 „die Gaben werden Leib und Blut Christi (Wandlung)". Man könnte in Kindermeßbüchern auch durch den Großdruck der Konsekrationsworte die Wandlung herausheben.

63 Ebd. 5.

64 Joseph Kardinal Ratzinger führt aus: „Es gehört zu den erfreulichen Erscheinungen des gottesdienstlichen Lebens nach dem Konzil, daß immer mehr Menschen die Eucharistie voll mitfeiern, indem sie den Leib des Herrn empfangen, kommunizieren mit ihm und in ihm mit der ganzen Kirche Gottes. Aber inzwischen kann einen angesichts geschlossen kommunizierender Gemeinden manchmal auch ein stilles Unbehagen beschleichen: Ge-

schieht hier noch, was Paulus von den Korinthern so dringlich fordert – wird der Leib des Herrn noch ‚unterschieden' (1 Kor 11,29)? Mitunter hat man den Eindruck, als werde das Kommunizieren zum Ritual gerechnet und wie ein Ritual abgewickelt, das einfach Ausdruck der Zugehörigkeit der Gemeinde ist" (Fest des Glaubens, Einsiedeln 1981, 130).

65 Vgl. Ratzinger, Fest des Glaubens, 31–54.

66 Senger 20.

67 Ebd. 24.

68 Ebd. 34.

69 Andreas, Fritz/Quadflieg, Josef: Kindergebetbuch (Bilder von Paul Lankes). Düsseldorf 1980[13].

70 Ebd. 7.

71 Ebd. 16.

72 Ebd. 18.

73 Ebd. 23.

74 Bischöfe, Deutsche (Hrsg.): Katholischer Katechismus der Bistümer Deutschlands. Wiesbaden 1962 (hier benutzte Auflage).

75 Ebd. 150.

76 Ebd. 149.

77 Ebd. 149.

78 Ratzinger, Krise, 39: „Ich glaube, daß es daher notwendig ist, die Stufen der katechetischen Aussage auch in ihren gedruckten Formen wieder deutlich zu unterscheiden, das heißt den Katechismus als Katechismus zu wagen, damit dann der Kommentar Kommentar sein könne und die Beziehung von Quellen und Vermittlungen ins rechte Verhältnis komme."

79 Overath, Rezeption, 307.

80 Hertle, Valentin/Saller, Margot: Feier der Erstkommunion. Kevelaer 1972.

81 Ebd. 12.

82 Ebd. 15.

83 Um die Lage „vor Ort" noch genauer darzustellen, greifen wir auf ein Beispiel aus der „grauen Literatur" zurück. Damit sind die vielen zum eigenen Gebrauch hergestellten Meßformulare gemeint. Der hier analysierte Text wurde am Weißen Sonntag 1982 in einer Pfarre der Erzdiözese Köln gebraucht.
Schwerlich wird man einen Text finden, der mehr von einer Mahlfanatik durchsetzt ist. Die heilige Messe wird in der Begrüßung als „Mahl Jesu" bezeichnet. Die Erneuerung des Taufbekenntnisses geht nicht vom Credo der Kirche aus, sondern wählt bestimmte Glaubensartikel aus. Die Sprechweise der Kirche, zu der die Kommunionkinder geführt werden sollen, ist radikal verändert. Im Tagesgebet heißt es: „. . . Du versammelst alle, . . ., zum heiligen Mahl an deinem Tisch. Alle stärkst du mit dem hl. Brot, dem Leib unseres Herrn Jesus Christus . . . Wir bitten dich heute für diese Kinder hier, die von nun an mit uns das Hl. Mahl feiern und das gleiche Brot essen wie wir . . ." Es stellt sich die Frage, ob hier noch der Glaube an die Wesensverwandlung vorliegt. Wir essen nicht alle das „gleiche Brot". Es wird überhaupt nicht der Versuch unternommen, Kindern die Wandlung zu erklären.
Beim „Friedensgruß" wird wieder auf das Brot abgehoben und zwar in einer Einseitigkeit, die nicht mehr zu vertreten ist: „Wir sollen von dem einen Brot essen. Dieses Brot verbindet uns untereinander und macht aus uns eine Gemeinschaft."
Nach der heiligen Kommunion, der ersten Vereinigung der Kommunionkinder mit dem Sohn Gottes unter den Gestalten von Brot und Wein beten die Kinder: „Herr, wenn wir

dich auch nicht sehen, weil du beim Vater bist, so wissen wir doch, daß du uns nicht verläßt, wenn wir an dich denken im Mahl und wenn wir auf dein Wort hören . . ." In diesem Gebet, das von der katholischen Eucharistieauffassung weit entfernt ist, werden verschiedene Dinge behauptet. Zunächst wird gesagt, daß Jesus Christus beim Vater ist. Ist er nicht unter den heiligen Gestalten gegenwärtig? Ist es nicht gerade das unfaßbare Wunder der Realpräsenz, daß er zugleich beim Vater und dennoch auf den Altären gegenwärtig ist? Dann heißt es, daß Jesus wohl bei uns ist, wenn wir im Mahl an ihn denken. Ist Jesus real gegenwärtig oder so, wie wenn ich an meine verstorbene Großmutter denken kann beim Kaffee am Jahresgedächtnis? Was heißt es beim Mahl an jemanden denken? Katholische Lehre von der Gegenwart Jesu wird damit nicht ausgedrückt.

84 Baur, Andreas/Plöger, Wilhelm: Botschaft des Glaubens. Ein katholischer Katechismus. Donauwörth 1978. Mehrere deutsche Bischöfe haben dieses Buch für den Religionsunterricht empfohlen. Es wurde im Auftrag der Bischöfe von Augsburg und Essen herausgegeben.

85 Ebd. 229.

86 Ebd. 232.

87 Ebd. 235.

88 Glaube trägt. Kleiner Katechismus für junge und erwachsene Christen. Mainz 1979; vgl. Overath, Rezeption, 305–306.

89 Ebd. 73.

90 Ebd. 74.

91 Deutscher Katecheten-Verein (Hrsg.): Grundriß des Glaubens. Katholischer Katechismus zum Unterrichtswerk Zielfelder ru. München 1980.

92 Ebd. 144–155.

93 Ebd. 149.

94 Ebd. 149–150.

95 Ebd. 147.

96 Ebd. 151.

97 Die Geschichte von unserer heiligen Messe. Freiburg, Basel, Wien 1980[4].

98 Ebd. 37.

99 Ebd. 39: „Der Priester kommt zum Altar und beginnt das Wort Gottes aus der Heiligen Schrift zu lesen. Er erinnert uns an die Worte Jesu, um unser Herz für ihn zu öffnen. Dann verstehen wir besser das Geheimnis seines Lebens, seines Todes und seines Mahles, das wir nun von neuem feiern wollen."

100 Ebd. 44–45.

101 Ebd. 22–23.

102 Ebd. 33.

103 Duffrer, Günter: Kindern die Meßfeier eröffnen. München 1980.

104 Ebd. 6.

105 Ebd. 40; vgl. auch Ratzingers Kritik an manchen Liturgiekreisen: „Im übrigen muß hier auch angemerkt werden, daß sich die Kreativität selbstgemachter Liturgien in einem engen Kreis bewegt, der notwendigerweise armselig ist im Vergleich zu dem Jahrhunderte, ja Jahrtausende umspannenden Reichtum der gewordenen Liturgie; leider bemerken dies die Macher durchwegs später als die Teilnehmer. Ohnedies ist der Kreis derer, die für sich ein solches Recht in Anspruch nehmen können, immer recht begrenzt, und was für sie Freiheit ist, ist zugleich ‚Herrschaftsausübung' gegenüber anderen" (Fest des Glaubens, 60–61).

106 Der Text der „Allgemeinen Einführung" in die Feier der Eucharistie ist am leichtesten zugänglich im 1. Band des Meßbuches.

107 Duffrer 67–75.

108 Ebd. 70–71.

109 Ebd. 82.

110 Kleindienst, Eugen: Der Weg der Kirche mit der Jugend. Störungen und Chancen der Kommunikation von Kirche und Jugend heute, in: *Internationale Katholische Zeitschrift* 12 (1983) 353–364, dort die Zahlen: 1952/53 gingen die jungen Katholiken (16–29 Jahre) zur Hälfte (50 %) regelmäßig zum Sonntagsgottesdienst. 1963 waren es gar 52 %. Nach dem massiven Einsetzen der Mahltheorie (ca. 1965) ist es nun soweit, daß noch 16 % im Jahre 1982 an der Sonntagsmesse teilnehmen (354). Es ist anscheinend noch nicht genug über diesen Zusammenhang (Rückgang der Kirchenbesucher und Mahltheorie) nachgedacht worden. Erfreulicherweise ist die heilige Messe für Jugendliche gut erklärt bei: Debbrecht, Gerhard: Messe – für mich? Antworten auf Fragen junger Menschen. Freiburg 1982.

111 Diesen Zusammenhang analysiert Robert Spaemann in seinem Aufsatz „Die Existenz des Priesters: Eine Provokation in der modernen Welt“ (pwb, Sonderdrucke 16), Freiburg 1980, 7: „Das Christenleben wird unter dem Zeichen der Selbstverwirklichung gesehen, ohne zu sagen, daß das Maß menschlicher Selbstverwirklichung Christus ist, das heißt, daß der Gedanke der Selbstverwirklichung des Menschen von dem Gedanken der Selbsthingabe nicht zu trennen ist. Es ist dann ganz konsequent, wenn ein Priester, der den Opfercharakter der Messe und Weihepriestertum leugnet, im Brautunterricht den jungen Leuten sagt: Also, wenn die erste Ehe nicht gut geht, muß eben die zweite um so besser werden. Und wenn die zweite nicht, dann die dritte. Das hängt innerlich zusammen. Man soll sich nicht täuschen, hier ist nicht Zufall am Werk. Die Anthropozentrik hat ihre zwingende Logik. Sie macht übrigens auch nicht halt vor dem Leben des Menschen. Denn wenn der Mensch nur für den Menschen da ist und nicht für Gott, können wir auch auswählen, welche Menschen wir den Menschen opfern. Wenn der Mensch nicht Gott opfert, verlangt er selbst die Opfer.“ Es ist sachlich unrichtig, wenn immer wieder behauptet wird, Kinder könnten den Begriff „Opfer“ nicht verstehen und deswegen müßte die Meßerklärung für Kinder ohne ihn auskommen. Wie z. B. Duffrer zeigt, ist es doch möglich, Kindern die heilige Messe als Opfer zu erklären. Und wenn der Opferbegriff auch nicht ganz wird entfaltet werden können, so darf doch durch die Mahltheorie nicht spätere Einsicht verunmöglicht werden.

112 Mysterium Fidei, in: *AAS* 57 (1965), 753–774; deutsche Übersetzung: Mysterium fidei. Über die Lehre und den Kult der hl. Eucharistie. Recklinghausen 1965, 15; Scheffczyk, Leo: Die Heilszeichen von Brot und Wein. Eucharistie als Mitte christlichen Lebens. München 1973.

113 Ebd. 7–8: „Die Norm zu sprechen, die die Kirche in jahrhundertelanger Arbeit und mit dem Beistand des Heiligen Geistes festgelegt und die sie durch die Autorität der Konzilien bestätigt hat und die Kennzeichen und Banner der Rechtgläubigkeit geworden ist, muß heilig gehalten werden. Niemand wage es, sie nach seinem Gutdünken oder unter dem Vorwand einer neuen Wissenschaft zu ändern. Wer könnte je dulden, daß die dogmatischen Formeln, die von den ökumenischen Konzilien für die Geheimnisse der Heiligsten Dreifaltigkeit und der Menschwerdung gebraucht wurden, für die Menschen unserer Zeit nicht mehr geeignet gehalten werden und vermessen durch andere ersetzt werden müßten? In gleicher Weise kann man nicht dulden, daß jeder auf eigene Faust die Formeln antasten kann, mit denen das Konzil von Trient das eucharistische Geheimnis zu glauben vorgelegt hat, weil diese und die anderen Formeln, derer sich die Kirche bedient, um die Dogmen des Glaubens vorzulegen, Begriffsinhalte ausdrücken, die nicht an eine bestimmte Kulturform, nicht an eine bestimmte Phase wissenschaftlichen

Fortschritts noch an diese oder jene theologische Schule gebunden sind, sondern das darstellen, was der menschliche Geist über die Wirklichkeit in der universalen und notwendigen Erfahrung ausmacht und mit geeigneten und bestimmten Worten bezeichnet, die der Umgangssprache oder der gehobenen Sprache entnommen sind. Deswegen sind diese Formeln den Menschen aller Zeiten und aller Orte angepaßt. In der Tat können diese Formeln mit Nutzen klarer und tiefer erklärt werden, nie aber in einem anderen Sinn, als in dem sie gebraucht wurden, so daß mit dem Fortschritt des Glaubensverständnisses die Glaubenswahrheit unberührt bleibt. Das Erste Vatikanische Konzil lehrt, daß man in den heiligen Dogmen „immer an der Bedeutung festhalten muß, die die heilige Mutter Kirche einmal für gültig erklärt hat, und es ist nicht erlaubt, von dieser Bedeutung abzugehen unter dem Vorwand und im Namen eines tieferen Verständnisses." Viele Schwierigkeiten, den Glauben der Kirche heute adäquat zu verkünden, beruhen auf den philosophischen Richtungen, die nicht mehr zur Erkenntnis der Wahrheit vorstoßen. Das Problem kann hier nur angedeutet werden; vgl. aber: Rundschreiben der Kongregation für das katholische Unterrichtswesen vom 20. Januar 1972 über das Philosophiestudium im Rahmen der Priesterausbildung, in: *Verlautbarungen des Apostolischen Stuhls,* Nr. 9 (Bonn 1979), 54–65; zur erkenntnistheoretischen Problematik: Seifert, Josef: Erkenntnis objektiver Wahrheit. Die Transzendenz des Menschen in der Erkenntnis. Salzburg 1972.

114 Kolping, Adolf: Einführung in die Katholische Theologie. Münster 1960; Warnach, Victor: Christus–Mysterium. Dogmatische Meditationen. Ein Überblick. Hrsg. von P. Dr. Burkhard Neunheuser OSB. Graz, Wien, Köln 1977; Scheffczyk, Leo: Die Theologie und die Wissenschaften. Aschaffenburg 1979; Jedin, Hubert: Theologie und Lehramt, in: Theologie und Lehramt im 16. Jahrhundert. Hrsg. von Remigius Bäumer (= Katholisches Leben und Kirchenreform im Zeitalter der Glaubensspaltung, Heft 36). Münster 1976, 7-21; Stöhr, Johannes/Becker, Klaus M.: Wissen im Glanz der Wahrheit. Papst Johannes Paul II. über Wissenschaft und Hochschulen. Auswahl aus neuesten Verlautbarungen des Heiligen Vaters (Sinn und Sendung, Bd. 9). St. Augustin 1981^{2}.

115 Opfer (NT), in: Bauer, J. B.: Bibeltheologisches Wörterbuch, Graz, Wien, Köln 1967^{3}, Bd. II, 1081 bis 1087, hier 1084.

116 Vgl. Moll, Helmut: Die Lehre von der Eucharistie als Opfer. Eine dogmengeschichtliche Untersuchung vom NT bis Irenäus von Lyon (= Theophaneia. Beiträge zur Religions- und Kirchengeschichte des Altertums, Bd. 26). Köln, Bonn 1975, 189–190: „In dem Maße, wie das Geheimnis der Erlösung schrittweise entfaltet, die Reflexion über den Opfercharakter des Todes Jesu betrieben wird, konnte die Eucharistie als Opfer verstanden werden. Der in 1 Kor 11,26 anklingende Gedanke, daß in der Eucharistie die Todeshingabe Jesu für uns proklamiert wird, bereitet das Verständnis des Opfercharakters der Eucharistie vor. Daher darf auch der Opferbegriff weder als bloßer Teilaspekt betrachtet und so aus dem umfassenden Heilsgeheimnis abspaltend herausgetrennt werden noch kurzschlüssig verworfen und als ungeeignet ausgeschieden werden: In der Eucharistie wird das Opfer Christi gegenwärtig gesetzt."

117 Theologie des Neuen Testamentes, Bd. IV, 2: Jüngergemeinde und Kirche. Düsseldorf 1976, 146.

118 Ratzinger, Joseph: Vom Sinn des Kirchbaus, in: Dogma und Verkündigung. München 1977^{3}, 272.

119 Neuner, Josef/Roos, Heinrich: Der Glaube der Kirche in den Urkunden der Lehrverkündigung. Regensburg 1971^{8}, Nr. 606 (= DS 1751).

120 Bischof Scipione de' Ricci berief 1786 in seiner Bischofsstadt Pistoja (Italien) eine Synode, deren Beschlüsse durch die Bulle „Autorem fidei" Pius VI. zum großen Teil ver-

worfen wurden. Denzinger, Heinrich/Schönmetzer, Adolf: Enchiridion symbolorum definitionum et declarationum de rebus fidei et morum. Barcelona, Freiburg, Rom, New York 1973[35], Nr. 2629. Es heißt dort, die Meinung begünstige die Häresie. Es kann in diesem Zusammenhang nicht auf die enge Verbindung von Aufklärung und Liturgie eingegangen werden. Es scheint aber, daß wir heute in einer zweiten Aufklärung stehen. Beispiele für die Überwindung der ersten Aufklärung finden sich in meinen Aufsätzen: Sentire ecclesiam. Zum Kirchenbild des Breslauer Alumnatsspirituals Karl von Dittersdorf (1793–1851) in: *Archiv für Schlesische Kirchengeschichte* 40 (1982), 177–189; Das Bild von der Kirche in den Emmerich–Brentano–Schriften. Ein Beitrag zur Erforschung antiaufklärerischer Kirchenfrömmigkeit in der ersten Hälfte des 19. Jahrhunderts, in: *Münchener Theologische Zeitschrift* 32 (1981), 33–45. Heutige Kirchenkrise kann nur überwunden werden, wenn sich Zellen lebendigen Glaubens bilden, die wie Sauerteig in der heutigen Kirche wirken.

121 DS 3229.

122 Regensburg 1902, 171 (Lateinisch/deutsche Ausgabe).

123 Codex Iuris Canonici. Auctoritate Joannis Pauli PP II promulgatus. Vatikanstadt 1983, 165 (can. 913 § 2).

124 Catechismus Romanus, 178.

125 Ritenkongregation: Instruktion über die Feier und Verehrung des Geheimnisses der Eucharistie (= Nachkonziliare Dokumentation, Bd. 6) Trier 1967, 33–34 (Art. 3).

126 Hl. Kongregation für den Klerus: Allgemeines Katechetisches Direktorium. Fulda 1973; vgl. Overath, Rezeption.

127 Apostolisches Schreiben „Catechesi Tradendae“ Seiner Heiligkeit Papst Johannes Paul II. Über die Katechese in unserer Zeit (= Verlautbarungen des Apostolischen Stuhles, Nr. 12). Bonn 1979, Art. 2.

128 Direktorium Art. 58.

129 Das lateinische Meßbuch spricht von „Missa vespertina in Cena Domini“. Im deutschen Meßbuch heißt es richtig: „Messe vom Letzten Abendmahl.“ Es stellt sich die Frage, was Priester mit der Begriffsverwirrung beabsichtigen. Ähnliches gilt für die Begriffe „Gemeinde“ und „Mahl“.

130 Vgl. meine Aufsätze: Ökumene unter kirchengeschichtlichem Aspekt, in: Katholische *Bildung* 82 (1981), 620–625; 500 Jahre Martin Luther-Anregungen für den schulischen Religionsunterricht, in: *Katholische Bildung* 84 (1983), 39–55.

131 Ratzinger, Fest des Glaubens, 38.

132 Ebd. 41.

133 Ebd. 58–59. Es ist problematisch, Kinder die Akklamation nach der hl. Wandlung sprechen zu lassen, wenn sie nur hören, daß die heilige Messe ein Mahl sei. Die Kinder werden sich fragen, ob die Erklärung falsch ist oder warum dort von „Tod“ und „Auferstehung“ die Rede ist. Macht sich der Meßerklärer dann nicht unglaubwürdig?

134 Lauter, Hermann-Josef: Den Menschen Christus bringen. Theologie für die Verkündigung. Freiburg, Basel, Wien 1981, 57–86: Das Erlösungsopfer. Vgl. meine Rezension: *Katholische Bildung* 83 (1982), 127–128.

135 Ebd. 76. Lauter erinnert an das Schreiben des Hl. Vaters Johannes Pauls II. vom 24. Februar 1980, worin es heißt: „So vergegenwärtigen die Gestalten von Brot und Wein kraft der Wandlung auf sakramentale und unblutige Weise das blutige Sühnopfer, das er am Kreuz dem Vater für das Heil der Welt dargebracht hat. Indem er sich in einem Akt höchster Hingabe und Aufopferung als Sühnopfer dahingeschenkt hat, hat nur er allein durch sein Lebensopfer die Menschheit mit dem Vater versöhnt: ‚Er hat den Schuldschein, der gegen uns sprach, durchgestrichen (Kol. 2,14)‘“. Verlautbarungen des Apo-

stolischen Stuhles, Nr. 15. Bonn 1980, 17–18. Gerade das vom hl. Paulus gebrauchte Bild des Schuldscheins ließe sich in der Kinderkatechese einsetzen.

136 NR 599 (DS 1743).

137 Eucharistie - Mysterium des Lebens, in: ders.: Schwerpunkte des Glaubens. Einsiedeln 1977, 349–366.

138 Ebd. 360.

139 Ebd. 361.

140 Petrus Kardinal Gasparri: Katholischer Katechismus. München 1932, 25.

141 „Heiliges Mahl" ist im Deutschen immer geschrieben worden, wenn der lateinische Urtext „sacrum convivium" heißt. Es ist zu fragen, ob hier nicht schon manches vom Sinn des Originals verloren ist. Zur Frage der Sakramentalien vgl. Bommes, Karin: Die Sakramentalien der Kirche, in: Luthe, Hubert (Hrsg.): Christusbegegnung in den Sakramenten. Kevelaer 1981, 597–671.

142 Kardinal Ratzinger schreibt über die Übersetzung des deutschen Meßbuches: „Noch weniger darf man Eucharistie schlicht als ‚Mahl' (und auch nicht einfach als ‚Opfermahl') bezeichnen. Unter diesem Betracht ist dringend eine Revision der deutschen Übersetzung des Missales Pauls VI. zu wünschen, wo besonders in den Postkommunionen entgegen dem lateinischen Original das Wort ‚Mahl' fast zur Regelbezeichnung der Eucharistie gemacht und damit ein sachlicher Widerspruch zum Urtext des Missales gegeben ist" (Fest des Glaubens, 47).

143 Lektionar für Gottesdienste mit Kindern. Studienausgabe für die katholischen Bistümer des deutschen Sprachgebietes. 1. Bd.: Kirchenjahr und Kirche. Einsiedeln, Zürich, Freiburg, Wien 1981, 186–190.

144 Dieses Wort ist fast ganz der kirchlichen Umgangs- und Predigtsprache entschwunden. Den Sinn des Wortes stellt Hans Urs von Balthasar in seinem Beitrag „Verehrung des Allerheiligsten" (Klarstellungen. Freiburg 1971, 111–116) klar.

145 Codex Juris Canonici, Lateinisch-deutsche Ausgabe, Kevelaer 1983.

146 Freiburg 1950[3].

147 Ebd. 55.

148 Brot fürs Leben. Mit 13 Zeichnungen von Andreas Wittig. Mainz 1980[2].

149 Ebd. 69.

150 Ebd. 82.

151 Ebd. 85.

152 Wort und Weisung im Jahr 1976. Vatikanstadt 1977, 91.

153 Bischofskonferenz, Deutsche: Bibel für die Grundschule. Kevelaer, Stuttgart, München, Düsseldorf 1978; zur Vorbereitung auf die Stunde über die Brotvermehrung kann dienen: Lustiger, Jean-Marie: Brot des Lebens für die Menschen. Gedanken zur Eucharistie. Paderborn 1982, 61–72.

154 Führkötter, Adelgundis: Hildegard von Bingen. Salzburg 1972; Kranz, Gisbert: Herausgefordert von ihrer Zeit. Sechs Frauenleben. Regensburg 1976, 9–35. Das Bild findet sich in Hildegards Hauptwerk „Sci vias".

155 Höffner, Joseph Kardinal: Die Kirchenmusik. Ein notwendiger und integrierender Bestandteil der feierlichen Liturgie (= Zeitfragen 20), Köln 1983, 11: „Gelegentlich werden in Gottesdiensten für Kinder und Jugendliche neuere musikalische Formen angewandt, die einem mehr weltlichen Musikempfinden entstammen. Gewiß haben im Laufe der Geschichte manche weltlichen Melodien Eingang in die Kirchenmusik gefunden; jedoch wurden sie bald integriert und zu echten Gebetsaussagen entwickelt, immer in Anpassung an die Forderungen der Liturgie. Unsere schnellebige Zeit macht eine solche Integration schwierig. Vielfach sind solche Formen noch in der Phase der Erpro-

bung. Es braucht Geduld und eine gewisse Bewährungszeit, bevor man endgültig darüber urteilen kann. Nicht alles aus diesem Bereich kann man als Kirchenmusik bezeichnen. Das Experimentieren führt erfahrungsgemäß nur dann zum Ziel, wenn es unter der Verantwortung von Fachleuten geschieht. Der angemessene Ort hierfür ist allerdings weniger die Eucharistiefeier, als vielmehr der Wort- oder Gebetsgottesdienst." Zur Kirchenmusik in Kindermessen vgl.: Sacra Congregatio pro cultu divino: Direktorium de missis cum pueris. Vatikanstadt 1973, 12–13, Art. 30–32; Steinschulte, Gabriel M.: Sacro Pop-Musical und Pop-Oratorium. Anmerkungen und Fragen zu einer neuen Gattung, in: *Theologisches* Nr. 159 (Juli 1983), Sp. 5304–5312.

156 Von heiligen Zeichen. Mainz 1979, 17–18.

157 Art. 7.

158 Hoffsümmer, Glaube trägt, 119.

159 Hoffmann, Hans: Kirchengeschichte in Bildern. Bilder von Antonio Molino. Düsseldorf 1980, Bd. III, 12.

160 Vgl. Nicolas, Jean-Hervé: Die Eucharistie, in: Luthe, Hubert (Hrsg.): Christusbegegnung in den Sakramenten. Kevelaer 1981, 289–364.

161 Duffrer 72.

162 Raphael von Rhein: Die Abtrift der Eucharistielehre – Weg von Trient, in: *Theologisches* Nr. 160 (August 1983), Sp. 5337–5344 kann aufzeigen, daß die Textänderungen im „Gotteslob" kaum gelungen sind.

3. Etwas Häme gegen den Papst läßt sich gut verkaufen

Aus der ganzen Welt wird der eine Petrus erwählt, um allen Völkern, die berufen werden, allen Aposteln und sämtlichen Vätern der Kirche vorzustehen. Obwohl es in der Kirche viele Priester und Hirten gibt, leitet doch Petrus sie alle, deren Haupt und König Christus ist. Meine Lieben, Gott hat diesem Mann in seiner Gnade eine große und wunderbare Teilhabe an seiner Macht verliehen. Wenn Gott den übrigen Häuptern etwas gemeinsam mit Petrus verleihen wollte, versagte er es ihnen zwar nicht, gab es ihnen aber durch Petrus.

Leo der Große

„Das Kreuz mit der Kirche“[1], „Eunuchen für das Himmelreich“[2], „Unheilige Ehen“[3], „Die geheimen Sünden des Vatikan“[4], „Gottes erste Diener. Die dunkle Seite des Papsttums“[5] . . . Die Titel der kirchenkritischen Bestseller ließen sich erweitern. Tatsache ist, daß seit Jahren wieder einmal sämtliche Gazetten liberaler Farbe, bestimmte Verlage (auch und gerade Taschenbuchverlage) und Tageszeitungen die Kirche, vor allem den Heiligen Vater, stark kritisieren.

Diese kirchenfeindliche Welle wird von maßgeblichen Leuten in der Kirche kaum zur Kenntnis genommen. Ein Blick in die Bildungsangebote der kirchlichen Erwachsenenbildung zeigt, daß dieses Thema tabu ist. Und dennoch: Diese Welle des Schmutzes erreicht heute jedes katholische Haus, jeden Katholiken. Wer als Krankenseelsorger täglich unmittelbar den Lesestoff von Katholiken (um nur diese zu nennen) zu sehen bekommt, der ist entsetzt. Offensichtlich machen sich die meisten Katholiken – wie auch Kirchgänger – nichts mehr daraus, Gazetten zu unterstützen, die in jeder Nummer offene Angriffe auf die katholische Kirche und deren Moral bringen.

Aber nicht nur die Illustrierten sind es, die oft gegen die Kirche hetzen. Mehr noch sind es Bücher, zusammengeschrieben, vollgespickt mit Skandälchen, gemischt mit echten „Anliegen“ der Schreiber. Man wolle ja nicht die Kirche an sich angreifen, sondern nur dies und das in ihr. Man habe ja nichts gegen Jesus (diesen Mustermenschen), sondern nur die Kirche paßt nicht mehr in die moderne Welt . . .

Analysiert man diese außerkirchlichen „Kirchengeschichtsbücher“ – denn es geht immer um die Geschichte der Kirche – dann fällt auf:

– Das breite Publikum soll durch schockierende Fragestellungen erreicht werden. Dabei spielen „Negatives“ aus der Kirchengeschichte oder aber Begriffe der Sexualmoral eine Rolle.

– Man redet dem Leser ein, die unverhüllte Wahrheit ans Tageslicht zu bringen. Die Kirche habe ihn über den peinlichen Verlauf ihrer Geschichte in Unkenntnis gelassen.

– Das Brechen eines „Tabus“ ist ein beliebtes Stilmittel. Die Minderheiten werden über die Maßen gelobt. Die Kirche wird reduziert auf die Inquisition. In einer völlig unhistorischen Sehweise werden heutige Probleme in die Kirchengeschichte projiziert, um zu beweisen, daß die Kirche schon immer gegen den „Fortschritt“ war.

– Viele Autoren schreiben nach dem Motto: „Überkirchlich denken – Leser gewinnen!“ Man richtet sich allgemein an die Christen oder an Menschen, die sich vielleicht noch als Christen verstehen. Das Thema „Wir glauben alle an denselben Gott“ wird unendlich variiert. Daß dabei der Katholizismus als besonders kleinkariert und rückständig (Papst, Maria, Empfängnisverhütung) angesehen wird, wundert kaum, denn die katholische Kirche gilt als der stärkste Gegner der „Welt“ (insoweit sie Christus nicht erkennen will) und wird deswegen heftig bekämpft.

– Durchgängig ist auch der antirömische Affekt solcher Produkte. Viele Autoren schreiben nach dem Motto „Gib dem Papst keine Chance!“ Hier können die Verlage zurückgreifen auf die latenten antipäpstlichen Traditionen großer Teile des deutschen Protestantismus, die auch im Zeitalter der Ökumene keineswegs überwunden sind.

– Ein beliebter Trick ist die Schwarzweißmalerei. Man kann irgendeinen Alibitheologen aufbauen, der „fortschrittlich“ sein soll. Demgegenüber kann man dann ungeniert auf die antiquierten, römischen Theologen einschlagen. Oder man unterteilt die Theologen und Bischöfe in wissenschaftliche und unwissenschaftliche (d. h. am Lehramt orientierte).

– Um dem Vorwurf zu entgehen, man sei brutal antikirchlich oder romfeindlich, beteuern viele Autoren im Vor- oder Nachwort, es gehe ihnen um eine menschfreundlichere Kirche, die nur durch den oder das noch an der Verwirklichung gehindert werde.

I.

Nach diesen Vorüberlegungen wenden wir uns einem Bestseller unserer Tage zu, dessen Verfasser von sich behauptet, er sei ein Freund des Papsttums. Dabei geht *Peter de Rosa* in seinem Buch *„Gottes erste Diener.* Die *dunkle* Seite des *Papsttums"* ganz bewußt von der Krise der katholischen Kirche aus. Mittlerweile hat diese Krise auch für die Massenmedien einen hohen Nachrichtenwert bekommen.

Der ehemalige Priester de Rosa möchte mit seinem Werk die Arbeit des Teufelsadvokaten leisten, und er sagt über sich selbst, er bewerfe Rom „. . . mit viel Schmutz" (535). Er schreibt sein dickes Buch ohne Anmerkungen und stellt die zahlreichen Zitate ohne Nachweis in den Raum. Angeblich habe er während seiner Priesterausbildung nichts von den „schlechten" Päpsten gehört, bis ihm dann *Döllingers* „Janus", eine der übelsten Hetzschriften gegen das Erste Vatikanische Konzil (1869/70), in die Hand gekommen sei. Wie ein Kenner des Janus sagte, hat der Kirchenhistoriker aus München „sein reiches geschichtliches Material . . . billig auf die Straße geworfen."[6] Wenn nun Peter de Rosa seine neue Arbeit auf dieser überholten Hetzschrift aufbaut, dann ist dies mehr als fragwürdig.

Wie geht de Rosa vor?

Die „dunkle Seite des Papsttums" beleuchtet er nach drei Seiten: auf *Macht* hin, auf *Wahrheit* und *Liebe*. Die Grundthese des Autors kann so umschrieben werden: Im Gegensatz zum armen Jesus hat die Kirche, besonders das Papsttum, eine gänzlich unchristliche Macht angehäuft.

Es wird nicht klar, ob Jesus für Peter de Rosa der Gottessohn ist oder ob er nur ein vorbildlicher Prophet gewesen ist. Der Jesus, der hier beschrieben wird, bekennt sich zu den Außenseitern der Gesellschaft; dies mache ihn für die Kirche noch fremder. So sei er auf Seiten der Homosexuellen gewesen, die die Kirche diskriminiere (473f.). Man hört auch, Jesus habe die Unauflöslichkeit der Ehe lediglich als Ideal gelehrt (416). Jesus wäre – ebenso wie Peter de Rosa – heute auch für das Frauenpriestertum (528).

Keine dieser Thesen wird durch Fachliteratur oder gar durch lehramtliche Aussagen belegt. Es findet auch keine Auseinandersetzung mit Autoren statt, die anderer Meinung als de Rosa sind.

Das Papsttum sei durch die absolute Macht verdorben worden. Es läßt sich nicht sagen, ob Peter de Rosa Jesus Christus in der Kirche noch am Werk sieht. Wenn die Kirche wirklich durch die Macht verdorben sein soll, dann ist wohl kaum Christus in ihr noch am Werk. Der Autor neigt denn auch eher der These „Jesus ja - Kirche nein" zu.

Auch das Verhältnis der Päpste zur Wahrheit sei total falsch. Ketzer und Hexen sowie Juden hätten nicht in das Wahrheitsverständnis der römischen Kirche gepaßt, und somit seien sie bis aufs Messer verfolgt worden. Was Peter de Rosa hier ausführt, ist anderswo schon oft beschrieben worden. Keineswegs bemüht er sich um eine Einordnung der Tatsachen in den historischen Kontext. So liefert er nichts weiter als eine chronique scandaleuse, bekannt von vielen anderen kirchenkritischen Büchern.

Da er von Janus vollständig abhängig ist, polemisiert er gegen das Unfehlbarkeitsdogma von 1870. Nun ist aber Janus *vor* dem Dogma erschienen, und es fragt sich, was de Rosa bezwecken möchte, wenn er dies nicht in Rechnung stellt. Er übersieht ebenso die zeitgenössischen Widerlegungen des Janus wie auch die Klarstellungen der deutschen Bischöfe gleich nach dem Vatikanum I.[7]

Nachdem er den Päpsten ein falsches Verständnis zur Macht und zur Wahrheit unterstellt hat, kommt der ehemalige Professor für Ethik auf die „Liebe" zu sprechen. Diesen Teil seines Buches stellt er unter das Motto: „Der Teufel hat der Kirche nie so geschadet, wie als die Kirche selbst das Gelübde des Zölibats einführte" (333).

Peter de Rosa versucht sodann, Papst *Johannes XXIII.* als große Alibifigur vorzustellen. Alles, was er sonst am Papsttum kritisiert, habe der Roncallipapst richtig gemacht. Der Autor wartet mit den üblichen publikumswirksamen Dauerbrennern auf, wie natürliche Empfängnisverhütung, Zölibat, Abtreibung und Homosexualität. Von den Päpsten ist zu all diesen Themen wenig zu erwarten – so de Rosa. „Alle Päpste fahren nach dem Rückspiegel. Eine seit langem tote Vergangenheit, oft Tradition genannt, diktiert die Straße in die Zukunft. Ein toter Papst ist mächtiger als tausend lebende Bischöfe" (27).

Von einer solchen Sicht des Papsttums versteht es sich von selbst, daß die Päpste eigentlich nur Irrtümer wiederholen können. Der Autor nennt auch die Enzyklika „Humanae vitae" Papst Pauls VI. eine

„neue Affäre Galilei“ (352ff.). Dabei ist sein Kenntnisstand zur natürlichen Empfängnisverhütung peinlich, denn er behauptet, Knaus-Ogino sei die „Methode des Klerus“ (530).

Unter Berufung auf das Gewissen (ohne jegliche Orientierung am Lehramt) meint er, eine Frau könne u. U. abtreiben. Dann schreibt er: „Durch sein Abtreibungsverbot will der Papst wichtige Entscheidungen selbst in die Hand nehmen. Doch die Frauen sind entschlossen, diese Frage selbständig für sich zu entscheiden. Sie allein wollen sagen, ob sie sich imstande fühlen, die Mutter dieses Kindes zu sein, das sie erwarten, denn sie wissen, daß Mutterschaft mehr bedeutet als Gebären“ (466–467).

Ähnlich grobschlächtig wie zur Abtreibungsfrage äußert sich der ehemalige Priester zum Thema Zölibat. „Die Geschichte des Zölibats ist eine so wüste Lektüre, daß nicht einmal der ‚schärfste‘ Roman von heute es mit ihr aufnehmen kann“ (488).

In seinem „Epilog“ am Schluß des Buches plädiert de Rosa für ein neues Konzil aller Konfessionen. Der Papst könne dann eine Art Ehrenpräsident werden. Das Papsttum solle nicht verschwinden, sondern eher noch größer werden. Denn keiner „. . . als der Papst kann mit Liebe und Demut alles vergegenwärtigen, was die Kirche sich und der Welt mühsam zu sagen versucht“ (539).

II.

Es stellt sich die Frage, welche Antwort der Gläubige auf dieses Buch und ähnliche Werke geben muß. Hier können nicht die vielen falschen Behauptungen de Rosas untersucht werden, sondern hier soll grundsätzlich die Antwort des Glaubens gegeben werden.

Wenn die Kirche oder der Papst angegriffen oder mit Schmutz beworfen werden, bilden sich drei große Gruppen heraus:

1. Die *Feinde* der Kirche meinen wieder einmal, das Erscheinen eines solchen Werkes würde der Kirche den Todesstoß versetzen. Aber die Kirche ist unsterblich in diesem Äon, seit sie nach dem Lanzenstoß des Soldaten aus der Seitenwunde Christi entsprang. Begleitet wurde und wird das Erscheinen einer solchen chronique scandaleuse meist von einem Werbefeldzug in den einschlägigen Gazetten. Viele Intellektuelle und solche, die es sein möchten, mel-

den sich zu Wort und erheben Zeigefinger und Steine, um die Kirche und deren „Bodenpersonal“ zu steinigen und öffentlich zu blamieren. Selbst wenn sich ein Autor wie de Rosa als „Freund der Päpste“ bezeichnet (6), wird er schon in der Ankündigung des Buches eingereiht in die lange Reihe der Kirchenkritiker. Es werden sich schon Zeitungen finden, die der Kirche eins auswischen wollen, und dann liest sich der Bericht über das Buch eines Papstfreundes so: „Bettlektüre für den Papst. Macken, Mätzchen und Machenschaften der Kirchenfürsten“ – soweit die Schlagzeile[8]. Dann heißt es im Klartext: „. . . Natürlich waren nicht alle Schufte . . .“ (gemeint sind die Päpste), „Peter de Rosa (irischer Theologe, der in der Vatikan-Universität ausgebildet wurde!), beweist, daß Unfehlbarkeit, Enthaltsamkeit und Zölibat keineswegs gottgewollt sind. Die Päpste haben sie gewollt, um ihre Macht zu erhalten, die Frauen zu unterdrücken und die Priester leichter an die Leine zu legen.“ Dann wieder in Fettdruck: „Vielleicht liest Johannes Paul II. tatsächlich das Buch und findet es auch so toll. Das wäre allerdings ein echtes Wunder . . .“

2. Während Kirchenfeinde sich an solchen Machenschaften ergötzen, fühlen sich *laue Katholiken* in ihrer Lauheit bestätigt: . . . eigentlich haben wir recht, daß wir nicht zur Kirche gehen, denn die Priester und Kirchgänger sind auch nicht besser . . . Nein, die schlechten Päpste! – Hauptsache, ich bin ein guter Mensch und ich kümmere mich nicht um die Unterschiede in den Kirchen . . . Ich halte mich an Jesus, die Kirche lehne ich ab (die darf mich beerdigen, aber bitte durch Pfarrer X., der spricht die Toten gleich heilig . . .). Menschen, die so oder so ähnlich reagieren, bilden die zweite Gruppe. Erfahrungsgemäß sind dies sehr viele Katholiken. Man hat zwar nichts gegen die Kirche, aber man kommt auch nicht mit menschlichen Schwächen der Amtsträger klar. Die Sakramente umgeht man ein Leben lang, klagt aber die Kirche gleichzeitig an, sie sei zu hart, wenn sie z. B. wiederverheirateten Geschiedenen die hl. Kommunion verweigert . . .

3. Beide Gruppen reagieren falsch, sie geben keine Antwort aus dem Glauben. Eine dritte Gruppe geht treu zu den Sakramenten und erlebt die heilige Kirche durch die Sakramente, die unmittelbar Christus darreichen. Sie wissen, daß die Kirche nicht nur Institution, sondern daß sie ein *Mysterium* ist, daß das Drama des Kreuzes und die Sonne der Auferstehung durch die heilige Eucharistie der Kirche

auf den Leib geschrieben ist. Sie blicken auf das Kreuz und beten für die Kirche.

Gleichzeitig werden diese Katholiken versuchen, die Irrtümer der kirchenkritischen Bestseller aufzuzeigen und die Wahrheit verständlich zu machen. Auch sie haben vielleicht negative Erlebnisse mit der kirchlichen Behörde (welches Wort steckt in Be-hörde?). Vielleicht erleben sie sogar selbst Zurücksetzung und Unrecht. Aber sie wissen, daß die Kirchengeschichte eine stetige Prüfung ist. Gott läßt das Böse zu, damit wir geprüft werden und nicht zu leicht befunden werden beim göttlichen Gericht.

In dieser harten Prüfung wissen die Christusgläubigen, daß Satan seine Macht nicht auf alle ausdehnen konnte: „Christus entging (seiner) Macht, obwohl er äußerlich wie keiner ihr verfallen war."[9] Alles lehnte sich gegen Christus auf und Gott ließ zu, daß er versucht wurde. Der Christ hat also mit Satan zu rechnen, wenn er auch nicht überall den Teufel an die Wand malen wird. Er weiß: „Die Kirche ist hienieden und bleibt bis ans Ende eine gemischte Gemeinschaft: Weizen noch in der Spreu verfangen, Arche mit reinen und unreinen Tieren. Schiff voller übler Passagiere, die immer daran sind, es irgendwo stranden zu lassen."[10] Dazu erlebt der Christusjünger, daß die Kirche die Welt in ihren Plänen stört. Sie ist der „. . . Störenfried der menschlichen Befriedigungs- und Selbstbefreiungspläne."[11] Auch von hier aus ergibt sich eine harte Spannung. Diese Spannung ist fruchtbar wie das Kreuz selbst – dies zeigen die Heiligenbiographien. Denn die Spannung des Kreuzes ist besser als die Weisheit der Dreimalklugen dieser Welt. In der Kirchengeschichte, auf den krummen Zeilen, schreibt Gott sein Heil gerade.

Das ist nur dem Glaubenden zugänglich. Zunächst muß der Gläubige versuchen, zu erahnen, was Ostern für die Geschichte bedeutet: Christus wird wiederkommen und seine Auferstehungsherrlichkeit auf die ausdehnen, die die fruchtbare Spannung des Kreuzes ausgehalten haben.

In dieser Erwartung steht der Gläubige. damit wird für ihn die Kirchengeschichte zu einer Zeit der Gnade, zum Tage des Heiles und der Umkehr. Wie gesagt, das alles ist nur dem Gläubigen zugänglich: „Sofern die Geschichte Heilsgeschichte ist, geschieht sie in einer gewissen Verborgenheit, die nur dem gläubigen Auge offenbar wird."[12]

Hier aber scheiden sich die Geister bezüglich der Kirchengeschichte: Die einen reihen Skandale aneinander, weisen den Päpsten Schuld nach; die anderen erkennen die tiefere Schicht der Kirchengeschichte, sie sehen die Fehler von Menschen und erkennen gleichzeitig die gnadenhafte Zuwendung Gottes durch Jesus Christus in seiner Kirche. Die ersteren schreien ein lautes „vestra culpa", die zweiten leben aus der Demut, aus der Einsicht in die eigene Sündhaftigkeit. „Wenn Demut notwendig ist, damit einer zu Christus gehöre, dann ist Demut auch notwendig, um Christus in seiner Kirche zu finden, wozu zweierlei gehört: Unterwerfung des Verstandes und ‚Liebe zur Bruderschaft'."[13]

Zu dieser Demut des *sentire cum ecclesia* gehört mehr Mut, als mit den Gazetten und in Magazinsendungen über die Kirche zu Gericht zu sitzen.

Letztlich ist dies der Mut des Kreuzes, der Glaube, der die christusfeindliche Welt überwindet. Wenn ich diesen Mut zum Kreuz habe, dann kann ich mit Henri *de Lubac* sagen: „So wenig sie (die Kirche) eine Gelehrtenakademie ist, so wenig ist sie auch ein Konventikel hochgeistiger Frommer oder eine Versammlung von Übermenschen. Sie ist sogar das reine Gegenteil. Hinkende, Krüppel, armselige Existenzen jeglicher Art wimmeln in ihr, und der große Haufen der Mittelmäßigen, die sich in ihr besonders wohlfühlen, gibt den Ton an."[14]

Wer verstehen möchte, was Kirche ist, der muß nicht eine dieser „aufklärerischen" Skandalgeschichten lesen. Diese Bestseller sagen nichts über die heilige Kirche aus. Mit solchen Büchern ist Geld zu verdienen: Etwas Häme gegen den Papst zahlt sich aus.

Es gibt nur einen Weg zu erkennen, was Kirche ist. Dieser Weg führt über die Eucharistie, in der sich der geopferte Herr in die Kirche hineingibt. „Die heilige und heiligende Kirche baut die Kirche der Geheiligten auf. Das Geheimnis der Kommunikation vollendet sich in einem Mysterium der Kommunion; und eben hierin liegt der Sinn dieses uralten und immer aktuellen Wortes Kommunion, mit dem das Sakrament gewöhnlich bezeichnet wird."[15]

Anmerkungen:

1 Karlheinz Deschner: Das Kreuz mit der Kirche. Eine Sexualgeschichte des Christentums. Düsseldorf/Wien 1974^{2}.

2 Uta Ranke-Heinemann: Eunuchen für das Himmelreich. Katholische Kirche und Sexualität. Hamburg 1988.

3 Ursula Goldmann-Posch: Unheilige Ehen. Gespräche mit Priesterfrauen. München 1985.

4 So der Titel einer *Stern*-Story, vgl. Kurt Ziesel: Die Meinungsmacher: Spiegel, Zeit, Stern & Co. München 1988, 158ff.

5 Peter de Rosa: Gottes erste Diener. Die dunkle Seite des Papsttums. München 1989; in meiner Einführung in die Kirchengeschichte (Bern/Frankfurt 1979) habe ich mich ausführlich mit der außerkirchlichen Kirchengeschichtsschreibung auseinandergesetzt.

6 Jakob Speigl: Traditionslehre und Traditionsbeweis in der historischen Theologie Ignaz Döllingers (= Beiträge zur neueren Geschichte der Katholischen Theologie, Bd. 5). Essen 1964, 132; vgl. meine ausführliche Auseinandersetzung mit Peter de Rosa: Des Papstes neuer Freund? Abensberg 1989.

7 Zusammenfassend: Walter Brandmüller: Ignaz von Döllinger am Vorabend des I. Vatikanums. Herausforderung und Antwort (= Kirchengeschichtliche Quellen und Studien, Bd. 9). St. Ottilien 1977.

8 *Express* (Köln) 19. April 1989.

9 Johannes Ries: Der Christ zwischen Zeit und Ewigkeit. Würzburg 1942, 25.

10 Henri de Lubac: Die Kirche. Eine Betrachtung. Einsiedeln 1968, 98–99.

11 Hans Urs von Balthasar: Du hast Worte ewigen Lebens. Schriftbetrachtungen. Einsiedeln/Trier 1989, 144.

12 Ries 95.

13 Lubac 277.

14 Lubac 271.

15 Lubac 135.

4. Rom und die Bibel

Widersprüche, Ungereimtheiten?

Die Geschichte der Gegnerschaft gegen das Papsttum und die katholische Kirche ist so alt wie diese Institution. Offensichtlich hatten die ersten Christen in der Urkirche, die sich unter Führung des Apostels Petrus ausbildete, den Eindruck, daß sie nicht von „dieser Welt" waren. Vor allem die Kapitel 14–17 des Johannesevangeliums lassen Jesus auf den Zwiespalt zwischen Jüngerschaft Christi und der „Welt", die Gott nicht erkannt hat, hinweisen.

„Wenn die Welt euch haßt, erkennt, daß mich sie zuerst vor euch gehaßt hat. Wenn aus der Welt ihr wärt, liebte die Welt wohl das Eigene; weil aber nicht aus der Welt ihr seid, sondern ich euch auserwählte aus der Welt, deswegen haßt euch die Welt" (Joh 15,18–19)[1].

Jesus Christus, der göttliche Gründer der Kirche, macht mit diesen Worten deutlich, daß ein Zwiespalt bestehen muß zwischen Gott und seiner Jüngerschaft einerseits und der „Welt" andererseits. Die beste Garantie, nicht zu denen zu gehören, die von der „Welt" sind, ist zweifelsohne nach den Worten des Evangelisten Johannes, sich durch das Essen und Trinken des Leibes und Blutes Christi dem mystischen Herrn einzuverleiben. „Es sprach nun zu ihnen Jesus: Amen, Amen, ich sage euch, wenn ihr nicht eßt das Fleisch des Sohnes des Menschen und trinkt sein Blut, nicht habt ihr Leben in euch" (Joh 6,53).

Muß das Papsttum etwa deswegen soviel Schelte einstecken, weil es an der Realpräsenz der Eucharistie festhält und weil durch den Empfang der Eucharistie sich die Geister scheiden zwischen Christus und der Welt?

Auf alle Fälle sind die neueren Polemiken, die in diesem Kapitel betrachtet werden, auch gerade auf diesen Hintergrund hin zu befragen.

Es ist aufschlußreich, einen Blick in die Geschichte der Polemik gegen die katholische Kirche zu werfen, um die heutige Hetze besser einordnen zu können.

Dies soll anhand von drei ausgewählten Beispielen geschehen.

Die Kirche mit ihrem sichtbaren Oberhaupt Petrus (und der jeweilige Papst) wurde schon früh in der christlichen Kunst als

„Schifflein Petri" dargestellt, das durch die stürmische See der Zeiten fährt. Seit dem 15. Jahrhundert werden diese Darstellungen häufiger, und sie betonen jetzt mehr die Kirche, die als triumphierende Gemeinschaft ihren Feinden trotzt.[2] So zeigt ein Bild, das um 1480 in der Lombardei entstand, das Schifflein Petri, das auf dem Meer der Zeit schwimmt. Petrus (Papst) ist der Steuermann und Christus bildet mit seinem Kreuz den Mastbaum. Das Segel des Schiffes wird bewegt durch das Wort Gottes (dargestellt durch die Symbole der vier Evangelisten). Der Hl. Geist (in Gestalt der Taube) sitzt auf dem Mastbaum und weist die Richtung des Fahrzeugs. Am Gestade sehen wir zwei Gruppen von Kirchenfeinden. Sie richten ihre Waffen gegen das Schifflein Petri. Links sehen wir Schriftgelehrte, die unter Berufung auf ihre Schriften gegen Christus selbst argumentieren möchten. Ihnen zur Seite sehen wir bewaffnete Soldaten, die mit weltlichen Machtmitteln gegen die Kirche einschreiten möchten.

Durch die Kirchenspaltung Martin Luthers, beginnend 1520, wurde der Papst zunehmend angegriffen.[3] In des Wittenberger Theologen Schriften verstreut finden wir die unhaltbarsten und die Nächstenliebe auf das schwerste verletzende Äußerungen über die zeitgenössischen Päpste wie auch über das Papsttum selbst. Gipfel dieser krankhaften Abneigung gegen das Papsttum ist Luthers Pamphlet „Wider das Papsttum zu Rom vom Teufel gestiftet"[4], das mit den unflätigsten Schimpfworten gegen Rom angeht.

Diese Rompolemik Luthers blieb für die weiteren Jahre nicht ohne Folgen. 1546 veröffentlichte Peter Flötner eine protestantische Spottmedaille gegen das Papsttum.[5] Der Teufel, so zeigt das Bild, treibt den Papst an, indem er die Tiara fest im Griff hat. Die Inschrift lautet: „So bin ich das Kind der Verderbnis und der Sünden, sagt Sankt Paul in der 2. Epistel an die Tessalonicher."

Die Polemik gegen das Papsttum war so grenzenlos, daß die Anhänger Luthers auch nicht davor zurückschreckten, den Text des „Vater unser" in den Dienst der antipäpstlichen Sache zu nehmen. So ist aus dem Rheinland folgende Verspottung des Herrengebetes bekannt:

„Vatter unser babst zu Rhom
vertilget werde sein nham.
Verbrandt werde sein reich,

Er sieht dem Teuhfell gleich
Nun will uns gott berathen,
Die jesuiten willen wir brathen
Paffen munchen willen wir scheren,
Nunnen und munchen zum dhantze führen.“[6]

Solche und ähnliche Polemiken führten natürlich zu tiefen Spannungen zwischen Katholiken und evangelischen Christen. Erst in diesem Jahrhundert beginnen beide Seiten diese häßliche Form der Auseinandersetzung aufzuarbeiten.

Als letztes Beispiel der Polemik gegen den Heiligen Vater sei auf eine Vision des hl. Johannes Bosco verwiesen.[7] Hier interessiert nur, wie dieser Heilige die Feinde des Papsttums im 19. Jahrhundert charakterisierte. Er vergleicht die Kirche mit einem Schiff und nimmt damit wieder ein altes Motiv auf.

Der Papst steht an der Spitze des Schiffes. Die Feinde der Kirche sind als feindliche Armada dargestellt, die das Schifflein Petri unter Feuer genommen hat. „Die einen kämpfen mit Büchern, Schriften und Brennstoffen, mit denen sie angefüllt sind und die sie an Bord des päpstlichen Schiffes zu werfen suchen; andere mit Kanonen, Gewehren und Schiffsschnäbeln.“[8]

Was tut der Papst? Er verankert das Schiff (Kirche) an zwei Säulen. „Auf der einen steht die Statue der Unbefleckten Jungfrau, zu deren Füßen glänzt ein Schild mit der Aufschrift ‚Hilfe der Christen‘. Auf der anderen, die viel höher und stärker ist, erblickt man eine Hostie von der Größe, die der Säule entspricht, und darunter prangt in Riesenlettern die Aufschrift ‚Heil der Gläubigen‘“.[9]

Die drei nur angedeuteten Beispiele aus der Geschichte des Papsttums können zeigen, daß Jesus Christus durch die Geschichte hindurch durch die „Welt“ Demütigungen zu erleiden hat.

So mag es auch kaum der Rede wert sein, daß sich auch heute solche Polemiken gegen das Papsttum und die katholische Kirche finden. Die beiden Bücher, die hier untersucht werden, setzen die lange Geschichte der Polemik gegen die römische Kirche fort.

Im Jahre 1887 entstand der „Evangelische Bund“, der aktiv gegen die katholische Kirche gerichtet war.[10] Eine vorläufige Zusammenfassung protestantischer Polemik gegen die römische Kirche stellte das Kompendium Karl August von Hases dar.[11]

Peter H. Uhlmann setzt mit seinem Buch „Die Lehrentscheidungen Roms im Licht der Bibel“ diese Polemik fort, wie unsere Ausführungen zeigen werden. Auch Wolfgang Bühne („Ich bin auch katholisch. Die Heilige Schrift und die Dogmen der Kirche“) ist seines Zeichens ein Polemiker gegen die katholische Kirche, wenn auch nicht so originell wie Uhlmann.

Beide Autoren untersuchen nämlich keineswegs die gesamte Lehre der katholischen Kirche, also Dogma und Moral, sondern nur einige ausgewählte Kapitel der katholischen Dogmatik. Darum übersehen sie bewußt die Frage nach den verbindenden Stücken des christlichen Glaubens.

Beide Autoren liefern eine Polemik, weil sie nicht ihre Prinzipien der Schriftauslegung offenlegen, sondern stattdessen die katholische Kirche auf die Anklagebank setzen. Die Anklage lautet aus der Sicht der beiden Autoren: Kirche verfälscht Bibel durch Lehre und Auslegung.

Peinlich ist auch, daß sie als Kronzeugen gegen die Kirche abgefallene Priester anführen. Aussagen – wie die Uhlmanns –: „Nach gründlichem Bibelstudium hat der ehemalige Jesuit Luis Padrosa den Traditionsbegriff seiner Kirche verworfen“[12] bilden keineswegs einen wissenschaftlichen Gegenbeweis, sondern dokumentieren lediglich, daß dieser Theologe für sich zu anderen Schlüssen gekommen ist.

Polemisch sind beide Bücher auch deswegen, weil die Autoren sich kaum um das Verständnis des „Gegners“ bemühen. Sie schaffen es in großen Teilen nicht, die Lehre der römisch-katholischen Kirche richtig wiederzugeben. Eher peinlich wird der in Theologie ausgebildete Leser von der Tatsache berührt, daß sie die katholische Literatur einseitig ausgewählt haben und die wissenschaftlichen Darstellungen gekonnt umgingen. Zudem ist die Frage zu stellen, ob aufgrund populärwissenschaftlicher Literatur ein Beweis gegen die Kirche geführt werden kann. Beide Bücher sind deswegen als billige, vordergründige Polemiken gegen die Kirche zu verstehen. Sie verschweigen, daß die als katholisch kritisierte Lehre in vielen Fällen sich mit der Lehre der Ostkirchen und oft auch mit den evangelischen Bekenntnissen deckt. Die Bücher stellen nicht nur eine Herausforderung für den katholischen Leser dar, der sich redlich um den Ökumenismus im Sinne des II. Vatikanischen Konzils bemüht,[13] sondern sie greifen ebenso Christen anderer Konfessionen an.

Die folgenden Ausführungen werden anhand von fünf „Brennpunkten“ zeigen, daß beide Bücher nicht erreichen konnten, was sie zu erreichen vorgeben: eine Widerlegung katholischer Glaubenswahrheiten durch die Hl. Schrift.

Erster Brennpunkt: Hl. Schrift - Tradition

Die Frage nach der Bibelauslegung ist eine der zentralsten Fragen, die jeweils von den verschiedenen christlichen Gemeinschaften anders beantwortet wird.

Katholischer Standpunkt ist, daß die Hl. Schrift ein Buch der *Kirche* ist, d h. in der Kirche entstanden und in und von ihr authentisch ausgelegt wird.

Hier nun regt sich selbstverständlich der Widerspruch der Sekten und Freikirchen. So ist Uhlmann allergisch auf den Begriff der „Tradition“. Er unterstellt Jesus, er sei ein Gegner der Tradition im allgemeinen, während Jesus sich lediglich gegen bestimmte falsche Überlieferungen der Pharisäer wendet.[14] Wenn der Verfasser „. . . unvermittelt Parallelen zum katholischen Traditionsverständnis“[15] festzustellen meint, also katholische Tradition mit der pharisäischen auf eine Stufe stellt, dann fragt man sich doch, ob es hier noch um Bibelauslegung geht.

Uhlmann faßt an dieser Stelle die Bibel als Handbuch gegen den katholischen Glauben auf. Nun ist aber die Hl. Schrift – Altes und Neues Testament – nicht als Polemik gegen Rom verfaßt worden und kann deswegen auch von diesem Grundsatz her nicht adäquat gedeutet werden.

Deutlicher wird dieses falsche Bibelauslegen noch bei Bühne, der gar die Apokalypse so auslegen möchte, als sei sie als Hetzschrift gegen den Heiligen Vater geschrieben worden.[16]

Es dürfte hier klar werden, daß Probleme der Gegenwart nicht in die Bibel hineingelesen werden dürfen. Wenn man diesen Weg einmal beschreitet, dann ergibt sich automatisch ein freier Meinungsmarkt, der alles und jedes durch irgendein aus dem Zusammenhang gerissenes Schriftwort legitimiert oder verdammt.

Ehe ich die Bibel auslege, werde ich mich zunächst über die historische Entstehungssituation unterrichten. Eine wichtige Frage wird sein: Wie gebrauchte die Umwelt der Schriftsteller bestimmte Begriffe, die dann von den heiligen Schriftstellern zur Vermittlung des Gotteswortes benutzt wurden?

Allein um diese Frage zu beantworten, bedarf es des Studiums der hebräischen wie der griechischen Sprache. Weder bei Uhlmann noch bei Bühne wird eine Bibelübersetzung benutzt, die darauf schließen ließe, daß sie exakt, Wort für Wort, aus der Ursprache übersetzt ist.

Was nun das weitere Verhältnis von Schrift und Tradition angeht, so hätten sich beide Autoren mit der Bibelinstruktion vom 21. April 1964 auseinandersetzen müssen.[17]

Die dort genannten „tria tempora traditionis" können nicht einfach übergangen werden, wenn redliche Auseinandersetzung mit dem katholischen Schriftverständnis gesucht wird.

Die *erste* Phase stellt das Leben und Wirken (Wunder) Jesu Christi dar. In einer *zweiten* Phase nun schreiben die Apostel das Wichtigste auf. Sie interpretieren in der Verkündigung das Alte Testament auf Christus hin. Sie bilden Formeln und Hymnen, die Tod und Auferstehung Jesu preisen.

In der *dritten* Phase schreiben die heiligen Verfasser das alles auf. Es entstehen die Evangelien, die übrigen Schriften des Neuen Testamentes.

Bibelauslegung wird nun in jedem Fall versuchen, diese drei Phasen zu berücksichtigen. Dabei hilft die historisch-kritische Methode, die z. B. durch Heinrich Zimmermann oder Wilhelm Egger eine brillante Darstellung gefunden hat.[18] Sehen wir von hier aus auf das Spannungsverhältnis Bibel-Tradition, dann muß ich zum Schluß kommen, daß die Kirche der Grund und Boden ist, auf dem die Bibel des Neuen Bundes entstanden ist. Ich muß in jedem Fall fragen, wann und wie dieses Schriftwort entstanden ist, und dann feststellen, daß alleine schon durch das unterschiedliche Alter andere Schlußfolgerungen zu ziehen sind. Nachdem ich dies alles abgewägt habe, stelle ich mich dem Anspruch Gottes in dieser Textstelle.

Die Heilige Schrift ist auf keinen Fall ein Handbuch, auch keine Polemik gegen Rom, sondern gerade im Gegenteil der Erfahrungsbericht Gottes als Partner seiner Ebenbilder.

Wie stellt sich nun das Verhältnis von Kirche und Bibel dar? Wenn Uhlmann Recht hätte, dann hätte die Kirche auf dem Vatikanum I durch das Unfehlbarkeitsdogma „sowohl das Schrift- wie das Traditionsprinzip“[19] aufgegeben. Vielmehr gilt für das Dogma von der Unfehlbarkeit des Papstes ebenso wie für alle Dogmen, daß sie Glaubenswahrheiten sind, die organisch aus den Lehren der Bibel und der Tradition erwachsen. Uhlmann stellt die Tatsachen auf den Kopf und lehnt übrigens auch die altchristlichen Konzilien ab, wenn er die Überlieferung bei der Bibelerklärung ablehnt. Denn bereits das II. Konzil von Nizäa (787) stellte letztverbindlich fest: „Wer nicht die ganze kirchliche Überlieferung annimmt, die geschriebene wie die ungeschriebene, der sei ausgeschlossen.“[20] Und genau das gleiche Konzil von 1869/70, das das Unfehlbarkeitsdogma definierte, legte fest, daß alleine der Kirche es zukomme, den Sinn der Schriften verbindlich festzusetzen.[21]

Ebenso darf nach Uhlmann nicht wahr sein, daß „Dei verbum“ (1965) die Einheit von Schrift, Überlieferung und Lehramt betont hat.[22]

Wer also die kirchliche Lehre über das Verhältnis von Bibel und Überlieferung richtig sieht, der kann auch nicht wie Uhlmann folgende These aufstellen: „Nicht die Bibel, sondern die Beschlüsse des Lehramts bilden die Grundlage des Glaubens.“[23]

Für die Kirche ist Grundlage des Glaubens alleine die göttliche Offenbarung. Gott aber hat sich nicht so geoffenbart, daß gleichsam mit einem Schlag die Bibel da war – ein Kompendium mit allen Fragen und Antworten.

Ebensowenig aber „erfindet“ das Lehramt der Kirche neue Lehren, die es an die Stelle von Bibelworten stellt. Das Lehramt verfolgt die Diskussion der Theologen und zieht manchesmal Grenzen, insoweit es sagen muß, daß diese oder jene Meinung nicht authentische Lehre der Kirche ist, die sich aus Schrift und Überlieferung ableitet. Hier zeigt sich, daß das Lehramt der Kirche gerade die erste Aufgabe darin sieht, die Bibel vor willkürlichen Auslegungen zu schützen. Vielleicht mag das Wort „Lehramt“ zu Mißverständnissen Anlaß geben. Amt wird leicht mit einem Heer von Bürokraten verwechselt, die Erlasse herausgeben.

Aber bezüglich des Lehramtes der Kirche ist es doch anders. Das Lehramt ist zunächst einmal der gelebte und im Credo bekannte Glaube. Petrus hat nun einmal die Aufgabe, seine Brüder zu stärken (vgl. Lk 22,32).

So betrachtet, maßt sich das Lehramt nicht an, die Bibel zu erweitern. Aber die Kirche wächst durch den ständigen Umgang mit ihrem Buch, der Bibel, immer tiefer in die Glaubenswahrheiten hinein und erkennt die verschlungenen Wege Gottes zum Heil.

Die Gläubigen der Kirche können sicher sein, daß Gott ihnen durch den Fürsprecher, den Hl. Geist, alles was zum ewigen Heil dient, unfehlbar vorstellt. Jesus selbst hat uns diesen Trost gegeben: „. . . der Fürsprecher aber, der heilige Geist, den schicken wird der Vater in meinem Namen, jener wird euch lehren alles und erinnern euch an alles, was ich zu euch sprach" (Joh 14,26).

So ist es letztlich nicht Verdienst oder Leistung von Menschen in der Kirche, wenn die Hl. Schrift richtig ausgelegt wird, sondern der Hl. Geist ist der Garant dieses rechten Schriftverständnisses. Insoweit die Kirche durch diesen Gottesgeist geleitet wird, kann der 1. Timotheusbrief die Kirche als „Säule und Fundament der Wahrheit" (3,15) bezeichnen.

Lehramt in der Kirche will sagen, daß das einmal von Gott in Jesus Christus geschenkte Glaubensgut authentisch, christus-konform, allen Generationen weitergegeben wird.

Die Lehre der Apostel muß in aller Treue weitergegeben werden und darf nicht der beliebigen Auslegung anheimgestellt werden.

Diese treue Weitergabe des Glaubensgutes ergibt sich aus dem Taufbefehl Christi (vgl. Mt 28,18 ff.). Die Gabe, die Menschen zu Jüngern Jesu zu bekehren, kann nicht an die subjektive Beliebigkeit eines Bibellesers gebunden sein, sondern einzig und allein im Zusammenhang mit der Kirche gesehen werden. Allein auf diese Art – also letztlich durch das Amt des Papstes und der Bischöfe (Apostelkollegium) – kann der Glaube der Urkirche alle Zeiten überdauern. Das Lehramt der Kirche bewirkt somit, daß eine subjektive Gläubigkeit nicht den Glauben der Apostel überlagert und bewahrt den Schatz des Apostolischen Glaubens bis zur Wiederkunft Christi. Damit ist das Lehramt im gewissen Sinne „Echo der Stimme Christi" (Papst Paul VI.).

Sieht Uhlmann das Verhältnis von Bibel und Überlieferung falsch, so hat er auch keinen Zugang zur Geschichte des Bibellesens in der römischen Kirche. Er scheint nichts zu wissen von der bibelnahen Liturgie der Kirche, wenn er den Katholiken indirekt vorwirft, sie hätten zu wenig Bibel gelesen.[24]

Ohne Übertreibung darf gesagt werden, daß keine andere religiöse Gemeinschaft die Hl. Schrift so verbreitet hat wie die römische Kirche. Erinnert sei zunächst an die tägliche hl. Messe und das Stundengebet der Kirche: Beide Feiern haben die Bibel im Mittelpunkt. Auch alle übrigen liturgischen Handlungen leben von der Hl. Schrift. Zu denken ist ferner an die zahllosen Mönche und Nonnen der Kirchengeschichte, die ihr Chorgebet – in der Woche alle Psalmen – und viele andere Texte der Bibel meditierend beteten und sangen.

Und die Laien? Hinzuweisen ist auf die Armenbibeln des Mittelalters, die selbst leseunkundigen Gläubigen die wichtigsten Kapitel der Hl. Schrift nahebringen konnten. Denken wir nur an die vielen Bibelfenster, so z. B. im Kölner Dom, oder an die vielen romanischen Kirchen, die mit Bibelzyklen ausgemalt waren. Und zu jeder Epoche der Kirchengeschichte hat es nicht an Versuchen gefehlt, den biblischen Inhalt zu aktualisieren, d. h. durch Schauspiele oder Bibelspiele sowie Passionsspiele gerade einem größeren Hörerkreis vorzustellen. In diesem Zusammenhang dürfen auch die Jesuitendramen genannt werden.[25]

All diese Versuche, die Hl. Schrift auszulegen, fließen mit ein in den großen Strom der kirchlichen Tradition. Sie wollen nicht über dem Wort Gottes stehen, sondern es gerade verbreiten – ihm also dienen.

Das II. Vatikanum faßt die Frage nach Bibel und Überlieferung so zusammen: „Es zeigt sich also, daß die Heilige Überlieferung, die Heilige Schrift und das Lehramt der Kirche gemäß dem weisen Ratschluß Gottes so miteinander verknüpft und einander zugesellt sind, daß keines ohne die anderen besteht, und daß alle zusammen, jedes auf seine Art, durch das Tun des einen Heiligen Geistes wirksam dem Heil der Seele dienen."[26]

Ferner ist daran zu denken, daß die Kirche das Wort Gottes, niedergelegt in der Hl. Schrift, ebenso hoch verehrt wie die Eucharistie selbst.[27]

Das Wort Gottes, sei es geschrieben oder in realpräsenter Form der Eucharistie gegenwärtig, hat die Kirche immer als das Höchste angesehen.

Zweiter Brennpunkt: Eucharistie

Es zeigte sich, daß Uhlmann und Bühne die Hl. Schrift und deren Verhältnis zur Überlieferung und Kirche vollständig anders werten als die katholische Kirche. Bezüglich der Eucharistielehre nun kommt diese vollständig andere Bibelauslegung zum Tragen. Beide Autoren lehnen im Namen der Hl. Schrift die Lehre von der Wesenverwandlung und dem Meßopfer ab. So stellt Uhlmann u. a. die Behauptung auf: „Nicht nur gewisse Aspekte der Messe sind unbiblisch, sondern deren Grundstrukturen: das heißt ihr Opferchrakter und die Wandlungslehre.“[28] Und an anderer Stelle wird er noch deutlicher, wenn es heißt: „Das Meßopfer steht in dauernder Konkurrenz zum Kreuzopfer, das unweigerlich geschmälert wird.“[29] Bühne, der im Grunde die Thesen Uhlmanns zur Meßopferlehre vertritt, wendet sich heftig gegen die eucharistische Anbetung: „Die Aufforderung, dem Brot und Wein Anbetung zu erweisen, ist nichts anderes als Götzendienst und eine Beleidigung Gottes.“[30]

Wie suchen die beiden Polemiker ihre Aussagen zu begründen? Und weiter gefragt: Wie stichhaltig sind deren Argumente?

Hier kann nicht näher auf alle dogmengeschichtlichen Aspekte der hl. Messe eingegangen werden,[31] sondern nur einige wenige Zeugnisse aus der Tradition sollen vorgestellt werden, um zu zeigen, daß beide Autoren keinerlei Verhältnis zu den Kirchenvätern haben.

Cyrill von Jerusalem, der zwischen 348 und 386 Bischof der heiligen Stadt war, äußerte sich in seinen „Mystagogischen Katechesen“ u. a. auch zur Eucharistie. So sagt er z. B. über die Frage der Wandlung: „Denn wer zum Mahle kommt, wird nicht eingeladen, Brot und Wein zu kosten, sondern das Abbild des Leibes und Blutes Christi.“[32] Hier zeigt sich deutlich, daß Cyrill Brot und Eucharistie zu unterscheiden vermag. Er vergleicht die Eucharistie deswegen auch mit Gold: „Was du davon fallen ließest, wäre natürlich so viel als der Verlust eines deiner eigenen Glieder. Sag mir doch: Würdest du nicht, wenn dir jemand Goldstaub gäbe, diesen recht sorgfältig aufheben, damit ja nichts verloren gehe und du keinen Schaden erleidest?.[33]

Bezüglich des Wertes des Meßopfers sagt Cyrill: „Wir glauben ja, daß die Seelen, für die während des heiligen, erhabensten Opfers gebetet wird, sehr großen Nutzen davon haben.“[34]

Uhlmann macht es sich sehr einfach, wenn er allgemein bedauert, daß angeblich heidnische Opfervorstellungen in die Kirche eingedrungen sind.

Er kann auf alle Fälle nicht ablehnen, daß in der Eucharistie der Leib und das Blut Christi empfangen wird. Denn falls er dies ablehnen wollte, dann müßte er die Hl. Schrift verdrehen.

Hören wir nur wie Justin (gest. 165 in Rom) die Realpräsenz beschreibt: „Denn nicht als gemeines Brot und als gemeinen Trank nehmen wir sie; sondern wie Jesus Christus, unser Erlöser, als er durch Gottes Logos Fleisch wurde, Fleisch und Blut um unseres Heiles Willen angenommen hat, so sind wir belehrt worden, daß die durch ein Gebet um den Logos, der von ihm ausgeht, unter Danksagung geweihte Nahrung, mit der unser Fleisch und Blut durch Umwandlung gewährt, Fleisch und Blut jenes fleischgewordenen Jesus sei.“[35]

Uhlmann und Bühne versuchen die Zeugnisse der Alten Kirche über die Eucharistie symbolhaft zu deuten – allerdings ohne deutlich machen zu können, ob diese Art der Interpretation der Hl. Schrift entspricht.

So soll z. B. Tertullian ein symbolhaftes Eucharistieverständnis gehabt haben. Dem gegenüber betont Karl Baus: „Von der Eucharistie denkt Tertullian sehr konkret; wer an den orationes sacrificiorum teilnimmt, empfängt den Leib des Herrn, der so wahr der wirkliche Leib Christi ist, wie es der Leib am Kreuz war; vom Leib und Blut Christi nährt sich die Seele.“[36]

Jede symbolhafte Auslegung der Eucharistie wird aber durch das 6. Kapitel des Johannesevangeliums ad absurdum geführt. Der Exeget Karl Hermann Schelkle sagt zu dieser Fragestellung: „Das sichtbare Sakrament wird mit höchst realistischen Worten beschrieben als ‚Kauen‘ und ‚Trinken‘ der Elemente (6,56).“[37] Uhlmann schlägt einen exegetischen Haken, um dieser exakten Auslegung nicht zustimmen zu müssen. Er führt Vers 63 an und setzt das „Fleisch“ gleich mit der Hostie und beruft sich darauf, daß das Fleisch ohne den Geist nichts ist.[38] Hier sieht er eine gleichnishafte Rede, und von Wesensverwandlung könne somit keine Rede sein.

Wie ist die Textstelle zu verstehen? Uhlmann übersieht auf jeden Fall, daß schon die Jünger Jesu die Eucharistielehre als fast unglaublich einstufen. „Hart ist dieses Wort; wer kann es hören?“

(Vers 60). Damit wird ausgesagt, daß diese Stelle echt ist. Wer Kritik mit in den Bericht hineinnimmt, der berichtet sicherlich wahrheitsgemäß und möchte keine Schönfärberei betreiben. Es wird ferner berichtet, daß Jünger Jesus wegen dieser Rede verlassen haben. Und er reagiert so, daß feststeht, daß kein Mensch Jünger Christi sein kann, der nicht die Eucharistie annimmt: „Wollt auch ihr fortgehen?“ (Vers 67). Heinrich Schlier sagt zu Recht: „An der Lehre von der Eucharistie, und also an der Eucharistie, scheiden sich die Geister, wenn auch natürlich nicht nur daran, so doch zuletzt.“[39]

Simon Petrus, der „Apostelsprecher“, antwortet für die Jünger, die kein Ärgernis an Jesus nehmen: „Herr, zu wem sollen wir weggehen? Worte ewigen Lebens hast du, und wir haben geglaubt und wir haben erkannt, daß du bist der Heilige Gottes“ (Vers 68–69).

Jesus verbindet die Frage nach dem ewigen Leben mit der Eucharistie: „Der Verzehrende mein Fleisch und Trinkende mein Blut hat ewiges Leben, und ich werde ihn auferstehen lassen am letzen Tag“ (Vers 54).

Wenn Jesus (Verse 48 ff.) dieses neue Brot mit dem Manna vergleicht, das die Väter in der Wüste gegessen haben, dann heißt dies doch, daß es sich real um Essen handelt, nicht um einen geistlichen Vollzug.

Die Eucharistie der Kirche ist in dieser Perikope beschrieben: „Johannes 6 aber ist geschrieben auf dem Hintergrund der Feier der Eucharistie in der Kirche.“[40]

Wenn Jesus seine harte, unverständliche, nur im Glauben aufzunehmende Rede anders als eucharistisch verstanden hätte, dann hätte er sich korrigiert, als einige Jünger wegblieben.

Auch bezüglich der Abendmahlsberichte weigern sich Uhlmann und Bühne eine realistische Deutung anzunehmen. Uhlmann bezeichnet das Abendmahl Jesu als eine „gleichnishafte Handlung“.[41]

Die Frage nach dem „ist“ (Das ist mein Leib, das ist mein Blut) war gleich zu Anfang der Reformation umstritten, wie u. a. die Diskussion Martin Luthers mit anderen Reformatoren zeigt.[42] Der griechische Text bedeutet eindeutig „ist“ und nicht „es bedeutet“. Josef Ernst kommentiert die Stelle Mk 14,22 so: „Gemäß jüdischer Überlieferung repräsentiert der Leib den ganzen Menschen. Dem Sinn nach sagt das Wort Jesu: „Dies bin ich selbst.“ Das ganze Heilswerk Jesu ist angesprochen.“[43] Die Abendmahlsberichte der Evangelien wie auch der hl. Paulus (1 Kor 11,23 ff.) sehen den untrennbaren Zusammenhang von Eucharistie und Tod Jesu am Kreuz. Der hingegebene Leib und das für die Sünden der Welt vergossene Blut des Erlösers ist geopfert und verkündet den Tod Jesu. „Denn jedesmal, wenn ihr eßt dieses Brot und den Becher trinkt, den Tod des Herrn verkündet ihr, bis daß er kommt" (1 Kor 11,26).

Eine nur symbolische Deutung dieses „Geheimnis des Glaubens" spricht gegen den Textbefund und gegen die ungebrochene Überlieferung der katholischen sowie der orthodoxen Kirchen.

Wenn Uhlmann und Bühne nicht an der Eucharistie real festhalten wollen, dann stellt sich die Frage, ob hier vielleicht weltanschauliche Vorentscheidungen zum Tragen kommen.

Hat Jesus als Gottessohn nicht die Macht, uns seinen Leib zur Speise zu geben? Deute ich etwa die Auferstehung des Fleisches auch zeichenhaft?

Eine nur zeichenhafte Deutung der Glaubensgeheimnisse ist zu wenig zum Leben und zu wenig zum Sterben.

Heinrich Schlier hat als Konvertit die Frage nach der Eucharistie auf den Punkt gebracht: „So wird die Lehre von der Eucharistie Jesu und in ihr die Eucharistie selbst zum Prüfstein des Glaubens. Ihr gegenüber fällt zuletzt die Entscheidung, ob man zu Jesus gehört, 6,66 ff. Die Homologie entsteht nur dort, wo die Eucharistie angenommen wird. Sie erwächst dem an der Eucharistie erprobten Glauben."[44]

Dritter Brennpunkt: Kirche und Papst

Beide Autoren leiden an einem heftigen „antirömischen Affekt".[45] Bühne erneuert die reformatorische These, die römische Kirche sei mit der „Hure Babylon" vergleichbar.[46] Er kommt nach den Ausführungen über die Kirche zum Schluß: „Für mich steht außer Frage, daß die röm.-kath. Kirche treffend in der Bibel mit ‚Hure Babylon' beschrieben wird. Die Parallelen zur röm.-kath. Kirche in Offb. 17 und 18 sind so deutlich, daß man dem Bibeltext Gewalt antun muß, um ‚Babylon' anders zu deuten."[47]

Sowohl Uhlmann als auch Bühne lehnen den Primat, die Unfehlbarkeit sowie die Institution des Petrusamtes ab. Uhlmann scheint doch den Wert eines übernationalen Petrusamtes einzusehen, denn er schreibt: „Das Papsttum steht und fällt nicht mit dem Versagen einzelner Päpste, vielmehr ist das ganze System, die Papstidee als solche, zutiefst antibiblisch und damit antichristlich. Daß ganze Papstgenerationen zu den schlimmsten Despoten gehört haben, die die Welt je gesehen hat, zeigt nur, wie krank und wie fleischlich dieses System ist, damit wir uns warnen lassen. Dies müssen wir uns besonders in unserem Jahrhundert bewußt sein, wo der Papstthron von recht imponierenden Persönlichkeiten eingenommen worden ist. Auch ein lächelnder oder ein reisender Papst bleibt ein Papst.“[48]

Wenn aus dieser Stelle auch ein tiefer Haß auf das Papsttum spricht, so scheint Uhlmann doch zu erkennen, daß nicht alle Päpste in seine vorgefaßte Meinung passen.

Wie stellt sich die Geschichte des Papsttums aus katholischer Sicht dar?

Wenn wir noch einmal auf die „tria tempora traditionis“ zurückgreifen und sagen, daß die Evangelisten schon stückweise den gelebten Glauben der Urkirche beschreiben, dann wird deutlich, daß die Berufung des Petrus zum Oberhaupt der Kirche einen „Sitz im Leben“ hat. Die Perikope Mt 16,18 ff. zeigt dann, daß für die Urkirche dieser Text etwas Vertrautes darstellte.

Die Archäologie sagt uns, daß es in Palästina eine frühe Petrusverehrung gegeben hat.[49] So wurde in Kapharnaum im „Haus des Petrus“ ein Graffito mit dem Namen des Apostelfürsten gefunden. Dieses mutmaßliche „Haus des Petrus“ wurde bereits im 2. Jh. (noch zur Zeit der Christenverfolgungen) in eine Kirche umgewandelt und im 5. Jh. in eine byzantinische Basilika umgebaut. Diese Fakten lassen sich so deuten, daß der Petrus der Bibel eine so hohe Verehrung genoß, daß man ihm eine eigene Kultstätte weihte.

Wichtig ist aber, daß diese Kultstätte – wie auch keine andere Stätte der Petrusverehrung außerhalb Roms – den Anspruch erhoben hat, hier sei der erste Papst begraben.

Diesen Anspruch kann nur Rom erheben und zwar gesichert durch archäologische und schriftliche Argumente.

So dürfte allgemein bekannt sein, daß die alte Peterskirche des 4. Jhs. über einem heidnisch-christlichem Gräberfeld errichtet worden ist.[50] Sicher ist auf jeden Fall, daß Petrus in Rom gewesen ist und wahrscheinlich in einem Erdgrab des Vatikanischen Hügels bestattet worden ist, nachdem er 64 während der neronischen Verfolgung den Märtyrertod gefunden hatte. Um 160 wurde eine Gedächtnisstätte errichtet; das Tropaion, das durch Ausgrabungen im 20. Jh. nachgewiesen werden konnte. Dieses nur knappe hundert Jahre nach dem Tod Petri errichtete Grabmal macht deutlich, daß Petrus als „Römer“ verehrt wurde, und der zeitlich knappe Abstand läßt darauf schließen, daß die mündliche Üerlieferung, diese Stelle sei das Grab Petri, einiges für sich hat.

Daß nun das Neue Testament nichts über den Aufenthalt des Petrus in Rom schreibt, sagt nichts gegen dessen tatsächlichen Verbleib in der Metropole des römischen Reiches.

Zudem ist es eine ganz andere Frage, ob das Petrusgrab unter dem Petersdom echt ist oder nicht. Die Frage nach diesem Grab muß getrennt werden von einem Aufenthalt in Rom.

Wichtiger als die historische Fragestellung ist jedoch die Frage, wie der entscheidende Text Mt 16,18 ff. zu verstehen ist:

„Antwortend aber sprach Jesus zu ihm: Selig bist du. Simon Barjona, weil nicht Fleisch und Blut dir offenbarten, sondern mein Vater in den Himmeln. Und ich sage dir: Du bist Petros, und auf diesem Felsen werde ich bauen meine Kirche, und die Tore des Hades werden sie nicht überwinden“ (Vers 17 und 18).

Im Rahmen der Auslegungsgeschichte dieser Verse haben sich vier verschiedene Möglichkeiten vorgestellt.[51] Zunächst muß genannt werden, was Uhlmann und Bühne so heftig bestreiten: die römische Petrustradition. Eine weitere Interpretation ist die staatskirchliche Auslegung, die aber nicht in Frage kommen kann. Dann könnte man meinen, die Gemeinde sei der Fels; aber dies gibt der Text nicht her. Eine andere Lösung sieht mehr die geistliche Dimension dieser Frage; dann hätten die Mönche den Vorrang in der Kirche.

Die entscheidende Frage, wie der Text des Matthäusevangeliums verstanden werden kann, ist die Frage, ob er mit dem Messiasbekenntnis verknüpft oder aber isoliert gedeutet wird. Joseph Ratzinger sagt dazu: „Das Wir der Kirche beginnt mit dem Namen desjenigen, der namentlich und als Person zuerst das Christusbekenntnis vortrug: Du bist der Sohn des lebendigen Gottes“ (Mt 16,16). Merkwürdigerweise wird ja gewöhnlich die Primatsstelle erst von Mt 16,17 an gerechnet, während in der Sicht der alten Kirche der entscheidende Vers zum Verständnis des Ganzen der Vers 16 ist: Petrus wird Fels der Kirche als Träger des Credo, ihres Glaubens an Gott, der konkret Glaube an Christus als Sohn und eben damit Glaube an den Vater und darin Trinitätsglaube ist, den nur der Geist Gottes vermitteln kann.“[52]

Und wenn wir bedenken, daß die Rede von einem Felsenfundament ist, dann deutet sich schon an, daß Christus hier nicht nur Petrus meint, sondern auch die Nachfolger Petri, denn Christus gründet ja die Kirche. Henri de Lubac sagt treffend: „Unmöglich konnte Petrus in sein Amt eingesetzt werden, um es alsbald wieder abzugeben, vielmehr mußte sein Auftrag über ihn hinausbestehen.“[53]

So kann eine vorurteilsfreie Sicht der Verse des Matthäusevangeliums durchaus erkennen, daß nicht nur Petrus, sondern auch die Nachfolger Petri, die Löse- und Bindegewalt in der einen Kirche haben. Der Dogmatiker Johann Auer kommt nach dem Schrift- und Traditionsbeweis zu folgendem Schluß: „Angesichts der Tatsache, daß die Herde Christi mit dem Tod des Petrus nicht aufhört, Herde Christi zu sein, wird man auch dieses Wort nicht der Person des Petrus, sondern vielmehr seinem Amte zugesprochen erachten müssen. Anders lautende Interpretationen neuerer Exegese werden von ihren ‚Prinzipien dieser Exegese‘ her beurteilt werden müssen.“[54]

Uhlmann und Bühne aber haben eigenwillige Prinzipien der Bibelauslegung, weil sie die Hl. Schrift nicht als Buch der Kirche ansehen können. Bühne scheint nicht den tiefen Widerspruch gemerkt zu haben, in dem er gefangen ist, wenn er einerseits zugibt, daß die römische Kirche bereits in der Apokalypse genannt ist und andererseits dieser Kirche unterstellt, sie sei die „Hure Babylons“! Woher will er dies wissen? Daß Jesus die Kirche als „Babylon“ gegründet hat, läßt sich aus keiner Stelle des Neuen Testamentes ablesen. Daß er sie aber auf Petrus, den Felsen, gegründet hat, ist für einen Menschen ohne Vorurteile zu ersehen.

Auf jeden Fall ist die römische Kirche die einzige Kirche, die eindeutig und den Evangelien konform Jesus Christus als Sohn des lebendigen Gottes verkündet. Und mag auch der eine oder andere Papst „schlecht“ gewesen sein, dies eine läßt sich sagen: Jesus Christus ist von Petrus und seinen Nachfolgern als der Christus und Messias verkündet worden. Wo der Zusammenhang mit Petrus wegfällt, da tun sich viele Jesusbilder auf.

Wenn Uhlmann manche Päpste mit „Despoten“ vergleicht, dann kann er nicht übersehen, daß es einen Unterschied von „Macht“ im weltlichen und „Vollmacht“ im religiösen Sinn gibt. Nur das vollständige Übersehen dieses Unterschiedes macht beide Autoren blind für die Christusrepräsentation des kirchlichen Amtes.[55]

Wenn ich die Geschichte des Papsttums von diesem Unterschied her deute, dann komme ich zu anderen Schlußfolgerungen. In seinem Buch über die Kirche sagt zu diesem Zusammenhang Henri de Lubac: „Vor allem gegen die römische Kirche erhebt sich die Anklage auf Tyrannei. Unsinnigerweise vergleicht man sie bisweilen mit den Systemen des politischen Absolutismus. Auf sie sammeln sich sogar die Einwände zahlreicher Christen, obwohl sie die Notwendigkeit einer sichtbaren Autorität anerkennen. Entsprechend denkt der Katholik in erster Linie an sie, wenn er die Kirche seine Mutter nennt. Er hält sie wirklich mit der ganzen Tradition für die „Wurzel und Mutter der katholischen Kirche“, die „Mutter und Meisterin aller Kirchen“, „die Mutter und Herrin aller Gläubigen Christi“.[56]

Vierter Brennpunkt: Maria, Jungfrau und Gottesmutter

Wie nicht anders zu erwarten, kritisieren Uhlmann und Bühne auch die katholischen Mariendogmen. Denn Maria ist der „Exponent des katholischen Glaubens“, wie Leo Scheffczyk einmal formulierte.[57]

So stellt Bühne die Behauptung auf: „Diese Dogmen machen deutlich, daß Maria zum Abgott der Katholiken geworden ist und an die Stelle unseres Herrn Jesus Christus gerückt wird.“[58] Uhlmann geht einen Schritt weiter und wirft der katholischen Kirche vor, sie brauche für ihre marianischen Dogmen „. . . weder das Zeugnis der Bibel noch historische Belege . . .“.[59] Dann stellt er fest: „Die römisch-katholische Kirche ist mariologisch, ja sie ist zu einer mariologischen Religion entartet.“[60] Vernichtend ist sein Urteil über Marienerscheinungen: „Am Rande sei bemerkt, daß solche Erscheinungen nichts mit der neutestamentlichen Maria oder mit Gott zu tun haben; sie sind vielmehr Aufbrüche dämonischer Mächte.“[61] Die letzte Aussage über die Marienerscheinungen zeigt, daß Uhlmann sich offensichtlich nicht hinreichend mit der Materie vertraut gemacht hat, bevor er solch ein vernichtendes, die religiösen Gefühle von Abertausenden Katholiken verletzendes Urteil fällt.

Er kann zum einen nicht erklären, daß es in Lourdes und auch in anderen Marienwallfahrtsorten immer wieder zu wunderbaren Heilungen kommt und übersieht vollkommen, daß es überdies an diesen Orten zu echten Bekehrungen zu Jesus Christus kommt.[62] Die Frage, ob bei diesen wunderbaren Ereignissen Gott seine Hand im Spiel hat, kann Uhlmann anhand des Neuen Testamentes nicht ausschließen. Daß er gar vermutet, daß dort dämonische Kräfte aufbrechen, ist ebenfalls nicht zu beweisen. Uhlmann hat offensichtlich nicht den Mut, seinen Lesern die Heilungsberichte der Internationalen Ärztekommission von Lourdes vorzulegen. Daß er die religiösen Gefühle von Katholiken verletzt, ist die eine Seite der Medaille. Gleichzeitig aber überschreitet er als Theologe seine Kompetenz, wenn er behauptet, daß die Ärztekommission sich mit „dämonischen Aufbrüchen" befaßt, anstatt medizinisch exakt Stellung zu nehmen.

Denn die Ärzte stellen in wenigen, genau dokumentierten Krankheitsfällen nach eingehenden Untersuchungen fest, daß es sich um ein Phänomen völlig außergewöhnlicher Art handelt „. . . im Gegensatz zu jeder Beobachtung und Voraussage der medizinischen Erfahrung, und darüberhinaus unerklärlich".[63] Überdies stellt sich Uhlmann schon gar nicht den Augenzeugenberichten von Erscheinungen – dies aber würde sein Geschichtsverständnis in Frage stellen.[64] Auch die übrigen Aussagen über Maria zeigen, daß Uhlmann und Bühne erst gar nicht versuchen, die katholische Marienlehre zu verstehen. Dies gilt besonders für Bühne, der bezüglich der immerwährenden Jungfräulichkeit der Gottesmutter Maria apodiktisch feststellt: „Das NT zeigt eindeutig, daß Maria nach der Geburt Jesu weitere Söhne und Töchter geboren hat (vgl. auch Matth. 1,24–25).[65] Es ist bezeichnend für das 1988 veröffentlichte Buch Bühnes, nicht Einblick in die 1981 erschienene ökumenische Untersuchung „Maria im Neuen Testament"[66] genommen zu haben. Dort heißt es: „Was die kirchliche Tradition einer immerwährenden Jungfräulichkeit betrifft, stimmen wir darin überein, daß Mt 1,25 eindeutig sexuelle Beziehungen zwischen Josef und Maria vor der Geburt ausschließen wollte, aber daß der Vers nicht notwendig etwas über die ehelichen Beziehungen zwischen Josef und Maria danach aussagt. Die Tatsache, daß das Neue Testament von Brüdern und Schwestern Jesu spricht, bildet kein unüberwindliches Hindernis für die Ansicht, daß Maria weiter Jungfrau blieb, aber es gibt auch kein überzeugendes Argument gegen ein Verständnis von ‚Bruder' und ‚Schwester' im buchstäblichen Sinn des Wortes, wenn die Worte für Angehörige Jesu gebraucht werden."[67]

Es zeigt sich, daß Bühne vorschnell etwas in Mt 1,25 hineinlesen möchte – was nach seinem Verständnis in diesem Vers stehen muß. Dies aber ist keine Art der exakten Bibelauslegung.

Uhlmann und Bühne versuchen erst gar nicht die Bedeutung der Jungfrauengeburt, die sie nicht erwähnen, für das weitere Leben der Gottesmutter zu bedenken. Es steht mehr in der Hl. Schrift, als beide Autoren bezüglich der Jungfrau aus Nazareth angeben.

So hat der evangelische Theologe W. Delius bereits 1963 auf die Tatsache hingewiesen, daß die ersten Kapitel des Lukasevangeliums in nuce viele wesentliche Merkmale der Marienverehrung der Kirche enthalten.[68]

Stattdessen versucht Uhlmann das Dogma der immerwährenden Jungfräulichkeit der Gottesmutter auf die Gnosis, die apokryphen Schriften und ein asketisches Ideal zurückzuführen.[69] Er übersieht, daß Glaubenswahrheiten sich durch das betende Bekennen der Hl. Schrift entfalten können und daß unter Führung des Hl. Geistes ein tieferes Eindringen in den Schrifttext möglich ist. Wer die Jungfrauengeburt – geboren aus der Jungfrau Maria –[70] ernstnimmt, dem kann sich bei tieferem Nachdenken auch die immerwährende Jungfräulichkeit zeigen. Maria gibt sich durch ihr Jawort in exklusiver Weise als Mensch Gott hin; sie stellt sich ihm zur Verfügung als Jungfrau und Gottesmutter.

Die Jungfräulichkeit Mariens ist entscheidend für die Frage, wie ich Maria selbst, Jesus Christus und die Kirche sehe. Denn erst durch diese Jungfräulichkeit kann sich Gott vollkommen in Christus an die menschliche Natur binden.

„Wenn man dieses Ferment ausscheidet, kommt die gewünschte Verbindung nicht zustande. Es muß deshalb mit guter theologischer Begründung behauptet werden, daß die Preisgabe der immerwährenden Jungfräulichkeit Marias das ganze Mariengeheimnis gewichts- und bedeutungslos machen würde, was dann direkt auch gegen das Geheimnis des Gottmenschen ausschlagen müßte. Es ist ja nicht von ungefähr, daß der Glaube an den Gottmenschen am meisten in jenen reformatorischen Kirchen atrophisiert wurde, die den Marienglauben aufgegeben haben.“[71]

Auch bezüglich des Dogmas von der Aufnahme Mariens in den Himmel urteilt Bühne vorschnell: „Dieses jüngste Mariendogma ist, wie die übrigen, eine unbiblische Lehre, die keinerlei Belege in der Bibel findet, sondern Ergebnis einer Philosophie ist.“[72]

Bühne unterscheidet hier nicht zwischen einer unbiblischen Lehre im Sinne, daß eine Lehre der Bibel widerspricht. Als Beispiel dafür kann ich anführen: Es gibt keinen Gott. Das ist eine Aussage, die nicht nur unbiblisch ist, sondern darüberhinaus auch von der „Philosophie“ her als falsch erwiesen werden kann. Unbiblisch muß also nicht heißen, daß eine Lehre gegen die Bibel ist, sondern kann heißen, daß die Bibel eine Lehre so noch nicht ausgedrückt hat, aber daß sie nicht gegen die Hl. Schrift steht. So kann ich fragen, was der Sinn des Verses 48 des 1. Kapitel bei Lukas ist.

„Denn siehe, von jetzt an werden mich seligpreisen alle Geschlechter . . .“. Spricht es gegen diesen Vers, wenn ich das Magnificat bete – wie es die Kirche täglich tut? Bin ich unbiblisch in meinem Verhalten, wenn ich ein Marienbild als Erinnerung aufstelle, damit ich keinen Tag vergesse, die Jungfrau und Gottesmutter seligzupreisen?

Uhlmann und Bühne polemisieren zwar gegen das Mariendogma von 1950, aber sie machen sich nicht die Mühe, die Apostolische Konstitution „Munificentissimus Deus“ Papst Pius XII. einer fachlichen Kritik zu unterziehen.[73]

Dieser Text will gerade nicht „Philosophie“ bieten, wie Bühne unterstellt, sondern er weist eigens auf die Schriftgemäßheit der Lehre hin.

Wie leichtfertig Uhlmann mit einem Vers des Völkerapostels Paulus umgeht, wenn er damit gegen die Heiligenverehrung der Kirche polemisieren kann, zeigt seine Stellung zu Röm 1,25: „Die Bibel verbietet energisch die ‚Anbetung oder Verehrung‘ von Geschöpfen.“[74]

In wörtlicher Übersetzung lautet der Vers: „. . . diese vertauschten die Wahrheit Gottes in der Lüge, und sie erwiesen Ehre und dienten der Schöpfung gegen den Schöpfer, der gelobt ist in die Aionen; Amen.“

In den Versen 18–32 des ersten Kapitels des Römerbriefes geht es um den Zorn Gottes gegen die Heiden. Die Heiden haben, obwohl sie Gott erkennen können in den Spuren Gottes, der Schöpfung, den Schöpfer nicht erkannt. Sie handeln widernatürlich, nicht zuletzt auf sexuellem Gebiet. So ist also der Zorn Gottes gegen diese Menschen entbrannt.

Der hl. Paulus richtet sich an dieser Stelle ausdrücklich gegen den heidnischen Götzendienst. Er hält „. . . die Kreaturvergötterung, die zugleich Gott zu einer Kreatur macht, . . . für etwas Abscheu Erregendes.“[75]

Es ist nicht einzusehen, daß der hl. Paulus mit diesen Versen etwas gegen die Kirche und deren Praxis der Heiligenverehrung gesagt haben sollte. Denn all die vielen Beschreibungen, die er von den Heiden gibt, passen in keiner Weise auf die Kirche und deren Glieder.

An dieser Textauslegung Uhlmanns zeigt sich lediglich, daß er ein Meister der Eisegese (Hineinlesen) ist, aber von sauberer Exegese wenig zu halten scheint. Schon das Konzil von Trient hat sich gegen den Vorwurf der Reformatoren zur Wehr gesetzt, die Kirche betreibe Götzendienst, wenn sie die Heiligen verehre.[76] Nach 1 Kor 12,12–31 sind alle Glieder des Gottesvolkes untereinander verbunden. Franz Courth sagt auf diesem Hintergrund über die Marien- und Heiligenverehrung: „Ehrung Marias und der Heiligen heißt hier huldigende Anerkennung ihrer heilsgeschichtlichen Sendung, und Fürbitte bedeutet beten in und aus der Gemeinschaft aller, die zu Christus gehören. Die unmittelbare Anrufung Marias vollzieht so nichts anderes als die Auferstehungsgewißheit, daß in der Verbundenheit mit Christus auch nicht ein Name verlorengeht.“[77]

Fünfter Brennpunkt: Geschichte und Heilsgeschichte

Uhlmann und Bühne vertreten in ihren Büchern eine eigenartige Auffassung von Geschichte. Sie sehen in der Geschichte wie auch in der Kirchengeschichte lediglich eine lose Aneinanderreihung von Fakten, die offensichtlich nicht in innerem Zusammenhang stehen. Uhlmann handelt zwar in jedem seiner Kapitel die Frage auch nach der historischen Seite ab, während Bühne erst gar nicht nach der Geschichte fragt, aber beide Autoren sehen Geschichte nicht als etwas Organisches, Gewachsenes. Entwicklungen scheinen nach ihrer Auffassung nicht legitim zu sein; so lehnen sie jegliche Form der Dogmenentwicklung ab. Und wenn nun dennoch ein historisches Faktum – das nicht fortzuleugnen ist – gegen die Ansichten der beiden Autoren sprechen sollte, so wird kategorisch erklärt, daß dieses Faktum illegitim ist. Uhlmann schreibt z. B. bezüglich des Vatikanum I: „Wie August Hasler, Hans Küng und andere katholische Theologen aufzeigen, muß diese Synode als unfrei bezeichnet werden.“[78]

Abgesehen davon, daß der überwiegende Teil der Historiker wie auch Theologen dieser Auffassung nicht zustimmt, bleibt hier zu fragen, was mit „unfrei“ gemeint ist. Papst Pius IX. hatte zweifellos das Recht und auch die „Freiheit“, eine Kirchenversammlung einzuberufen – er hatte sogar die nichtkatholischen Christen eingeladen. Wie die Diskussionen auf dem Konzil zeigten, konnte Pius IX. nicht einfach ein Dogma „machen“ lassen, sondern die Gegner des Papstes schafften es, eine Kompromißformel durchzusetzen.[79]

Beide Autoren fragen kaum nach den Quellen, wenn sie über Geschichte schreiben, sondern versuchen anhand einer chronique scandaleuse, die geschichtliche Entwicklung gegen die „Bibel“ auszuspielen. Hier schiebt sich die falsche Sicht der Tradition so vor die Geschichte, daß ein vorurteilsfreier Blick auf die Geschichte nicht mehr möglich ist. Die Autoren sehen überhaupt kein Problem darin, daß sie von der „Geschichte“ zuviel verlangen. So übersieht Uhlmann, daß bei der Frage nach dem Aufenthalt Petri in Rom Quellen in der Verfolgungszeit nicht so ausreichend fließen wie in äußerlich ruhigen Zeiten.[80] Dem Geschichtsverhältnis der beiden Autoren kann auch deswegen nicht zugestimmt werden, weil sie letzlich die „Bibel“ so stark gegen die Geschichte abgrenzen. Auch die Bibel gehört zur Geschichte; das Neue Testament gar entsteht in der Zeit der Kirche.

Aber gerade diese Kirchengeschichte ist Quellgrund allen Mißtrauens. Wenn von der Kirchengeschichte die Rede ist, dann nicht als von der Zeit, die nur möglich ist, weil Jesus Christus noch nicht wiedergekommen ist, sondern Kirchengeschichte scheint eine Serie von Fehlurteilen und Verfälschungen des biblischen Glaubens durch die katholische Kirche zu sein.

Kirchengeschichte ist für beide Autoren die Geschichte des Abfalls, die Geschichte der Abwendung von Christus. Demgegenüber sieht die Kirche in Jesus Christus die Mitte der Geschichte. „Sie ... glaubt ferner, daß in ihrem Herrn und Meister der Schlüssel, der Mittelpunkt und das Ziel der ganzen Menschheitsgeschichte gegeben ist.“[81] Dabei lehnt die Kirche keineswegs die Meinung ab, daß Sünder und Heilige in ihren Reihen sind und daß die Kirche noch nicht am Ziel ist. „Dieses Ineinander des irdischen und himmlischen Gemeinwesens kann nur im Glauben begriffen werden, ja es bleibt das Geheimnis der menschlichen Geschichte, die bis zur vollen Offenbarung der Herrlichkeit der Kinder Gottes durch die Sünde verwirrt ist.“[82]

Ganz anders legt Bühne die Kirchengeschichte aus. Er sieht in der Hure Babylon der Kap. 17 und 18 der Apokalypse die römische Kirche.[83] „Und ich sah eine Frau, sitzend auf einem scharlachroten Tier, voller Namen der Lästerung, habend sieben Köpfe und zehn Hörner. Und die Frau war umworfen mit Purpur und Scharlach und vergoldet mit Gold und wertvollem Stein und Perlen, habend einen goldenen Becher in ihrer Hand voll von Greueln und dem Unreinen ihrer Hurerei und auf ihrer Stirn einen Namen geschrieben, ein Geheimnis, Babylon, die große, die Mutter der Huren und der Greuel der Erde. Und ich sah eine Frau betrunken vom Blut der Heiligen und vom Blut der Zeugen für Jesus“ (Apok 17,3–6).

Bühne legt nun die einzelnen Verse über die Hure Babylon so aus, daß er immer wieder Parallelen zur römischen Kirche zieht, ob dies nun gerechtfertigt ist oder nicht. Zum einen sei es die „Vermischung mit Heidentum oder Welt“, die auffallend sei,[84] zum anderen bedeute das Gold eine „Anspielung auf den ungeheueren materiellen Reichtum des Vatikans“.[85] Weitere Hinweise sieht Bühne in der „furchtbaren Blutschuld der röm.-kath. Kirche“[86] sowie in den „okkulten Lehren und Praktiken“.[87] Die sieben Hügel Roms seien erwähnt und auch der „Handel mit den Reliquien und dem Ablaß“.[88]

Wie einfach diese Art von Auslegung ist, zeigt dann auch folgender Satz: „In Kapitel 18,22 wird von den Musikern und Künstlern in Babylon gesprochen. Jeder von uns weiß um die enormen kulturellen Schätze Roms.“[89] Bühne deutet also die angebliche Geschichte der Kirche in diese beiden Kapitel der Heiligen Schrift hinein. Ihm scheint nicht aufzufallen, daß diese Deutung nicht die authentische

Auslegung dieser Kapitel sein kann, weil doch sonst die Kirche – der Bühne aber auch gar nichts Gutes zutraut – diese Kapitel ausgemerzt hätte . . .

Aber die Kirche hat diese Zeilen stehen lassen, und auch Bühne, ob er dies eingesteht oder nicht, kennt die Heilige Schrift nur darum, weil die Kirche (die römische, die es also nach biblischer Aussage doch gibt!) diese Bücher zu ihrem Heiligen Buch erklärt hat.

Es stellt sich aber die Frage, ob Bühne mit seiner Auslegung die Bibelwissenschaft auf seiner Seite hat. Zunächst muß nachgefragt werden, was die Apokalypse als literarische Gattung aussagen will.

Die formgeschichtliche Methode sagt uns, daß das Neue Testament folgende literarische Gattungen kennt: Evangelien, Briefe, Acta und die Apokalypse. „Alle . . . Apokalypsen wollen Enthüllungen sein, wollen Offenbarungen geben über das Ende dieser Welt und die zukünftige Weltzeit.“[90] Die Geschichte wird gesehen als ein Kampf zwischen Gott und dem Bösen. Diese Bücher „. . . wollen in schweren Zeiten den Glaubensmut der Frommen stärken, trotz aller Drangsale auf Gottes gütige Führung zu vertrauen, der als der Herr der Geschichte alles zu einem guten Ende zu lenken weiß“.[91]

Auch die Johannesapokalypse will diese Ziele erreichen, wenn sie auch eigene Akzente setzt. Sie möchte die Leser bestärken, gegen den Satan auszuhalten, wohlwissend, daß Jesus Christus der Herr der Geschichte ist.

Jesus Christus steht in der Mitte dieses Buches – ebenso wie in den anderen neutestamentlichen Schriften. Er wird nach der Drangsal einen neuen Himmel und eine neue Erde herbeiführen, er, der durch sein Blut die Menschen erlöst hat.

„In aller Drangsal der Gegenwart, in welcher der Satan mit Gewalt herrscht und scheinbar den Sieg davonträgt, gilt es auszuharren; denn Christus hat bereits gesiegt und wird denen, die kämpfen und in Treue bis zum Martyrium zu ihm stehen, Anteil an seinem Siege verleihen.“[92]

Diesen Zusammenhang weigert sich aber Bühne einzusehen und zur Kenntnis zu nehmen.

Wie sieht nun ein evangelischer Bibeltheologe die Kapitel 17 und 18 der Johannesapokalypse? Sieht er einen Zusammenhang zwischen römischer Kirche und der Hure Babylon?

Eduard Lohse wehrt sich in seinem Kommentar gegen eine welt- bzw. kirchengeschichtliche Deutung der Apokalypse. Gegen diese Art der Auslegung spreche „. . . die Tatsache, daß sie von Jahrhundert zu Jahrhundert verändert werden mußte und durch die Ereignisse selbst widerlegt worden ist“.[93] Damit aber fällt auch die Behauptung Bühnes, die römische Kirche sei nichts weiter als die Hure Babylon.

Auch in den Kommentaren zu den beiden fraglichen Kapiteln, die Bühne voller Parallelen zu Rom und Einrichtungen der katholischen Kirche sieht, kann Eduard Lohse nicht die beträchtlichen Unterschiede zum historischen Rom verschweigen. So schreibt er z. B. zu Kap 18,9–19: „Doch der Seher will gar nicht eine genaue Beschreibung Roms geben, sondern in der Aufzählung der vielen Luxusgüter andeuten, welche Pracht und Herrlichkeit die mächtige Weltstadt erfüllt.“[94]

Es geht bei der Hure Babylon vielmehr um das heidnische, römische Weltreich, das seine Untertanen zum Götzendienst anhielt. Gerade der Kaiserkult mußte von Seiten der Christen auf heftigste Ablehnung stoßen, weil hier ein Geschöpf göttliche Verehrung erhalten wollte. Babylon-Rom meint hier jegliche Götzenverehrung, die es je in der Geschichte geben wird.

Der katholische Exeget Hubert Ritt sagt: „Mit neugieriger Sensationslust suchte man nach Information über die Weltgeschichte; mit reger Phantasie spekulierte man über das Ende der Menschheit; mit blindem Fanatismus wollte man verhängnisvolle Irrwege der Kirchengeschichte durch zusammenhanglose Zitate aus der Offenbarung rechtfertigen: Ob es die Idee des „Tausendjährigen Reiches“ war, oder ob es die Gleichsetzung der verdorbenen (römischen) Großkirche mit der Synagoge des Satans bzw. mit der Hure Babylon war, die Holzwege solchen Textverständnisses waren erschütternd.“[95]

Die einzige richtige Deutung der Johannesapokalypse ist die endgeschichtliche Interpretation. „Die exegetische Forschung ist sich heute einig, daß eine zeit- oder kirchengeschichtliche Deutung dieses Buches verfehlt ist.“[96] Autoren wie Bühne sollten dies anerkennen und konstruktiv an der Bekehrung der Welt zu Christus mitarbeiten - ohne diese primitive Polemik gegen die römische Kirche, die die una, sancta, catholica et apostolica des Taufbekenntnisses ist.

Die Geheime Offenbarung des Sehers Johannes verbürgt das Recht auf wahre Gottesverehrung. Die Kirche nimmt durch die Gegenwärtigsetzung des Kreuzesopfers vorauskostend an der himmlichen, endgültigen Liturgie teil, da sie den Tod des Herrn verkündet bis er wiederkommt in Herrlichkeit.[97] Erst im neuen Himmel und in der neuen Erde, den die Offenbarung schildert, wird es keinen Tempel mehr geben. Es ist deswegen keineswegs „Heidentum", wenn die Kirche heilige Orte und Stätten kennt; Orte, an denen Gott uns nahe ist.

In diesen geweihten Kulträumen ist das Eschaton „anwesend"; die Eucharistie ist Unterpfand des Lammes selbst bis alles übergeht in die Anbetung von Angesicht zu Angesicht (vgl. 5,9 ff.). Hier ist Geschichte schon aufgehoben.

Die ganze Kirchengeschichte aber wartet darauf, daß Jesus Christus durch seine Wiederkunft in Herrlichkeit, die Zeit aufheben wird.

„Amen, komm, Herr Jesus!" (22,20).

*

Bislang hat sich gezeigt, daß Uhlmann und Bühne eine vollkommen unberechtigte Kritik an wesentlichen katholischen Glaubenswahrheiten geübt haben und durch ihre Polemik die Diskussion nicht wenig erschweren. Letztlich leugnen sie die gesamte Tradition der Kirche und können damit nicht die Frage beantworten, welchen Wert denn ihre eigenen Auslegungen der Hl. Schrift haben. Denn die Ablehnung der Schriftauslegung früherer Generationen beinhaltet, daß auch meine eigene Auslegung in Frage gestellt werden wird – es sei denn, daß ich mich dazu versteige zu meinen, erst *ich* hätte nun die Hl. Schrift richtig verstanden.

Dieser Subjektivismus wird aber dem katholisch denkenden Menschen fremd sein. Als römischer Katholik kann ich mich dem authentischen Lehramt der Kirche anvertrauen.

„. . . und siehe, ich bin bei euch alle Tage bis zur Vollendung des Aions" (Mt 28,20) – so ist das letzte Wort Christi an seine Jünger, an seine Kirche, die auf dem Felsen Petri gegründet ist.

Und der Katholik glaubt fest, daß die Kirche all das, was nicht in den Evangelien über Jesus Christus aufgeschrieben und für sein Heil von Bedeutsamkeit ist, unter der Führung des Hl. Geistes durch Lehre und Kult vorstellt.

„Es ist aber auch anderes vieles, was Jesus tat, welches, wenn es geschrieben würde nacheinander, auch nicht, glaube ich, die Welt fassen könnte die zu schreibenden Bücher“ (Joh 21,25).

Von hier aus lassen sich nun Fragen an das Schriftverständnis der beiden Autoren richten – Fragen, deren Beantwortung ohne Polemik versucht werden sollte.

1. Wer war zuerst da: die Kirche oder die neutestamentlichen Schriften?

2. Woher wissen wir, welche Schriften zur Bibel gehören, wenn nicht durch die Kirche (Kanon)?

3. Wenn sich schon sehr früh in der Kirche nicht nur die neutestamentlichen Schriften entwickelten, sondern auch Taufbekenntnisse (Glaubensformeln), wieso soll es dann keine Tradition geben dürfen? Stehen unsere beiden Autoren zu dem Glaubensbekenntnis?

4. Die zahlreichen Formeln und Hymnen, die sich nicht nur in der Briefliteratur finden, zeigen sie nicht, daß es neben dem Text der Bibel auch Inhalte gibt, die der Kirche anvertraut sind?

5. Zeigt das Neue Testament nicht eindeutig, daß Jesus durch sein Apostelkollegium (vor allem durch den Petrusdienst) der Kirche ein Amt geben wollte? Kann ich IHN hören, wenn ich seine Amtsträger nicht höre?

6. Kann eine saubere Bibelauslegung übersehen, daß der frühe Gottesdienst der Kirche sich in zahlreichen Schriften des Neuen Testamentes spiegelt? Und kann der vorurteilsfreie Betrachter der heutigen römischen Liturgie nicht erkennen, daß sie sich in allem von der Hl. Schrift inspirieren läßt?

7. Das Lehramt der Kirche gewährleistet die Rückbindung an Jesus Christus. Kann ich meinen, daß ich die Bibel nun verstehe – und dies ohne ein tiefes Gefühl der Dankbarkeit Gott gegenüber, daß er mich in die vom Hl. Geist geführte Gemeinschaft der Kirche gestellt hat, die ihr Buch authentisch auslegt?

8. Ohne *das* Lehramt ist *jeder* Lehramt. Zeigt nicht die Geschichte des Kanons, daß die Kirche Richterin in der Frage ist, welches Buch zur Bibel gehört? Und wenn sie dies ist, ist sie dann nicht dessen authentische Erklärerin?

9. Überspringe ich ohne Anbindung an Lehramt und Sakramente nicht einfach die Zeit zwischen Jesus von Nazareth und heute?

Die Alternative „Jesus ja – Kirche nein“ ist und bleibt falsch.

Denn Christus liebt seine Kirche und gab sich für sie hin (Eph 5,25). So kann kein Katholik, kein ehrlicher Christ, Kirche und Jesus Christus trennen.

Anmerkungen:

1 Die Texte des NT sind zitiert nach: Münchener Neues Testament. Studienübersetzung. Düsseldorf 1988; zum Problem „Welt" vgl. Overath, Joseph: Des Papstes neuer Freund? Eine Auseinandersetzung mit Peter des Rosas Buch „Gottes erste Diener. Die dunkle Seite des Papsttums". Abensberg 1989, 50–52.

2 U. Weber: Schiff (Das Schiff der Kirche), in: Lexikon der christlichen Ikonographie (hrsg. von Engelbert Kirschbaum u. a.) Bd. IV., Freiburg/Basel/Wien 1972 (= 1990), Sp. 61–67.

3 Lortz, Joseph: Die Reformation in Deutschland. Freiburg/Basel/Wien 1982; Iserloh, Erwin: Geschichte und Theologie der Reformation im Grundriß. Paderborn 1980; Bäumer, Remigius: Martin Luther und der Papst (= KLK Heft 40) Münster 1984; mein Aufsatz: 500 Jahre Martin Luther. Anregungen für den schulischen Religionsunterricht, in: *Kath. Bildung* 84 (1983), 39–55.

4 Weimarer Ausgabe Bd. 54, 206–299; Joseph Lortz, Bd. II, 254 kommentiert dieses Pamphlet: „Es ist in einem bedeutenden Sinn symbolhaft, daß Luthers letzte Arbeiten noch einmal zu diesem Angriff gegen das Papsttum zurückkehren. Die Verneinung des Papsttums, d. h. des lebendigen, unfehlbaren Lehr- und Hirtenamtes, als Ausdruck einer grundstürzend neuen Kirchenidee, war die geheime, unbewußte Voraussetzung seines inneren Umschwungs gewesen, war, immer noch erst halb bewußt, das innerste Ziel der Ablaßthesen gewesen; seit dem Juni der Leipziger Disputation war dann der zum Antichrist werdende Römische Stuhl das große und entscheidende Gegenüber geworden."

5 Haidacher, Anton: Geschichte der Päpste in Bildern. Mit einem geschichtlichen Überblick von Josef Wodka. Eine Dokumentation zur Papstgeschichte von Ludwig Freiherr von Pastor. Heidelberg 1965, 364 (Bild).

6 Bodewig, Heribert/Overath Joseph: Ausgewählte Quellen zur Kölner Diözesangeschichte. Siegburg 1980, 73.

7 Der hl. Johannes Bosco (1815–1888) kümmerte sich im Italien des 19. Jahrhunderts um verwahrloste Jugendliche. Vgl. Schamoni, Wilhelm: Das wahre Gesicht der Heiligen. Würzburg–Hildesheim/New York 1966, 312.

8 Zischkin, Otto (Hrsg.): Don Boscos Visionen. St. Andrä-Wördern 1989, 12.

9 ebd.11.

10 Andresen, Carl/Denzler, Georg (Hrsg.): Wörterbuch der Kirchengeschichte. München 1982, 206.

11 Handbuch der protestantischen Polemik gegen die römisch-katholische Kirche. Leipzig 1900[7].

12 Uhlmann 20.

13 Iserloh, Erwin: Die Geschichte der ökumenischen Bewegung, in: Handbuch der Kirchengeschichte Bd. VII. Freiburg/Basel/Wien 1979, 458 ff.

14 Uhlmann 18 ff.

15 Uhlmann 19.

16 Bühne 39 ff. Da Bühne die römische Kirche als „Hure Babylon" bezeichnet, wendet er sich scharf gegen die Ökumene. Er befürchtet, daß viele evangelische Gemeinschaften wie auch manche Freikirchen nach „Rom" zurückkehren könnten.

17 DS 3999–3999e; eine verständliche Beschreibung dieser Instruktion bei: Läpple, Alfred: Die Botschaft der Evangelien – heute. Ein Handbuch für die Schriftlesung und Verkündigung. München 1968, 20 ff.

18 Zimmermann, Heinrich: Neutestamentliche Methodenlehre. Darstellung der Historisch-Kritischen Methode. Stuttgart 1970[3]; ders.: Jesus Christus, Geschichte und Verkündi-

gung. Stuttgart 1973; Egger, Wilhelm: Methodenlehre zum Neuen Testament. Einführung in linguistische und historisch-kritische Methoden. Freiburg/Basel/Wien 1987.

19 Uhlmann 14: „Auf dem 1. Vatikanischen Konzil von 1870 wurde durch das päpstliche Unfehlbarkeitsdogma sowohl das Schrift– wie das Traditionsprinzip ausgeschaltet." Uhlmann fällt hier der von „Janus" aufgestellten Karikierung eines unfehlbaren Papstes zum Opfer. Diese bewußt falsche Interpretation des Dogmas – ausgestreut *vor* der Definierung der Lehre – spielte in der Polemik gegen das Konzil eine große Rolle. Vgl. dazu mein Heft „Des Papstes neuer Freund" (wie Anm. 1); dort auch die Literatur.

20 NR 85/DS 609; es scheint beiden Autoren nicht bewußt zu sein, daß sie sich auch außerhalb der Konzilien der Alten Kirche stellen.

21 NR 96/DS 3007: „. . . Wir erneuern diesen Entscheid und erklären seinen Sinn dahin, daß in Sachen des Glaubens und der Sitten, die zum Aufbau christlicher Lehre gehören, der als der wahre Sinn der Schrift anzunehmen ist, den die heilige Mutter die Kirche festhielt und festhält. Ihr steht das Urteil über den wahren Sinn und die Erklärung der heiligen Schriften zu. Niemand darf also gegen diesen Sinn oder gegen die einstimmige Väterlehre die Heilige Schrift erklären."

22 NR 148 (Art. 9 Dei verbum).

23 Uhlmann 24.

24 Uhlmann 16 ff.; hier wird die Geschichte des Verhältnisses von Bibel und Kirche sehr einseitig und etwas zu dürftig dargestellt. Ein Blick in die offiziellen liturgischen Bücher der Kirche hätte Uhlmann gezeigt, daß das Wort Gottes eindeutig den überwiegenden Teil dieser Bücher ausmacht und daß die übrigen Texte dem Geist der Bibel entsprechen.
Uhlmann verurteilt hier Geschichte pauschal. Er übersieht, daß vor und nach Erfindung der Druckkunst sich das Verhältnis zum Buch – und somit zur Bibel – notwendigerweise ändern mußte. Aber auch das Mittelalter – vor Erfindung des Buchdrucks – bemühte sich mit allen technischen Mitteln der damaligen Zeit, die Heilige Schrift zu verbreiten. Erinnert sei an die „Armenbibeln" u. a. Versuche, das Wort Gottes dem leseunkundigen Menschen nahezubringen.

25 Vgl. Bauerreiss, Romuald: Kirchengeschichte Bayerns. VI. Band: Das sechzehnte Jahrhundert. St. Ottilien 1965, 356 ff.

26 Dei verbum Art. 10.

27 ebd. Art. 21.

28 Uhlmann 38; er stellt dort die unbewiesene Behauptung auf: „Die philosophischen, heidnisch-religiösen Einflüsse sind so massiv gewesen, daß der biblische Inhalt des Abendmahls nur noch eine untergeordnete Rolle spielen kann."

29 Uhlmann 41; der Verfasser konstruiert hier einen unlogischen Widerspruch von Kreuzesopfer und Meßopfer, indem er nicht auf die Lehre der Kirche eingeht.

30 Bühne 79; hier unterstellt Bühne – gegen die klare Lehre der Kirche daß Brot und Wein angebetet werden und nicht die gewandelten Gaben von Brot und Wein, die jetzt Leib und Blut Christi sind. Was Bühne sich nur schon an dieser Stelle an Unterstellung leistet, ist ungeheuerlich und einen katholischen Christen in seinen religiösen Gefühlen beleidigend.

31 Uhlmann und Bühne sollten sich wenigstens um folgende Literatur bemühen und erst dann ihre Urteile aussprechen (obwohl zu hoffen ist, daß ein studium sine ira et studio ihre Vorverurteilungen der römischen Kirche überflüssig machen wird): Papst Paul VI.: Mysterium fidei, in: *AAS* 57 (1965), 753–774, Ratzinger, Joseph: Das Fest des Glaubens. Versuche zur Theologie des Gottesdienstes. Einsiedeln 1981, wo die Entwicklung der hl. Messe erklärt wird; Auer, Johann: Das Mysterium der Eucharistie, in: ders./Rat-

zinger, Joseph: Kleine katholische Dogmatik VI. Regensburg 1971, 129–294; Scheffczyk, Leo: Die Heilszeichen von Brot und Wein. Eucharistie als Mitte christlichen Lebens. München 1973; ders.: Die Frage nach der eucharistischen Wandlung, in: ders.: Glaube als Lebensinspiration. Gesammelte Schriften zur Theologie. Einsiedeln 1980, 347 ff.; Overath, Joseph: „Heiliges Brot“ oder der Leib Christi? Überlegungen zur Vermittlung der Lehre vom Altarssakrament im Grundschulalter, s. u. 31ff.

32 Heilmann, Anton/Kraft, Heinrich (Hrsg.): Texte der Kirchenväter. Eine Auswahl nach Themen geordnet. Bd. 4. München 1964, 284–288, hier 287.

33 ebd. 287.

34 ebd. 286.

35 ebd. 277.

36 Baus, Karl: Von der Urgemeinde zur frühchristlichen Großkirche, in: Jedin, Hubert (Hrsg.): Handbuch der Kirchengeschichte, Bd. I. Freiburg/Basel/Wien 1962, 289.

37 Theologie des Neuen Testamentes IV, 2 Jüngergemeinde und Kirche. Düsseldorf 1976, 155.

38 Uhlmann 39.

39 Johannes 6 und das johanneische Verständnis der Eucharistie, in: ders.: Das Ende der Zeit. Exegetische Aufsätze und Vorträge III. Freiburg/Basel/Wien 1972, 121.

40 Schelkle, Theologie, 154.

41 Uhlmann 40.

42 Iserloh (wie Anm. 3) „Zwinglis Abendmahlslehre und das Marburger Religionsgespräch“, 83 ff. Merken Uhlmann und Bühne nicht, daß sich die reformatorischen Christen nicht auf eine Deutung des Glaubensgeheimnisses der Eucharistie festlegen können? Beabsichtigt etwa die Hl. Schrift eine solche verwirrende Vielzahl von Ansichten über die Eucharistie? Vgl. dazu: Bürgener, Karstens: Amt und Abendmahl und was die Bibel dazu sagt. Bremen 1985.

43 Das Evangelium nach Markus (= Regensburger Neues Testament). Regensburg 1981, 416.

44 Schlier 123.

45 Vgl. Balthasar, Hans Urs von: Der antirömische Affekt. Wie läßt sich das Papsttum in der Gesamtkirche integrieren? Einsiedeln/Trier 1989², dort vor allem das „Vorwort“, 1–9; grundlegend ist ebenfalls: Bouyer, Louis: Die Kirche II. Theologie der Kirche. Einsiedeln 1977, 222 ff. „Vom Petrusamt zum päpstlichen Amt“; Auer, Johann: Das Apostelamt und das Petrusamt (Papstamt), in: ders./Ratzinger, Joseph: Die Kirche – das allgemeine Heilssakrament (= Kleine Katholische Dogmatik VIII). Regensburg 1983, 195 ff.

46 Bühne 39 ff.

47 ebd. 39.

48 Uhlmann 72.

49 Kroll, Gerhard: Auf den Spuren Jesu. Stuttgart 1979, 349.

50 Kirschbaum, Engelbert: Die Gräber der Apostelfürsten. Frankfurt 1957; Guarducci, Margherita: Hier ist Petrus (Petros eni). Die Gebeine des Apostelfürsten in der Confessio von St. Peter. Regensburg 1967, hier ist besonders auf den Bericht Prof. Venerando Correntis über die Gebeine aus dem Bereich der Confessio hinzuweisen. Uhlmann scheint solche Fakten übersehen zu wollen. An keiner Stelle in seinem polemischen Buch findet sich ein Hinweis, daß er sich überhaupt erst um die nötige Fachliteratur bemüht.

51 Ratzinger, Joseph: Der Primat des Papstes und die Einheit des Gottesvolkes, in: ders.: Kirche, Ökumene, Politik. Neue Versuche zur Ekklesiologie. Einsiedeln 1987, 43.

52 ebd. 39–40.

53 de Lubac, Henri: Die Kirche. Eine Betrachtung. Einsiedeln 1968, 242.

54 Auer (wie Anm. 45) 209.

55 Vgl. hierzu Scheffczyk, Leo: Das Petrusamt in der Kirche; übergeordnet – eingefügt, in: ders.: Glaube als Lebensinspiration. Gesammelte Schriften zur Theologie. Einsiedeln 1980, 399: „Das Amt ist in Weiterführung der von Christus begründeten Heilsordnung wesentlich aus drei Gründen in der Kirche gestiftet: 1. Damit Christus als der Ursprung des Heils anwesend und erkennbar bleibt, was jetzt nur noch in der Weise der Repräsentation durch Personen geschehen kann, 2. damit der Gnadencharakter aller Heilsgaben Christi erkennbar bleibt. Deshalb kann sich kein Mensch in der Kirche selbst ein Sakrament spenden. Die Kirche ist kein Selbstbedienungsbetrieb, und 3. damit der heilsuchende Mensch in bezug auf sein Heil nicht den Unsicherheiten seiner Subjektivität ausgesetzt wird; denn ohne das sichtbare heilsmittlerische Christusamt in der Kirche wäre der Mensch entweder auf sich selbst oder (wie es heute oft vorgeschlagen wird) auf den Mitmenschen als Gnadenträger angewiesen; dann wäre aber die Kirche als Gemeinschaft nicht mehr zu halten."

56 Lubac, Kirche 240.

57 Scheffczyk, Leo: Maria – Exponent des katholischen Glaubens, in: ders.: Schwerpunkte des Glaubens. Gesammelte Schriften zur Theologie. Einsiedeln 1977, 306–323; ders.: Maria in der Heilsgeschichte. 3 Bde. Wien 1979; Beinert, Wolfgang/Petri, Heinrich (Hrsg.): Handbuch der Marienkunde. Regensburg 1984; 1987 veröffentlichte die römische Gottesdienstkongregation eine Sammlung von Marienmessen: Collectio Missarum de Beata Maria Virgine; Lectionarium pro missis de Beata Maria Virgine. Vatikanstadt 1987.

58 Bühne 134.

59 Uhlmann 87.

60 Uhlmann 91.

61 Uhlmann 90.

62 Vgl. den letzten Bericht der Ärztekommission: Internationales Ärztekomitee von Lourdes: Bericht über die Heilung von Delizia Cirolli. Übersetzt aus dem Französischen von Dr. Erwin Theiß. Lourdes 1990.

63 ebd. 45.

64 Für Lourdes siehe: Estrade, Jean B.: Die Erscheinungen in Lourdes. Aufzeichnungen eines Augenzeugen zur Zeit der Erscheinungen. Lourdes/Zürich 1980; für Fatima: Schwester Lucia spricht über Fatima. Erinnerungen der Schwester Lucia. Fatima 1977[4].

65 Bühne 132–133.

66 Maria im Neuen Testament. Eine Gemeinschaftsstudie von protestantischen und römisch–katholischen Gelehrten. Stuttgart 1981.

67 ebd. 229.

68 Geschichte der Marienverehrung. München 1963, 26.

69 Uhlmann 78; vgl. Söll, Georg: Maria in der Geschichte von Theologie und Frömmigkeit, in: Handbuch (wie Anm. 57): „Die religionsgeschichtliche wie die formgeschichtliche Schule erkennen oft den Grundsatz 'Analogie ist nicht Genealogie', d. h. die Ähnlichkeit in der Erscheinungsform bedeutet nicht die Gleichheit des Ursprungs. Parallelen dürfen nicht zu gegenseitigen Beeinflussungen umgedeutet werden" (122).

70 Overath, Joseph: Vater Jesu? Ein Heiliger in den Schlagzeilen, in: s. u. 11ff. Stockhausen, Alma von: Philosophische Anmerkungen zur jungfräulichen Gottesmutterschaft Mariens (= Schriftenreihe der Gustav-Siewerth-Akademie, Bd. 2). Weilheim 1990[4].

71 Scheffczyk, Maria (wie Anm. 57), 318–319.
72 Bühne 134.
73 NR 483 ff.
74 Uhlmann 96.
75 Schlier, Heinrich: Der Römerbrief (= Herders Theologische Kommentare zum Neuen Testament, Bd. VI). Freiburg/Basel/Wien 1977, 61.
76 NR 467; das Konzil von Trient sagt, daß wir das Urbild (also Christus selbst) anbeten, wenn wir Bilder verehren. Auch an dieser Stelle fragt es sich, ob Uhlmann diesen Zusammenhang nicht sehen möchte oder ob er oberflächlich gearbeitet hat.
77 Courth, Franz: Marienverehrung, in: Beinert, Wolfgang (Hrsg.): Lexikon der katholischen Dogmatik. Freiburg/Basel/Wien 1987, 361.
78 Uhlmann 68.
79 Wer sich mit der Geschichte der Diskussion über das Unfehlbarkeitsdogma auf dem Vatikanum I befaßt, wird feststellen, daß Majorität und Minorität durch ihr heftiges Pochen auf den Standpunkten doch schließlich einen Text gefunden haben, der nur das definierte, was ohnehin Glaubensüberzeugung der katholischen Kirche gewesen ist. Hans Urs von Balthasar weist zu Recht auf folgende Tatsache hin: „Und keine noch so punkto Intrigen wohl dokumentierte und meist haßdiktierte Darstellung der bewegten und tragischen Ereignisse dieses Konzils wird darüber hinwegtäuschen können, daß es nichts anderes formuliert hat, als was seit Jahrhunderten bereits unbestrittene Praxis und Ansicht der Catholica war" (wie Anm. 45, S. 5).
80 Uhlmann 52 ff.
81 Gaudium et spes, luctus et angor Art. 10.
82 ebd. Art. 40.
83 Bühne 39.
84 ebd. 40.
85 ebd. 40.
86 ebd. 40.
87 ebd. 40; „Babylon ist 'eine Behausung von Dämonen' und 'unreinen Geistern' geworden (18,2–3), ein Hinweis auf die okkulten Lehren und Praktiken der röm.-kath. Kirche (Fegefeuerlehren), Heiligenverehrung, Gebete für Verstorbene, Fatima, Lourdes, Marienerscheinungen, Stigmatisation, Levitation usw.)."
88 ebd. 41.
89 ebd. 41.
90 Zimmermann (wie Anm. 18) Methodenlehre, 142.
91 ebd. 143.
92 ebd. 143–144; weder Uhlmann noch Bühne scheinen sich mit der historisch-kritischen Methode vertraut gemacht zu haben, ehe sie an die Auslegung der Hl. Schrift gingen. Selbstverständlich gibt es neben dieser Methode auch andere Methoden, aber die historisch-kritische Methode sollte wenigstens zur Kenntnis genommen werden.
93 Lohse, Eduard: Die Offenbarung des Johannes (= Das Neue Testament Deutsch, Teilband 11). Göttingen/Zürich 1988[14], 9.
94 ebd. 100.
95 Ritt, Hubert: Offenbarung des Johannes (= Die neue Echter Bibel, Bd. 21). Würzburg 1986, 5.
96 Schürmann, Heinz: Menschenwürde und Menschenrechte im Lichte der „Offenbarung Jesu Christi", in: ders.: Studien zur neutestamentlichen Ethik (= Stuttgarter Biblische Aufsatzbände 7), Stuttgart 1990, 272; vgl. auch Vögte, Anton: Das Buch mit den sieben Siegeln. Die Offenbarung des Johannes in Auswahl gedeutet. Freiburg/Basel/Wien

1981 über die Deutung der „Hure Babylon“ als Kirche: „Das ist in der Tat völliger Unsinn“ (128).

97 Vgl. 1 Kor 11,26; die Liturgie der römischen Kirche steht ganz in der Erwartung des wiederkommenden Herrn. Liturgie auf der Erde nimmt vorauskostend teil an der ewigen, göttlichen Liturgie.

II.

Disput in der Kirche

1. Ein Betroffener zum Thema „Priestermangel“

Seit geraumer Zeit wird heftig über den „Priestermangel“ diskutiert. Die einen schlagen vor, dieser „Mangel“ lasse sich durch die Abschaffung des Zölibats beseitigen. Andere meinen, nun sei die Priesterweihe auch Frauen zu gewähren.

Die folgenden Thesen verstehen sich als Anfragen und Gedanken-Anstöße. Der Verfasser ist seit 1981 Priester und sowohl in der Krankenhausseelsorge als auch in der Pfarrseelsorge tätig – hat also zwei Stellen und steht somit dem Phänomen „Priestermangel“ nicht nur akademisch gegenüber.

I.

Immer wenn wir über die heilige Kirche sprechen, dann müssen wir sie als Mysterium erkennen – dies ist eine der großen Erkenntnisse, die auch das letzte Konzil betonte.[1] Schon der österliche Ursprung der Kirche ist nur unter dem Aspekt des Mysteriums zu deuten. Und die Auferstehung ist ebenfalls ein Glaubensgeheimnis.

Daraus folgt für die Zukunft der Kirche (und ihres Priestertums), daß alleine der auferstandene Herr ihre Wege bestimmt. Auch die Menschwerdung Gottes, die in der heiligen Kirche „andauert“, kann nur unter dem Aspekt des Mysteriums gesehen werden.

Dies gilt ebenfalls für die Glaubensantwort Mariens, des Urbildes der Kirche. Deren „Fiat“ war nicht planbar oder auf andere Weise verfügbar.

Nicht zuletzt wird dieser Mysteriencharakter der Kirche in der Eucharistie deutlich. Kirche lebt von der hl. Wandlung, vom „Geheimnis des Glaubens“. Spätestens hier wird jeder Versuch fragwürdig, ein Pseudoevangelium der Machbarkeit und Planbarkeit der Kirche und des priesterlichen Dienstes einzuführen – und sei es auch aus der „Not“ des „Priestermangels“ heraus.

Kardinal Joachim Meisner faßte auf der römischen Bischofssynode von 1985 zusammen: „Die Kirche als Mysterium und nicht als Apparat ist die Sehnsucht vieler Menschen, die sich in ihrer Würde in den Massengesellschaften bedroht fühlen.“[2]

II.

Die Eucharistie ist der Leib Christi. Wenn wir diesen Leib Jesu empfangen, wenn wir in den übrigen Sakramenten die „Umgestaltung in Christus“[3] suchen, dann wird die Kirche, die der mystische Leib Christi ist, auferbaut.

Da die Eucharistie nur vom geweihten Amtsträger[4] gefeiert werden kann, ist der Priester der „erste Baumeister“ der Kirche. Er ist der Verwalter der göttlichen Mysterien (vgl. 1 Kor 4,1).

Schauen wir jetzt auf den Begriff „Priestermangel“!

Mangel an Priestern herrscht dann, wenn nicht genug Priester da sind, um die Kirche durch die Eucharistie aufzuerbauen. Mangel würde heißen, daß die Gläubigen nicht mehr die Eucharistiefeier besuchen könnten. Der Blick in die meisten Kirchen – nicht nur an Werktagen – zeigt, daß eher ein Mangel an Gläubigen besteht. Gläubige sind hier als Menschen verstanden, die sich unter der Leitung des Priesters durch die Sakramente zur Kirche, zum mystischen Leib Christi, auferbauen lassen.

Zudem leiden die Gläubigen (z. B. die alten und kranken Menschen) keinen Mangel an Eucharistie, da Kommunionhelfer den Leib Christi in die Wohnungen tragen dürfen. Wer als Seelsorger seine Schäfchen kennt, der weiß auch, daß der Priester als Kommunionspender mehr gefragt ist denn als Beichtvater oder als Spender z. B. der Krankensalbung. Von einem echten „Mangel“ an Priestern kann in diesem Sinne keine Rede sein.

III.

Es stellt sich die Frage, was den Gläubigen die Eucharistie (und mit ihr unweigerlich verbunden der Priester) wert ist.

Diese Frage ist die Kernfrage der heutigen Diskussion. Man darf so sagen: Solange die Eucharistie vor überwiegend leeren Bänken (auch an Werktagen) gefeiert wird, besteht kaum die nötige Wertschätzung einer Kommunion mit Jesus Christus.[5]

Wir erkennen, daß diese Kernfrage weder mit einer optimalen „Versorgung“ (durch einen raffinierten Plan) noch überhaupt durch ein „Angebotsdenken“ zu beantworten ist.

Ähnliches läßt sich auch bezüglich des Priesters sagen. Das Amt des Priesters wird kaum von den Katholiken, geschweige denn von den übrigen Mitgliedern unserer Gesellschaft richtig gesehen.[6]

Christa Meves hat Wege aufgezeigt, wie bereits in der Kindererziehung eine neue, priesterfreundliche Atmosphäre hergestellt werden kann.[7]

IV.

Es scheint, daß die Diskussionsteilnehmer *zwei* Sprachen sprechen, eine mehr soziologische und eine geistlich-theologische Sprache. Es scheint noch nicht einmal genau festzustehen, was denn nun „Priestermangel" ist und welche Zahlen dafür bezeichnend sind.

So geht das in den sechziger Jahren erschienene „Lexikon für Theologie und Kirche" davon aus, daß mindestens ein Priester für tausend Katholiken zur Verfügung stehen müsse.[8]

Dieses Zahlenverhältnis, das heute ca. um das Zehnfache verändert ist, sagt nichts über den Mangel an Priestern aus. Da die Kirche ein Mysterium ist, kann man ihr nicht mit einer soziologischen Sprache beikommen. Wer daher unreflektiert und wissenschaftsgläubig die Terminologie der Soziologie auf die Kirche anwendet, der darf sich nicht wundern, wenn falsche Schlüsse sich aufdrängen.

So sind die Begriffe „Mangel", „Bedarf", „Versorgung" u. a. nicht geeignet, das Wachsen des mystischen Leibes Christi auszudrücken. Klempner, die eine Klempnersprache verwenden, treffen die richtigen Dinge und Sachen; von der Kirche sollte man in den Begriffen des Neuen Testamentes und der kirchlichen Tradition sprechen! Vor Gott kann z. B. die beste „Versorgung" nichts sein und der größte „Mangel" durch seine Kreuzesnähe alles werden.

Es geht entschieden darum, daß alle Diskussionsteilnehmer die Sprache des Glaubens benutzen und das Paradox des Kreuzes Christi nicht vernebeln. Geistliche Werke können nicht mit den Tätigkeiten anderer Berufe verglichen werden.[9]

V.

Die „Fruchtbarkeit“ priesterlichen Dienstes ist nicht „planbar“. Wie das Leben des hl. Pfarrers von Ars zeigt, kann priesterlicher Erfolg nicht mit weltlichen Mitteln gemessen werden. Christusnähe und Kreuzesnachfolge können nicht verplant werden.

Die ganze Planung krankt auch daran, daß alle Priester als gleich belastbar angesehen werden. Wenn schon eine gerechtere Verteilung von Priestern sicher nötig ist, dann müssen sachgerechte Kriterien gefunden werden. Bei der derzeitigen Personalplanung drängt sich der Eindruck auf, als werde – bildlich gesprochen – der, der nicht schwimmen kann, zur Marine versetzt und der erstklassige Schwimmer zu den Gebirgsjägern. Das Bild will ausdrücken, daß viel mehr auf die Stärken und Schwächen der Priester zu achten ist.

Der „Mangel“ an Priestern ist erst dann aufgehoben, wenn jeder Geistliche das, und nur das, tut, was der Bischof ihm bei der Weihe aufgetragen hat: „Bedenke, was du tust, ahme nach, was du vollziehst und stelle dein Leben unter das Geheimnis des Kreuzes.“

VI.

Es drängt sich der Eindruck auf, daß in der Diskussion nicht immer die *wirklichen* Zahlen genannt werden. Man kann sicher die Rechnung aufstellen, wieviele Priester auf die Summe aller Katholiken kommt. Und dann kann man so naiv sein, diese Priester zu verteilen – wie Sirenen flächendeckend über unser Land verteilt sind . . . Verschwiegen wird bei diesen Berechnungen, daß andere Zahlen die wirkliche Lage besser darstellen.

Tatsache ist, daß ca. 80 % der Katholiken keinerlei „Bedürfnis“ nach Kirche oder Priester haben, abgesehen von den wenigen Kontakten bei Begräbnissen etc.

Die wirklichen Zahlen sind die Zahlen der Kirchenbesucher, der Taufen und Trauungen sowie die Zahlen der Familien mit Kindern. Dann, wenn dieses Schema entwickelt ist, wird sich zeigen, wie die Priester verteilt werden müssen. So muß ein Dörfchen mit einem großen Neubaugebiet (mit vielen Kindern) anders gesehen werden, als eine Vorstadt, die kaum mehr Kinder hat. Wenn ein Teil der

Presse z. B. von einem Priester im Verhältnis zu 20.000 Katholiken spricht, dann müssen ja geradezu die „Bedürfnisse“ geweckt und der Eindruck unterstrichen werden, daß die Priester und die Behörde nichts mehr im Griff haben.[10]

VII.

Bei kritischer Sichtung der Diskussionsbeiträge entsteht der Eindruck, als solle das Schlagwort „Priestermangel“ als Hebel zur Schaffung einer neuen Kirche dienen.[11] Wer ohne Vorurteile z. B. die Rundschreiben des „Kölner Netzwerkes“ liest, der stellt fest, daß via facti der Zölibat abgeschafft und Frauen zum Priester geweiht werden sollen – so eine Resolution vom April 1991.[12]

Die Taktik ist durchsichtig. Zunächst muß eine Panikstimmung erzeugt werden. Dazu bedient man sich der Presse.Dort werden dann die Priester, die gegen den Zölibat sind, als besonders fortschrittlich vorgestellt.[13] Wenn genügend Panikstimmung durch die Presse erreicht ist, kommt der nächste Schritt. Dieser Schritt könnte mit „Hilferuf“ beschrieben werden. Alle möglichen Gremien stehen dem Priester bei, der gegen den Zölibat ist, und es wird die hinlänglich bekannte Leier von der „autoritären Amtskirche“ abgespielt. Man stellt die Lage ausweglos dar; Laien, die kaum eucharistiefähig sind, raten zum Abschaffen des Zölibates. Kurzum: Hilferufe mit dem einen Ziel: ein neues Priesterbild zu etablieren.

So versuchen die verschiedenen theologischen Gruppierungen unter Berufung auf den von der Behörde ausgerufenen „Priestermangel“, eine neue, mitunter „geschwisterliche Kirche“ zu installieren.

VIII.

Ein weiteres Dilemma der jetzigen Diskussion ist die fehlende Unterscheidung von „Priestermangel“ und „Mangel an Geistlichen“. Hier geht es nicht um eine Wortklauberei, sondern um einen fundamentalen Unterschied.

Es wird immer wieder gesagt, der Priester müsse entlastet werden. Was soll das heißen? Soll er entlastet werden von Verwaltungsaufgaben – wie soll das geschehen bei den Zentnern Papier mit dem GV als Absender? Der Ausweg zeigt sich darin, wenn der Priester sich auf seine geistlichen Aufgaben besinnt. Als Bürokraten und Akteure sind die Priester oft überlastet, als Beichtväter wohl weniger!

Der Geistliche muß dem Geist Gottes Raum geben und deswegen als erstes und wichtigstes das Gebet um den hl. Geist pflegen. Das andere wird der Gottesgeist schon hinzugeben; er wird alles erneuern, konsekrieren. Gerade wenn der Priester wieder als Geistlicher und nur als Geistlicher vor die „Welt" tritt, dann kann die „Welt" erkennen, um was und wen es dem geistlichen Menschen geht. Dieses Zeugnisablegen (bis hin zu der oft belächelten geistlichen Kleidung) kann der „Welt" Anstöße geben und Menschen nach der Hoffnung fragen lassen, die im Geistlichen lebt.

IX.

Die falsche Sprache der Diskussion um die Personalplanung führt den durchschnittlichen Kirchensteuerzahler in die Irre. Die Kirche stellt sich durch dieses Planspielchen – sicher unbewußt – als Dienstleistungsbetrieb dar. Do, ut des! – Ich zahle Kirchensteuer und dafür erfüllt ihr meine „religiösen Bedürfnisse". Damit dies so ist, deswegen machen wir einen „Plan" und „versorgen" das Bistum mit Priestern . . .

Nun hätte die Kirche gerade die Chance, diese falschen Vorstellungen abzubauen. Dazu muß allerdings zunächst der Mut aufgebracht werden, sich von der Volkskirche zu verabschieden. Und dann muß noch einmal Mut aufgebracht werden, um sich nicht nur als missionarische Kirche zu bezeichnen, sondern es in der Tat zu sein.

Auf jeden Fall darf die Gesellschaft in unserem Land nicht verunsichert werden durch die Diskussion über den „Priestermangel". Von der kirchlichen Behörde sind die soziologischen Begriffe in die Diskussion geworfen worden, und nun dürfen wir uns nicht wundern, wenn der „Mann von der Straße" uns vorrechnet, daß ein Priester am Tag ca. sieben hl. Messen feiern kann – ein Arbeiter müsse immerhin auch seine 8 Stunden malochen . . .

Und es wird schwierig werden, den Menschen zu verdeutlichen, daß sie zwar Kirchensteuer und sonst auch noch hl. Handlungen „zahlen“ müssen, aber die Kirche nicht alle „Bedürfnisse“ erfüllen kann.[14]

X.

Angesichts des öffentlichen Drucks durch die Medien dürfte es hohe Zeit sein, ein definitives und klärendes Hirtenwort – vielleicht für den ganzen deutschsprachigen Raum – zu veröffentlichen. Dem Priester wird derzeit der „schwarze Peter“ zugeschoben. Er muß vor Ort eine hl. Messe streichen – und er wird als Faulenzer beschimpft. Hat er zwei Stellen (mit der wenig einfallsreichen Formulierung übertragen „Unter Beibehaltung der übrigen Aufgaben ernenne ich Sie zum . . .“) ist er immer da, wo er gerade nicht sein kann, dem Vorwurf des Nichtstuns ausgesetzt!

Es gibt kaum eine spürbare Schützenhilfe der Behörde für den Priester in dieser Lage. Bischöfliche Visitationen gehen getrost vorbei – ohne daß der Oberhirte die prekäre Lage den Gläubigen erklärt hat. Sicher, es gibt diese und jene Veranstaltung, die aber dann doch wieder nur von „Insidern“ besucht wird – und die noch nicht einmal an ihrem Arbeitsplatz Rede und Antwort stehen. Die 80 % Nichtkirchgänger werden nicht erreicht; diese Fernstehenden melden sich erst bei der nächsten überzogenen Forderung nach einem Begräbnistermin zur Zeit der Frauenmesse . . .

Das Hirtenwort müßte deutlich machen, daß mit der Abschaffung des Zölibats nichts gewonnen ist.[15] Und es müßte auch klarstellen, daß ein Weihepriestertum der Frau in der katholischen Kirche nicht möglich ist – aus den guten Gründen, die bereits die Glaubenskongregation vorgestellt hat.[16]

Zugleich düfte dieses Hirtenwort ruhig einmal die Ausführungen des hl. Franziskus von Assisi über die Ehrfurcht vor Priestern der breiten Öffentlichkeit vorstellen – angesichts der beispiellosen Hetze gegen das Priesteramt und gegen die Priester selbst.[17]

XI.

Die ganze Diskussion über den Plan krankt auch daran, daß zu sehr die Territorialpfarrei in den Vordergrund geschoben wird.

Seelsorge der Zukunft wird wieder das Personalprinzip in den Vordergrund stellen müssen – wie immer in missionarischen Situationen (bei uns bereits greifbar im Krankenhaus, Gefängnis usw.)

Schon heute wandeln sich die Pfarrgemeinden zu *Fahrgemeinden.* Immer mehr Gläubige suchen sich „ihren" Priester, der ihnen im Predigtstil zusagt. Auf jeden Fall sind viele Gläubige bereit, für die Eucharistie etwas einzusetzen, und sie machen sich Gedanken über die Predigten, ehe sie sich entscheiden.

Sagen wir das Gemeinte in einem Bild:

Mit einem kleinen Öfchen kann man keinen großen Raum erwärmen. Dieses Bild will sagen, daß selbst der perfekteste Plan nicht gewährleistet, daß der verplante Priester auch die Menschen wird ansprechen können. Warum nicht das Bild ernstnehmen und dem *einen* Schäfchen nachgehen, es heimholen, es wärmen?

Auf jeden Fall sagt der Plan nichts über den einzelnen Priester und dessen Verhältnis zu den Menschen aus. Der Plan und alles „Planen" ist un-menschlich. Kommt dies auch daher, daß die „Pastoralpläne" alle Züge eines Computerproduktes an sich tragen? Mir scheint, daß das Kölsche Sprichwort recht hat: „Ene Compjuter kann alles, söns ävver nix!"

XII.

Die Zukunft des Priestertums in unserem Land wird es nur geben, wenn die Kirche als betende Gemeinschaft der „Welt" gegenüber tritt.

Dann wird Kirche als Mysterium erkannt werden können, dann können junge Menschen erkennen, daß sie durch die Ganzhingabe im Priestertum den Zölibat als Glück erleben und daß sie „in persona Christi" an der Verwandlung der „Welt" mitarbeiten dürfen.

Jesus Christus ist der Herr der Kirchengeschichte. Er ist auch Herr aller Pläne; er ist der Herr der „Versorgung" und Herr über die „Bedürfnisse" in seiner Kirche.

Anmerkungen

1 Vgl. Werner Löser:"Kirche", in: Wolfgang Beinert (Hrsg.): Lexikon der katholischen Dogmatik. Freiburg 1987, 309–311; siehe auch meinen Aufsatz: 20 Jahre nach dem II. Vatikanischen Konzil, in: Joseph Overath: Kirchengeschichte: Orientierungshilfen, Standpunkte, Impulse für heute. Frankfurt 1987, 207 ff.

2 Zit. n. Herder-Korrespondenz 40 (1986), 36.

3 Dietrich von Hildebrand: Die Umgestaltung in Christus (= Gesammelte Werke, Bd. X). Regensburg 1971.

4 Hierzu: Glaubenskongregation: Epistula ad ecclesiae catholicae episcopos de quibusdam quaestionibus ad eucharistiae ministrum spectantibus (6. August 1983) in: Congregatio pro doctrina fidei: Documenta inde a concilio Vaticano secundo expleto edita (1966–1985). Vatikanstadt 1985, 238–245.

5 Den Gedanken der Kommunion betont Kardinal Henri de Lubac in seinen Schriften. Vgl. u. a. Die Kirche. Eine Betrachtung. Einsiedeln 1968, 213 ff.

6 Es gibt eine „neue Gehässigkeit" gegenüber der Kirche, vor allem gegenüber dem Klerus. Vgl. meine beiden Beiträge über den Hexenwahn und den Dichter Wilhelm Busch in: Joseph Overath: Mehr als nur Jahreszahlen. Vom Wert der Kirchengeschichte für die Seelsorge. Abensberg 1991, sowie mein Heft: Des Papstes neuer Freund? Eine Auseinandersetzung mit Peter de Rosas Buch „Gottes erste Diener. Die dunkle Seite des Papsttums". Abensberg 1989.

7 Pfarrer-Pastoren-Papst: Zu welcher Einstellung die Kinder erziehen? in: Eltern ABC. Elemente einer christlichen Erziehung. Freiburg 1990, 112 ff.

8 Vgl. H. Fleckenstein: „Priestermangel", in: *LThK* Bd. VIII, 751–752.

9 Joseph Overath: Die sieben geistlichen Werke der Barmherzigkeit. Theologisch-praktische Besinnungen. Abensberg 1984.

10 So z. B. Kölner Stadt-Anzeiger, Oberbergisches Land, 7. Juni 1991, S. 9.

11 So ein „Tischpapier" aus Bonn-Bad Godesberg. „Damit Seelsorge auch morgen noch klappt", in: *Rheinischer Merkur* Nr. 28, 12. Juli 1991, S. 23.

12 Diese Resolution wurde am 8. Mai 1991 an die Pfarrer und Pfarrgemeinderäte der Erzdiözese Köln geschickt.

13 So gab in einem Interview ein „fortschrittlicher" Pfarrer seine theologische „Substanz" zum Besten: „Jesus hat uns das Reich Gottes verkündet und nicht den Zölibat" (siehe Anm. 10).

14 Das Problem der Kirchensteuer wird auch von evangelischer Seite heftig diskutiert. Vgl. dazu: Jens Motschmann: So nicht, Herr Pfarrer! Was wird aus der evangelischen Kirche? Berlin/Frankfurt 1991, 248 ff.

15 Glänzende Verteidigungen des priesterlichen Zölibates sind die beiden Schriften: Dietrich von Hildebrand: Zölibat und Glaubenskrise. Regensburg 1970 und Marc Frémeau: Der gottgeweihte Zölibat. Wien 1981. Beide Bücher gehören in die Hand eines jeden Priesters. Vgl. auch Alfons Maria Kardinal Stickler: Der Klerikerzölibat. Seine Entwicklungsgeschichte und seine theologischen Grundlagen. Abensberg 1993.

16 Declaratio circa quaestionem admissionis mulierum ad sacerdotium ministeriale (15. Oktober 1976), in: Documenta (wie Anm. 4) 120–136.

17 Vgl. Joseph Overath: . . . wir müssen katholisch sein . . . Der hl. Franziskus von Assisi über die Liebe und Treue zur Kirche, in: (s. u. 157–170). Auch das Testament des Heiligen ist ein eindrucksvolles Dokument über die priesterliche Weihe.

2. Das Papsttum als Zeichen des Widerspruchs

Aus der Hl. Schrift ist uns das Bild des Felsens in lebhafter Erinnerung. Jesus sagt zu seinem Apostel Kephas: „Du bist Petrus, und auf diesem Felsen werde ich meine Kirche bauen . . ." (Mt 16,18). Ein Fels ist hart und gibt nicht nach, er ist das solide und dauerhafte Fundament der Kirche. Der Fels ist nicht aus dem Weg zu räumen. Fels ist Zeichen der Standfestigkeit.

Jesus Christus hat zwar die eine und einzige Kirche auf dem Felsen Petri gegründet und dieser Kirche die Verheißung gegeben, die Pforten des Hades würden sie nicht überwältigen können. Aber dieser Felsen Petri ist immer wieder in die Kritik geraten. Das Amt des Papstes, ja auch die Person des Papstes, ist ständig im Kampf, in der Auseinandersetzung.

Viele Päpste sind den Tod eines Blutzeugen für den Gottessohn gestorben; erinnern wir uns nur an das Attentat auf den jetzigen Heiligen Vater vor wenigen Jahren! Um Haaresbreite wäre Papst Johannes Paul II. zum Märtyrer geworden.

Das Petrusamt war immer von außerhalb der Kirche bedroht. Und auch in der Kirche stehen immer wieder Gegner des Papstes auf. Denken wir einerseits an die vielen nationalkirchlichen Bestrebungen, die „weg von Rom" die Kirche deformieren wollten und wollen.

Erinnern wir uns auch an die vielen staatskirchlichen Bestrebungen, die es im Laufe der Kirchengeschichte gegeben hat. Der Staat strebt nach Herrschaft über die Kirche, und ihn stört dann ein „ausländisches" Kirchenoberhaupt, der Papst von Rom.

Aber immer wieder haben die Päpste diese Anfechtungen überstanden. „Du bist Petrus, und auf diesem Felsen werde ich meine Kirche bauen . . ." – Diese Worte des göttlichen Stifters der Kirche bewahrheiten sich in der Kirchen- und Papstgeschichte auf eine wunderbare, ja übernatürliche Art und Weise.

Und auch heute gibt es wieder antirömische und papstfeindliche Bestrebungen. Im Januar 1989 rotteten sich Theologen zusammen, um die „Kölner Erklärung", eine antipäpstliche Adresse, zu unterzeichnen. Vorausgegangen waren Proteste von Kölner Priestern gegen die Besetzung des Erzbischofstuhls von Köln. Nie hörte man etwas von einer Rüge dieser medientrunkenen Geistlichen durch die geistliche Behörde! Viele Fernsehsendungen und Berichte in Gazetten schürten das antirömische Feuerchen. Mit Häme gegen den Papst war und ist gut Geld zu machen! Auf diesem Hintergrund müssen wir die Frage nach der Aufgabe des Papstes stellen.

Petrus und seine Nachfolger, die Päpste, müssen immer wieder bekennen, wer dieser Jesus ist. Christus selbst fragt: „Für wen halten die Menschen den Menschensohn?“ (Mt 16,13). Petrus gibt die Antwort des Glaubens, die allein gültige Antwort: „Du bist der Christus, der Sohn des lebendigen Gottes“ (Mt 16,16).

In dieser Antwort liegt die ganze Geschichte der Ablehnung der Päpste begründet, hier findet sich der Grund für die antirömischen Umtriebe bis in unsere Tage hinein.

An Jesus Christus scheiden sich die Geister, er ist das Zeichen des Widerspruchs (vgl. Lk 2,34). Und je mehr ein Papst diesen Christus ungekürzt verkündet, desto mehr wird er an Spott und Ablehnung ernten.

Ablehnung erfährt Christus und der Papst, weil die nur weltliche Welt im Sinne des Johannesevangeliums Christus nicht erkannt hat. „In das Eigene kam er, und die Eigenen nahmen ihn nicht auf“ (Joh 1,11) – weil wir Menschen von der Welt sind, d. h. wir sondern uns als Sünder immer wieder ab von Gott, vom göttlichen Heilsplan in Christus. Der Papst steht nun aber für Christus ein, und somit trifft ihn unsere Ablehnung Christi.

Ablehnung erfährt Christus und der Papst mit ihm auch, weil das Kreuz nicht in das Denken der Welt zu passen scheint. Papst Paul VI. legte sich eigens einen Kreuzesstab zu, und der jetzige Heilige Vater behält diesen Brauch bei. Kreuz bedeutet Durch-Kreuzung des Lebens. Das Kreuz ist für die Welt eine Torheit, etwas, was nicht sein soll. Der Papst muß diese Botschaft vom Kreuz verkündigen, manchmal unbequeme Entscheidungen treffen.

Ferner stößt der Papst in treuer Gefolgschaft Christi auf *Ablehnung,* weil er nicht mit der Mode geht. Mode bedeutet, daß ich je nach Tagesgeschmack meine Meinung wechsle. Ich mag heute dieses oder jenes Kleidungsstück oder Auto schick finden, aber in religiösen Fragen kann ich keinerlei Moden mitmachen. In der Religion gilt einzig der Bezug zum Kirchengründer Jesus Christus. Von allen Seiten in der Kirche wird der Papst bedrängt, dieses zu erlauben oder jenes zu verbieten.

Die einzige Frage, die weiterhilft, ist diese: Richtet sich der Papst an Christus oder an einer Mode aus? Richtet er sich nach Christus, dann wird er kritisiert von Menschen. Würde er sich an Moden ausrichten, dann würde Christus ihn zur Rechenschaft ziehen.

Ablehnung erfährt der Papst auch deswegen, weil er nicht selten an das Gewissen erinnern muß. Wenn er die Gebote Gottes an die Menschen unserer Tage weitergibt, dann entsteht Ablehnung und Widerspruch. Aber der Papst hat die Schlüsselgewalt, d. h. er muß uns immer wieder an unsere Sündhaftigkeit erinnern und uns aufrufen zu Buße und Umkehr.

Wenn mich jemand an meine Fehler erinnert, dann habe ich dies nicht gerne: Ich werde lieber gelobt! So entsteht viel Ablehnung dem Papst gegenüber, wenn er unmißverständlich die Gebote Gottes auslegt, gerade in Fragen der Geschlechtlichkeit. Übrigens: Wenn wir schon beim Thema Nr. 1 – der Sexualität – sind, dann müssen wir an eine Tatsache erinnern, die man in Deutschland nicht gerne hört: Wir sind ein Entwicklungsland! Wir sind ein Entwicklungsland, weil uns kaum jemand lehrt, daß die natürliche Familienplanung genau so gut ist wie die Pille. Pille meint, daß ich mein vermeintliches Glück aus der Schachtel nehme. Ich schlucke als Frau Chemie – viele Ärzte warnen und viele ahnen schon, daß die Pille ein gesundheitlicher Bumerang ist.

Es geht aber um mehr als um die Frage, ob denn die Pille gesundheitsschädlich ist oder nicht. Die natürliche Familienplanung verlangt vom Mann, daß er auf den Körper seiner Frau achtet und hört. Frau und Mann müssen sich verständigen, in ein Gespräch eintreten, wieweit jeweils der andere ist: biologisch, seelisch, gefühlsmäßig.

So bemüht sich die natürliche Familienplanung, die der Papst meint, immer um die Zusammenschau der personalen und biologischen Ebene. Dies ist möglich, wie viele Ehepaare bestätigen.

Wer in Deutschland über diesen Zusammenhang spricht, kann sicher sein, daß ihn sogar viele Theologen auslachen. Wir sind ein Entwicklungsland! Demgegenüber hat z. B. Indien beschlossen, die Frauen nach einer bestimmten Kinderzahl zu sterilisieren. Nur die Frauen, die bei den Schwestern von Mutter Teresa einen Kurs über die natürliche Familienplanung besuchten, brauchen sich der menschenunwürdigen Prozedur der Sterilisation nicht zu unterziehen.

Warum?

Weil diese Frauen wissen, wie ihr Körper reagiert und weil diese Frauen Männer haben, die sich einlassen auf die natürliche Familienplanung. Was der Heilige Vater in dieser Hinsicht verlangt, ist schlichtweg nur das, was menschenwürdig und natürlich ist.

In großen Teilen der Presse – bis hinein in die Kirche – hören wir aber die dumme Behauptung, der Papst verbiete Sex!

Im Gegenteil!

Gott hat es so eingerichtet, daß Mann und Frau sich erreichen können über den Leib, ja, daß sie ein Fleisch werden. Gott selbst hat menschliches Fleisch angenommen – im katholischen Glauben gibt es keinerlei Verachtung des Leibes.

Und schließlich stößt der Papst auf *Ablehnung*, weil durch ihn die Kirche bleibt, was sie ist. Das hätten die Feinde der Kirche sehr gerne: Daß die Kirche nicht mehr das ist, was ihr Christus vorgegeben hat!

Was ist die Kirche? Die Kirche ist der Leib Christi, die Gemeinschaft von sündigen Menschen auch, die mir immer wieder durch die Sakramente gewährleistet, daß ich Christus bekomme, wie er ist.

Der Papst steht für die Kirche ein; er hat die Sorge dafür, daß diese Kirche den Menschen Christus gibt.

Viele wünschen heute eine andere Kirche, eine neue Kirche. Aber die Kirche ist nicht uns Menschen verfügbar, denn Kirche bestimmt sich von Jesus Christus her. Der Papst steht in der langen Reihe der römischen Bischöfe, die die Kirche christuskonform halten.

Christuskonform und weltkonform aber stehen in Spannung; so steht auch der Papst in Spannung und Ablehnung.

Aber wir sind sicher, daß dort, wo der Papst steht, uns Christus gegeben wird.

Karl Adam, einer der Großen der Tübinger Schule, sagte einmal: „Wo Petrus, da Christus. So steht uns Katholiken der Glaube an den Gottessohn und die Treue zur Kirche und die Gemeinschaft mit Petrus in einem innern Wesenszusammenhang. Und darum lassen wir von Petrus nicht, weil wir von Christus nicht lassen wollen.“

3. Der Wahrheit wieder auf den Thron verhelfen

Zur Bedeutung der Internationalen Akademie für Philosophie im Fürstentum Liechtenstein

Nur eine gesunde Philosophie kann den Priesteramtskandidaten helfen, ein reflektiertes Bewußtsein von der Grundbeziehung zu entwickeln, die zwischen dem menschlichen Geist und jener Wahrheit besteht, die sich uns in Jesus Christus voll enthüllt. Nicht unterschätzt werden darf auch die Bedeutung der Philosophie für die Garantie jener „Wahrheitsgewißheit", die es allein auf der Grundlage der persönlichen Ganzhingabe an Jesus Christus geben kann. Man kann unschwer verstehen, daß einige sehr konkrete Fragen, wie die Identität des Priesters und sein apostolischer und missionarischer Einsatz, tief mit der keineswegs abstrakten Frage nach der Wahrheit verbunden sind: Wenn man über die Wahrheit keine Gewißheit haben kann, wie ist es dann möglich, sein ganzes Leben aufs Spiel zu setzen und die Kraft aufzubringen, sich ernsthaft des Lebens der anderen anzunehmen?

Johannes Paul II., Pastores dabo vobis, Art. 52

Nach zehn Jahren Dienst als Seelsorger an einem Krankenhaus und auch in der Pfarrseelsorge ist es erlaubt, einige auch kritische Bemerkungen über die Rolle des Philosophiestudiums im Rahmen des katholischen Theologiestudiums vorzutragen.

Darin fließen Erfahrungen ein, die ein Jahrzehnt Arbeit im Weinberg des Herrn mit sich gebracht haben. Einige wenige Vorlesungen und Seminarübungen, dann ein Prüfungskolloquium – das war unsere Ausbildung in Philosophie. Ich erinnere mich noch gut an die Referatthemen, wie z. B. „Die Freundschaft nach der Nikomachischen Ethik des Aristoteles" oder „Die Religiösität des Sokrates". Und wir haben sicher gute Professoren und Assistenten gehabt.

Aber einige Aspekte – gerade im Hinblick auf die Tätigkeit des Seelsorgers in unserer Gesellschaft – wurden vollkommen vernachlässigt. Zum ersten wurde nicht die Frage nach der Wahrheit, die Liebe zur Wahrheit, die objektiv zu erkennen ist, thematisiert. Wie hätten wir als Theologiestudenten z. B. Dietrich von Hildebrands

Abhandlung über die Entthronung der Wahrheit brauchen können, um einen „Impfstoff" gegen all die relativistischen Philosophien zu bekommen, die viele zeitgenössische Theologen hochhalten.[1]

Zum zweiten fehlte vollkommen eine klare Abgrenzung des Zeitgeistes gegenüber dem Geist Christi. Mein Studium fiel in die bewegten Jahre zwischen 1971 und 1976 mit seinen Nachwehen eines vom Konzil nicht legimierten theologischen Progressismus und der aufkommenden Reaktion gegen diesen falschen „Konzilsgeist" durch Erzbischof Lefebvre. Uns sagte niemand, daß die Wirksamkeit bestimmter Theorien nun keineswegs schon für deren Wahrheitsgehalt stehen. Auch wurde keinerlei Ansatz einer Geschichtsphilosophie versucht, die all die grassierenden Irrtümer über die Geschichte widerlegt hätte. Und schon gar nicht wurde uns deutlich vor Augen geführt, daß der Geist Jesu Christi nicht der Zeitgeist ist.

Zum dritten habe ich zu bemängeln, daß wir nicht in die großen Begriffe, die die christliche Offenbarung voraussetzt wie Person, Seele etc., eingeführt wurden. Zwar hatte die vatikanische Kongregation für das katholische Unterrichtswesen am 20. Januar 1972 einen langen und klärenden Brief über das Philosophiestudium an Priesterausbildungsstätten geschrieben, der allerdings erst 1984(!) in dem Amtsblatt des Kölner Erzbischofs erschien.[2]

Darin heißt es, daß das Philosophiestudium für Theologen einen Kern an Wahrheiten vermitteln muß: „Zu dem erwähnten wesentlichen Wahrheitskern gehört in besonderer Weise:

a) die Fähigkeit des menschlichen Erkennens, in den kontingenten Wirklichkeiten objektive und notwendige Wahrheiten zu erfassen und so in einem kritischen Realismus einen Ausgangspunkt für die Ontologie zu besitzen;

b) die Möglichkeit einer realistischen Ontologie, die die transzendenten Werte ins Licht setzt und zur Bejahung eines personalen Absoluten und Schöpfers des Universums vorstößt;

c) ebenso die Möglichkeit einer Anthropologie, die den Menschen in seiner authentischen Geistigkeit bejaht und so zu einer theozentrischen das irdische Leben transzendierenden und doch zugleich für die soziale Dimension des Menschen geöffnete Ethik führt."[3]

Ebendies wurde uns in den wenigen Stunden Philosophie nicht vermittelt, und die Auswahl der Philosophen, die den Seminarübungen zugrundlagen, konnte die drei Desiderate nicht erfüllen.

Da offiziell kaum eine Einführung ins philosophische Denken angestrebt wurde, blieb nur das autodidaktische Feld. Wer, wie ich, das Glück hatte, bereits in seiner Zeit am Gymnasium einen guten Lehrer in Philosophie gehabt zu haben, der konnte nun in der Handbibliothek des Philosophischen Seminars zu Veröffentlichungen solcher Philosophen greifen, die sich um die Erkenntnis objektiver Wahrheit und eine an den Sachen ausgerichtete Philosophie mühten.

Unser Griechischlehrer, der uns auch in Philosophie unterrichtete, hatte uns eingepaukt, wahre Philosophie sei die tiefe Liebe zur Wahrheit und deren Erkenntnis.

So konnte nur eine Philosophie in Betracht kommen, die der Erkenntnis der objektiven Wahrheit den Vorzug gibt. In meiner Gymnasiumszeit hatte ich Hildebrands „Trojanisches Pferd in der Stadt Gottes" gelesen und hatte den ungeheuerlichen philosophischen und religiösen Ernst des Buches erkannt. Für mich wurde klar, daß die dort durchgeführte Auseinandersetzung mit dem theologischen Progressimus mein eigenes Leben bestimmen würde.

Auf der anderen Seite sah ich deutlich, daß meine Lehrer in Theologie zwar nicht alle Progressisten waren, aber sicher doch auch nicht immer die notwendige Klarheit in ihrer Begrifflichkeit hatten.

1972 stieß ich auf die Dissertation des Salzburger Philosophen Josef Seifert „Erkenntnis objektiver Wahrheit. Die Transzendenz des Menschen in der Erkenntnis".[4]

Dieser Hildebrandschüler war bereits als Übersetzer des „Trojanischen Pferds" bekannt und durch seine „Anmerkungen des Übersetzers" in bester Erinnerung.[5]

Seifert hatte sein Buch mit folgenden Worten beendet: „Wenn es auch nur gelingen sollte, einem einzigen Leser durch meine Arbeit die Augen dafür zu öffnen, daß der Mensch die an sich seiende Wirklichkeit und die objektive Wahrheit erkennen kann, so wäre die Veröffentlichung dieser Arbeit nicht umsonst."[6]

1973 folgte dann sein großes Werk „Leib und Seele. Ein Beitrag zur philosophischen Anthropologie".[7] Auch dieses Werk, das für den Theologen alleine schon deswegen von höchster Wichtigkeit ist, weil z. B. der deutsche Begräbnisritus meint, den Begriff „Seele" eliminieren zu müssen,[8] führte mich unendlich in die Philosophie ein.

In den weiteren Jahren habe ich dann sämtliche Werke Dietrich von Hildebrands gelesen und mich mit den Ausführungen seiner

Schule vertraut gemacht. Nach meinem Studium veröffentlichte ich einen Artikel über des Philosophen Kritik an der nachkonziliaren Liturgiereform und konnte aufzeigen, daß sich Hildebrand wesentlich von der schon damals nicht zu rechtfertigenden Position Marcel Lefebvres unterschied.[9]

Seit 1986 besteht im Dörfchen Schaan im Fürstentum Liechtenstein die Internationale Akademie für Philosophie (IAP), für eine Philosophie, die sich ganz der Erkenntnis objektiver Wahrheit verpflichtet hat.

„Diligere veritatem omnem et in omnibus" – die ganze Wahrheit und sie in allem zu lieben, dazu verpflichten sich die Mitglieder der Akademie in einem Eid.

Auch die dort erscheinende Zeitschrift „Aletheia" zeigt bereits im Titel, daß es um die Wahrheit geht, allerdings nicht um die Relativierung der Wahrheit, sondern um deren objektive Erkenntnis.

Anliegen der Akademie ist es, sowohl den an Wahrheit interessierten Menschen eine Einführung ins Philosophieren zu geben als auch Philosophiestudenten ein Vollstudium zu ermöglichen. In circa 10 Semestern kann der philosophische Doktorgrad erworben werden.

Es ist geradezu wohltuend zu wissen, daß es diese Akademie gibt, wenn man sich in Erinnerung ruft, daß noch 1984 die Deutsche Bischofskonferenz die Frühschriften von Karl Marx und Heideggers Metaphysik zu den „großen philosophischen Entwürfen" zählte.[10]

Wie Rektor Seifert in einem Bericht über die Forschungstätigkeit der IAP ausführte, werden weiterhin die schon von Hildebrand klargesehenen Einsichten begründet, so z. B. was den phänomenologischen Realismus angeht. Besonders der Theologe wird angesichts großer Konfusion bezüglich der natürlichen Gotteslehre auf Seiferts Buch über den ontologischen Gottesbeweis warten.

Daß in der Akademie mit beiden Beinen in der Wirklichkeit stehend nachgedacht wird, zeigt u. a. der Artikel Prof. Rocco Buttigliones: „Marxismus in der Krise – eine philosophische Interpretation."[11] Wer auch nur wenige Tage in Schaan verbringt, wird vor allem auch deswegen beeindruckt fortfahren, weil die Mitglieder der Akademie sich jeden Tag zum Abschluß ihrer Geistesübungen der Muttergottes in der Gnadenkapelle von Dux anvertrauen. Die Feier der hl. Messe gehört mit in den Tagesablauf der Wahrheitssucher.

Priesteramtskandidaten und auch andere Theologiestudenten sollten sich ernsthaft überlegen, ob sie nicht in den Semesterferien den einen oder anderen Kurs an der Akademie belegen, oder aber zumindest sich mit den Werken der dort lehrenden Philosophen auseinandersetzen sollten. Vor allem aber ist das Studium der Werke Dietrich von Hildebrands noch immer ein sicherer Weg, zu tiefen Einsichten in die Wirklichkeit und die Welt der Werte zu gelangen.

Zu fragen bleibt, warum bislang die Bischöfe des deutschen Sprachraums sich noch nicht offiziell für diese Akademie eingesetzt haben, zumal doch die Philosophie des ehemaligen Moraltheologen von Lublin und jetzigen Heiligen Vaters der in Schaan vertretenen Lehre sehr nahe steht.

Oder ist es gerade der antirömische Affekt, der doch tiefer zu sitzen scheint als viele mit leeren Erklärungen glauben machen wollen, der bislang diese Internationale Geistesschule nicht durch die Kirche gebührend hat würdigen lassen?

Angesichts der tiefen Krise der Kirche ist diese Akademie nötig. Denn: „Nie war die wahre Philosophie, die dem Universum in seiner Weite, Breite und Tiefe gerecht wird, so notwendig wie heute. Nie war sie von so existentieller, vitaler Bedeutung für den Menschen, weil sein naiver Zugang zur Welt und zum Leben durch die Pseudophilosophie falscher Philosophen so schwer angekränkelt ist."[12]

Anmerkungen:

1 Die Entthronung der Wahrheit, in: Idolkult und Gotteskult (= Gesammelte Werke VII). Regensburg 1974, 309–339.
2 Amtsblatt des Erzbistums Köln 124 (1984), 39–42.
3 ebd. 41.
4 Salzburg/München 1972.
5 Seifert hatte durch seine „Anmerkungen des Übersetzers" vor allem nachgewiesen, daß Hildebrands Denken ganz und gar im Einklang mit dem Vatikanum II stand.
6 Wahrheit 307.
7 Salzburg/München 1973.
8 Bis heute ist der offenkundig falsch (und verfälschend) übersetzte Ritus des Begräbnisses im deutschen Sprachraum verpflichtend. Diese panische Angst vor dem Begriff „Seele" ist mit rationalen Gründen wohl kaum zu erklären, offenbart aber doch das Dilemma der deutschsprachigen Eschatologie.
9 vgl. Overath, Joseph: Der katholische Philosoph Dietrich von Hildebrand (1889–1977) als Kritiker der Liturgiereform, in: *ThGl* 69 (1979), 415–431.
10 Das Studium der Philosophie im Theologiestudium, in: Amtsblatt des Erzbistums Köln 124 (1984), 42–49, hier 47.
11 IAP Report (ohne Jahresangabe), 10–11.
12 Was ist Philosophie? (= Gesammelte Werke I) Stuttgart/Berlin/Köln/Mainz 1976, 15; dieses Werk eignet sich am besten, um in die Gedankenwelt Hildebrands einzusteigen.

4. Zur Diskussion um die Frauenordination

Durch die Wahl einer evangelischen Bischöfin ist in der Öffentlichkeit wieder die Priesterweihe der Frau in den Mittelpunkt des Interesses gerückt. Auch die Entscheidung der anglikanischen Gemeinschaft, Frauen die Weihe zu erteilen, hat lebhafte Diskussionen innerhalb der katholischen Kirche hervorgerufen.

Dabei wird kaum unterschieden zwischen evangelischen und katholischen Aussagen über Weihe und Amtsverständnis, ganz zu schweigen von den Grundsätzen der orthodoxen Kirchen über dieses Thema.

Ein großer Teil der Kirchenpresse scheint der Meinung zu sein, daß die katholische Kirche derzeit nur die beiden Probleme habe: die Abschaffung des Zölibats und die Einführung des Priestertums der Frau.

Obwohl die Glaubenskongregation ausführlich über das Priestertum der Frau geurteilt hat,[1] ist die Diskussion nicht zu Ende. Deswegen seien hier einige kritische Anfragen an die Befürworter der Frauenweihe versucht.

I.

Im Zusammenhang mit der Wahl einer Frau für das Bischofsamt in der evangelischen Kirche ist es zu Streitigkeiten gekommen. Die öffentliche Diskussion hat aber weitgehend übersehen, daß der Protestantismus ein anderes Amtsverständnis hat als die katholische Kirche.

Die Reformation kennt zwei Sakramente: die Taufe und das Abendmahl.[2] Unbekannt ist dagegen das Weihesakrament, das nach katholischer Lehre zu den sieben Sakramenten gehört. Ebenso kennt auch die anglikanische Gemeinschaft nur zwei Sakramente.[3]

Dieses unterschiedliche Sakramentenverständnis und somit auch unterschiedliche Amtsverständnis sollte in der Diskussion offen genannt werden.

Im Protestantismus und bei den Anglikanern hat die Frage nach Priesterinnen und Bischöfinnen einen ganz anderen Stellenwert als in der katholischen Kirche und den orthodoxen Gemeinschaften.

Martin Luther sagt über die Wirkung der Taufe: „. . . denn, was aus der Taufe gekrochen ist, mag sich rühmen, schon zum Priester, Bischof und Papst geweiht zu sein" (WA 6,408).

Hier lehnt er ein Weihepriestertum ab, das durch ein Weihesakrament konstituiert wird.

Luther hat denn auch seine Vorstellung von „Weihe" näher beschrieben: „Weihe ist nichts anderes als . . . einen aus dem Haufen nehmen – die alle die gleiche Gewalt haben – und ihm befehlen, dieselbe Gewalt für die anderen auszurichten" (WA 6,407).

Alle haben also – nach Martin Luther – die „gleiche Gewalt"; d. h. es gibt kein Weihepriestertum mit einer besonderen Gewalt der Sündenvergebung etwa oder der Konsekrationsgewalt.

Wer also zum Pfarrer oder zur Pfarrerin bestimmt wird, der hat keine Weihegewalt, wie sie durch das katholische Weihesakrament mitgeteilt wird.

Die Reformation sieht das Pfarreramt oder auch den Bischof in der Funktion der Ordnung. Wegen der Ordnung muß es „einen aus dem Haufen" geben, der Taufe und Abendmahl spendet.

Zumal für das Bischofsamt der Reformation und der anglikanischen Gemeinschaft fällt das Moment der apostolischen Sukzession weg. Die katholischen Bischöfe stehen ganz bewußt in der Nachfolge der Apostel, da ihnen das Weihesakrament ganz bewußt von drei Bischöfen gespendet wird, die ihre ununterbrochene Nachfolge mit den Aposteln nachweisen müssen.

Dies kennt die Reformation und der Anglikanismus nicht.

Wenn die öffentliche Diskussion fair bleiben möchte, dann darf dieser entscheidende Unterschied im Amtsverständnis nicht verschwiegen werden.

II.

Nun zeigt sich, daß das Neue Testament als verbindliche Offenbarungsurkunde des Christentums ein Priesteramt der Frauen nicht kennt. Auch die ebenso gültige Urkunde der Offenbarung des Ersten Bundes Gottes mit den Menschen – das Alte Testament – kennt Frauen in Priesterämtern nicht.

Priesterinnen hingegen gibt es in der heidnischen Umwelt, in der die Juden und ersten Christen ihren Glauben bezeugten und lebten.

Die öffentliche Diskussion scheint diesen schwerwiegenden Zusammenhang zu übersehen. Alles in der Kirche, die ja der mystische Leib Christi ist, muß bestimmt werden von Ihm aus, der das Haupt der Kirche ist. Angesichts des klaren Befundes, daß Jesus Christus die Frau nicht bevollmächtigt hat, in seiner Person die Konsekration zu vollziehen, ist grundsätzlich zu fragen:

Können wir die Kirche aufbauen vom Willen Christi weg? Wer gibt uns das Recht, Jesus Christus zu korrigieren? Dürfen wir Ihn verbessern etwa im Sinne des Hegelschen „Gefühls der Zeit"?

Es stellt sich auch die Frage nach den anthropologischen Implikationen dieser Frage.

Jesus Christus hat ja definitiv um die Verschiedenheit von Mann und Frau gewußt. Er hat diese Verschiedenheit beim Aufbau seiner Kirche so gedeutet, daß er keine Frau als Apostel erwählt hat. Auf der anderen Seite hat Jesus von Nazareth durchaus mit den überlieferten Strukturen gebrochen. Frauen haben bei ihm die gleichen Rechte und Pflichten gegenüber der göttlichen Ordnung des Heils.

Als Sohn Gottes weiß er, daß er den göttlichen Willen ausführen muß; dies tut er, da er als Opfergabe am Kreuz stirbt und seine Kirche auf das Fundament des Felsen Petri gründet.

Wir dürfen und können Jesus Christus nicht verbessern. Er ist die absolute Fülle der göttlichen Offenbarung.

III.

Es ist die Frage erlaubt: Geht es bei der Frauenordination um die Treue zu Christi Willen oder um die „Rechte" der Frau?

Wir können auch anders fragen: Welches Modell des Verhältnisses von Mann und Frau steht hinter dieser Forderung?

Für das Zusammenleben von Frau und Mann gibt es verschiedene Modelle.[4] Ein Feminismus, der richtig verstanden werden kann, meint, beide Geschlechter sollten die gleichen Rechte und Pflichten haben. Ein anderer Begriff von „Feminismus" fordert die Reduktion der Frau auf den Mann. Nicht selten werden die spezifischen Geschlechtsmerkmale beider Geschlechter nicht mehr gesehen, so daß Gleichheit zu Gleichmacherei wird.

Es gibt auch die Meinung, die Frau müsse von den Zwängen eines jüdisch-christlichen Gottesbildes, das einseitig patriarchalistisch bestimmt sei, befreit werden.

In der öffentlichen Diskussion kommen im weltanschaulichen Supermarkt solche und ähnliche Phantasien durchs Fernsehen in die Stuben der Menschen und dringen so in die Herzen vieler Zeitgenossen, die kaum mehr die Heilige Schrift kennen.

Auf jeden Fall hat die Meinung, die Frauen sollten die Priesterweihe empfangen dürfen, und manche Form des Feminismus eine gemeinsame Wurzel. Es wird gerne übersehen, daß sich katholisches Priestertum nicht einfach von der Funktion her bestimmen läßt, sondern einzig von dem Moment des in persona Christi her. Erkennt man diesen Zusammenhang, dann reicht die Fragestellung des Feminismus in all ihren Formen nicht mehr aus, um Wesentliches zum Priestertum beizusteuern.

IV.

Es fällt in der öffentlichen Diskussion auch auf, daß metaphysische Fragestellungen entschieden zu kurz kommen. Selbstverständlich kann die Kirche nicht erwarten, daß in den Massenmedien die Frage nach dem Priestertum der Frau wie in einem wissenschaftlichen Artikel behandelt wird, denn die Massenmedien möchten Sensationen bringen, Tabus brechen und mit diesen Kniffen die Auflagenziffern steigern.

Aber es ist sachlich falsch, wenn unsere Fragestellung immer so diskutiert wird, als sei einfach alles möglich in der Kirche, was als Denkmöglichkeit gedacht werden kann.

Es geht bei theologischen Fragestellungen wesentlich darum, daß die Frage nach dem Sein und Wesen formuliert wird. Im theologischen Irrealismus mag man zwar jede Möglichkeit durchspielen, so z. B. ob unter Umständen die Dreifaltigkeit nicht auch eine Vierheit hätte sein können!

Im Ernst: Bei vielen heutigen Diskussionen fühlt man sich an den Kinderreim „Wenn das Wörtchen ‚wenn' nicht wär, dann wär mein Vater Millionär!" erinnert. Im Talkshow-Theologismus gibt es nahezu jede mögliche Phantasie: eine Jesa Christa statt Jesus Christus;

den Vorschlag, das „Herrengebet“ auf „Mutter unsere“ umzuschreiben, u.s.w.

Es ist so, daß Gott sowohl Mann als auch Frau ist. Gott transzendiert den Unterschied der Geschlechter. Der Schöpfergott ist vollkommen anders als die Geschöpfe, deren Grundtypen Mann und Frau sind.

Rein denkerisch möglich ist die Frage, ob anstelle des Gottessohnes nicht eine *Tochter* Gottes als absolute Heilsbringerin hätte kommen können. Dem Schöpfergott wäre dies möglich gewesen. Gott hätte seine Liebe z. B. auch in einem vollkommenen Ehepaar sich offenbaren lassen können.

Der *Denk*möglichkeiten sind kein Ende!

Dennoch ist die Frage einzig und alleine: Was sagt uns die Offenbarung darüber?

Theologie als Glaubenswissenschaft schöpft aus der Hl. Schrift und der Überlieferung der Kirche. Und hier ist die Antwort auf unsere Fragen:

Jesus von Nazareth ist Mann. Er ist der Sohn Gottes, geboren aus der Jungfrau Maria, durch das Wirken des Hl. Geistes. In tiefem Respekt stehen wir vor diesen Worten, die das größte Glaubensgeheimnis ausdrücken. Das hörende, zum Gehorchen werdende Anerkennen dieses Mysteriums ist geboten. Wir sind als Theologen nicht die Herren der göttlichen Offenbarung, sondern wir sind Diener des Wortes Gottes, das wir getreu der kirchlichen Überlieferung auslegen müssen.

Die katholische Kirche und die Ostkirchen kennen keine Tradition für das Weihepriestertum der Frau und sind somit die eigentliche „Kirche unter dem Wort Gottes“.

Man dürfte von der Presse erwarten, daß sie wenigstens in Kommentaren auf diese Zusammenhänge eingehen würde.

V.

Es geht bei der Frage nach dem Priestertum der Frau um eine Frage des Glaubens, ja des Glaubensmysteriums schlechthin, um die Eucharistie als *das* Vermächtnis Jesu Christi. Priestertum und Eucharistie sind nicht voneinander zu trennen.

Die Eucharistielehre der katholischen Kirche besagt, daß es sich nicht um „Hl. Brot“[5] handelt und daß die verwandelte Hostie ebenso kein Zeichen der Anwesenheit Christi ist. Vielmehr ist unter den Gestalten von Brot und Wein nach der hl. Wandlung der Gottessohn Jesus Christus mit Gottheit und Menschheit gegenwärtig. Für dieses Glaubensgeheimnis hat die Kirche das Wort „Wesensverwandlung“ gefunden, um soweit es geht, den Gläubigen diese Glaubenswahrheit zu deuten.

Katholisches Denken wird immer von heilsrealistischen Überlegungen ausgehen:[6] Jesus wurde wirklich Mensch aus der Jungfrau Maria und hatte keinen Scheinleib. Jesus ist wirklich gestorben, begraben worden und secundum carnem auferstanden, wie der Römische Kanon zu Ostern betont. Ebenso „fleischlich“, nicht lediglich „spirituell“ gibt uns Jesus sein Fleisch zu essen und sein Blut zu trinken (vgl. Joh 6) unter der Gestalt des Brotes und des Weines, die ihrerseits wesensverwandelt sind.[7]

Und auch die „Auferstehung des Fleisches“[8] kann nur verstanden werden, wenn sie als heilsrealistisches Eingreifen Gottes gesehen wird.

Nun handelt der geweihte Priester bei der hl. Wandlung in persona Christi. Er tut dies als Person, die immer schon geschlechtlich bestimmt ist: sowohl die Person Jesu Christi als auch die Person des in persona Christi handelnden Priesters ist männlich. Der Priester setzt durch die Konsekration die Gottheit *und* Menschheit Jesu Christi gegenwärtig.

Hier im innersten Tun des Priesters, in der Christusrepräsentation, geht es um das Fleisch und Blut Jesu, der am Abend vor seinem Opfertod die Eucharistie einsetzt.

Dieser tiefe Zusammenhang von Opfertod und Gegenwärtigsetzung dieses Mysteriums durch den Priester im Meßopfer kann nie aus der Diskussion ausgeblendet werden, solange sich alle Seiten um Fairneß bemühen. Die heilsrealistische Sicht der Eucharistie und des Weihepriestertums verbieten geradezu das Priestertum der Frau, weil der Moment des in persona Christi handelnden Priesters nicht verflüchtigt werden kann ohne die Substanz des Eucharistieglaubens der Kirche zu treffen.

VI.

Die heilsrealistische Sicht müssen wir auch bezüglich des realen Zeichens von Christus und der Kirche durchhalten, die als Bräutigam und Braut gesehen werden. Das Symbol beschreibt die Angewiesenheit der Kirche als Braut auf den Bräutigam Christus, der die Kirche durch sein Fleisch und Blut nährt.

Christus steht der Kirche als Bräutigam gegenüber. Ebenso steht der Priester, der in persona Christi handelt und wirkt, der Kirche gegenüber. Papst Johannes Paul II. hat in seinem Schreiben „Pastores dabo vobis" auf diesen wichtigen Zusammenhang aufmerksam gemacht.[9]

Zwar ist der Priester mit allen Gläubigen verbunden, was den Glauben angeht. Aber der Priester steht auch der Kirche gegenüber. Durch das Weihesakrament ist der Priester gleichgestaltet mit dem Bräutigam Jesus Christus.

Auch unter diesem Aspekt ist die Priesterweihe der Frau nicht möglich. Die Frauen haben Anteil am allgemeinen Priestertum durch Taufe und Firmung.

Insoweit der Priester in persona Christi dem Bräutigam Christus gleichgestaltet ist, bleibt auch die Anrede mit „Vater" (Pater, Father, Père etc.) höchst angemessen. Es scheint, daß der Verlust dieser Anrede bei vielen Katholiken ein Hinweis auf die eigentliche Zielrichtung der öffentlichen Diskussion um die Frauenweihe ist: Es geht um das Wesen des katholischen Priestertums, das vom Moment des in persona Christi Handelns abgekoppelt werden soll.

VII.

In der öffentlichen Diskussion müßte auch viel mehr der marianische Aspekt des Priestertums gesehen werden. Maria ist als Urbild der Kirche eine Frau; Christus (Priestertum) ist der männliche Teil. Wenn alle Frauen erkennen würden, welch hoher „Mariendienst" ihnen anvertraut wurde, dann würden sie dafür sorgen, diese Forderungen zu erfüllen: gleichsam die ersten Glaubensbotinnen ihrer Kinder zu sein und als Mutter der Hauskirche vorzustehen, gemeinsam mit dem Ehemann und Vater. Sie würden erkennen, welch hohe Berufung es ist, mit Maria als Kirche Braut Christi zu sein.

Diese mariologischen Aspekte können hier nur angedeutet werden. Aber sie sind so enorm wichtig, daß sich wieder einmal das Wort bestätigen wird, daß in Maria alle Irrlehren überwunden werden.

Anmerkungen:

1 Vgl. Congregatio pro Doctrina Fidei: Declaratio circa quaestionem admissionis mulierum ad sacerdotium ministeriale (15. Oktober 1975), in: Documenta inde a Concilio Vaticano sekundo expleto edita (1966–1985). Vatikanstadt 1985, 120–136; eine sehr frühe Stellungnahme zum Thema zu finden bei Ida Friederike Görres: Über die Weihe von Frauen zu Priesterinnen, in: *Der christliche Sonntag* 17 (1965), Nr. 25; wichtig auch Hans Urs von Balthasar: Frauenpriestertum? in: Neue Klarstellungen. Einsiedeln 1979, 109 ff. Vgl. auch Oda Schneider: Vom Priestertum der Frau, hrsg. v. Dieter Josef Hilla. Abensberg 1992; Antoni J. Nowak: Die Frau als Priester? Abensberg 1993.

2 Vgl. Iserloh, Erwin/Glazik, Josef/Jedin, Hubert: Reformation, Katholische Reform und Gegenreformation (= Handbuch der Kirchengeschichte, Bd. IV). Freiburg/Basel/Wien 1979 (Lit.).

3 Siehe die „Articles of religion“ Nr. XXV (Of the Sacraments), in: The Book of Common Prayer. London 1986, 694–695.

4 Über das komplexe Problem der feministischen Theologie informiert Manfred Hauke mit seinen Aufsätzen: Zielbild: „Androgyn“. Anliegen und Hintergründe feministischer Theologie, in: *FKTh* 5 (1989), 1–24, und: „Mutter unser“, „Heilige Geistin“ und „Jesa Christa“. Bemerkungen zum feministischen Gottes- und Christusbild, in *FKTh* 6 (1990), 22–37; die philosophische Problematik ist meisterhaft dargestellt von Josef Seifert: Zur Verteidigung der Würde der Frau. Feminismus und die Stellung der Frau in Kirche und Gesellschaft. Philosophische und christliche Aspekte, in: *Wissenschaft und Glaube* 2 (1989), 65–98.

5 Vgl. meinen Beitrag: „Heiliges Brot“ oder der Leib Christi? Überlegungen zur Vermittlung der Lehre vom Altarssakrament im Grundschulalter, s. o. 31–81.

6 Der Begriff „Heilsrealismus“ ist schön beschrieben von Leo Scheffczyk: Katholische Glaubenswelt. Wahrheit und Gestalt. Aschaffenburg 1978[2].

7 Vgl. meine Auseinandersetzung mit bestimmten Vorwürfen mancher Sekten gegen die katholische Eucharistielehre oben in Kapitel I/4 (Rom und die Bibel. Widersprüche, Ungereimtheiten?).

8 „Carnis resurrectio“ wird in der offiziellen deutschen Übersetzung nicht mehr mit „Auferstehung des Fleisches“, sondern mit „Auferstehung der Toten“ übersetzt. Die Glaubenskongregation wandte sich gegen diese falsche Übersetzung: Traduzione dell articolo „Carnis resurrectionem“ del simbolo apostolico, in: Documenta (wie Anm. 1), 249–251.

9 Art. 22 des nachsynodalen apostolischen Schreibens „Pastores dabo vobis“ betont diese Fragestellung; vgl. Amtsblatt des Erzbistums Köln 132 (1992), 120–121.

III.

Aus klaren Quellen schöpfen

1. „Froh zu sein bedarf es wenig ..."

Natürliche Fröhlichkeit und heilige Freude beim hl. Franziskus von Assisi

Wenn wir über die Freude des hl. Franziskus nachsinnen, dann scheint es ratsam, zunächst über den vielfältigen Gebrauch des Wortes Freude nachzudenken.

Das Wort Freude wird in sehr verschiedenen Bedeutungen benutzt. Denken wir nur an eine Redewendung wie „Spaß an der Freude haben" oder an die „heilige Freude eines Christen" oder an den Begriff „Freudenhaus", dann fällt uns die Breite dessen auf, was mit dem einen Wort Freude bezeichnet wird.

Fragen wir zunächst nach verschiedenen Menschen, die Freude ausstrahlen. Es gibt einen Menschentyp, der von Geburt an ein glückliches Temperament erhalten hat. Er hat stets gute Laune, ein ständiges Lächeln findet sich auf seinem Gesicht. Er lacht über alles und jedes, findet alles komisch. Diesen Menschen können wir einen liebenswürdigen Optimisten nennen. Man hält sich gerne in seiner Nähe auf, denn er macht „was los", er kann Menschen unterhalten.

Aber dieser Mensch ist gleichzeitig auch harmlos oder vielleicht auch ahnungslos. Er lacht da, wo er eigentlich weinen und trauern müßte. Aber das Traurige läßt er nicht an sich heran. Er ist blind für die Tragik der Sünde. Gleichzeitig steht die Flucht vor der Wirklichkeit in seinem Gesicht.

Ein weiterer Menschentyp ist der Weise, der Freude ausstrahlt. Er wirkt kühl und reserviert. Er grinst sich einen ins Fäustchen über die Schwächen der Menschen, vielleicht auch gerade über die Menschen, die nicht studiert haben. Seine Freude nährt sich aus dem Gefühl der Überlegenheit. Oft ist diese Freude mit Schadenfreude gepaart. Letztlich steckt hinter dieser Art der Freude Hochmut.[1]

Dann gibt es Menschen, deren ganze Freude die Natur ist. Sie sind Menschen mit einer harmlosen Fröhlichkeit. Sie möchten genießen, die Bergluft, die Seeluft, den wunderschönen Sonnenuntergang. Die Freude bleibt im Äußeren stecken, eben im Genießen. Die Freude richtet sich nicht auf ewige Werte. Die Schöpfung ist für diese Menschen nur Natur, nicht Botschaft der göttlichen Schönheit.

In einer Variante ist dieser Menschentyp der Romantiker. Er trägt eine tiefe Sehnsucht nach Schönheit in sich. Er hat Freude an dieser Sehnsucht. Zu ewigen Werten dringt er aber nicht vor, sondern bleibt in der äußeren Welt stecken.

Einen weiteren Typus könnten wir den Menschen nennen, der seine Freude ganz am Sinnlich-Körperlichen ausrichtet. Freude wäre dann gleichbedeutend mit fleischlichem Genuß. Aber auch hier wird die Ewigkeit ausgeklammert. Man freut sich an seinem Leib und betrachtet den Leib als eine Sache. Gemeint ist hier die oberflächliche Lebensfreude, die Ebene des Amüsierens.

Die bislang genannten Typen von Freude bleiben sämtlich in der Peripherie stecken, sind ausgerichtet auf Äußerliches.

Gehen wir nun einen Schritt weiter: Vollziehen wir den Schritt von der vordergründigen Lebensfreude zur Freude am Leben, zur Lebensbewältigung. Dazu bedürfen wir des Humors. Humor ist die Gnade, über die eigenen Schwächen lachen zu können. Für die Freude bedeutet dies, daß ich mich auch dann noch freuen kann, wenn mir ein Mißgeschick zustößt. Meine Freude ist anderswo festgemacht.

Zum Humor gehört die Heiterkeit des Herzens. Diese Heiterkeit ist das Gegenteil einer wilden Ausgelassenheit. Heiterkeit des Herzens trägt mich über die Enge des Alltags hinaus. Dann bin ich mehr als nur lustig oder witzig, dann sehe ich den Alltag im Licht einer neuen Freude. Diese neue Freude kommt aus einem tiefen Vertrauen. Blaise Pascal sagte einmal: „Es macht Freude, in einem sturmgepeitschten Schiff zu sein, wenn man sicher ist, daß man nicht untergehen wird.“

Heiterkeit des Herzens erleichtert. Der Mensch weiß nun um die Vorläufigkeit dieser Welt, erkennt aber auch Gottes Stimme in der Schöpfung. Er ist freier und froher, denn er weiß, daß der Teufel Angst hat vor fröhlichen Menschen, wie der hl. Johannes Bosco einmal sagte.

Diese Freude und Fröhlichkeit kommt also aus der festen Zuversicht auf Gott. Wo ich aber Gott erreiche, da werde ich frei vom Ich. Meine Freude wird dann gepaart mit einer Nachdenklichkeit, die befreiend ist. Durch diese Freude schwindet die Selbsttäuschung. Ich sehe mich dann, wie ich bin. Daraus leitet sich ab, daß ich über mich selbst lachen kann. Humor in diesem Sinne ist die Gnade, sich selbst auf den Arm nehmen zu können.

Freude besteht darin, sich in einem neuen Licht zu sehen, im Lichte Gottes. So meint Freude nicht eine oberflächliche Befriedigung von Gefühlen, meint auch keinen rauschhaften Zustand. Freude ist auch nicht mit Optimismus zu verwechseln. Auch ein keep smiling ist nicht der Zustand echter Freude.

Bei der Freude geht es vielmehr um den Seelenfrieden, um Verantwortung für das ewige Leben, um ewige Werte.

Nach diesen ersten Annäherungen an das Thema „Freude" wenden wir uns jetzt dem hl. Franziskus zu.[2] Der Heilige aus Assisi ist oft vereinnahmt worden. So möchte das „Kultbuch" der New-Age-Bewegung diesen Armen um Christi willen für sich beanspruchen.[3] Capra schreibt über den Heiligen, er sei bedeutend wegen seiner ökologischen Ausrichtung, er stelle eine revolutionäre Herausforderung der jüdisch-christlichen Auffassung vom Menschen dar.[4]

Andere Mißdeutungen des Heiligen betonen mehr, er sei ein Bruder Immerfroh gewesen, d. h. er sei gleichsam immer vergnügt gewesen.

Unsere Aufgabe besteht nun darin, die Schriften des Heiligen und die Lebensbeschreibungen des Thomas von Celano zu befragen, inwieweit dort über die wahre Freude Auskunft gegeben ist.

I.

Der hl. Franziskus war nicht im eigentlichen Sinne ein Schriftsteller. Er hat auch keine eigene Untersuchung über die Freude verfaßt, sondern seine Stellung zur Freude erschließt sich aus dem Gesamt seiner Gelegenheitsschriften.

Die Urfreude des Heiligen ist Gott selbst. Er ruft in seinem 2. Brief an die Gläubigen aus: „O, einen so glorreichen und heiligen und großen Vater im Himmel zu haben!"[5] An diesem Satz zeigt sich der wahre Grund aller Lebensfreude und Lebenskraft: den göttlichen Vater zu haben. Gott genügt – das ist der Grund aller Freude. Oder anders gesagt: Wer Gott auf seiner Seite weiß, der hat gut lachen.

In seinem Lobpreis Gottes, einer Art Litanei, spricht er diesen Gedanken deutlich aus. Er sagt: „Du bist die Freude."[6] Das ist eine knappe Umschreibung seines Gottesverständnisses. Gott ist Freude.

An dieser Stelle ruft der hl. Franziskus auch aus: „Du bist unsere Hoffnung und Fröhlichkeit.“[7]

Gott ist also Freude. Dieser Gott nun ist der Schöpfergott. Diesen Schöpfer besingt der Heilige im Sonnengesang, diesem Lied der erlösten Schöpfung. Zunächst lobt er den Schöpfer, dann erst die Schöpfung. Zuerst also Zuwendung zu Gott, der Freude und Fröhlichkeit ist, dann Hinwendung zur Kreatur. Dieser Primat Gottes ist geradezu das Wesen franziskanischer Frömmigkeit.

> „Erhabenster, allmächtiger, guter Herr, dein sind der
> Lobpreis, die Herrlichkeit und die Ehre und jegliche
> Benedeiung. Dir allein, Erhabenster, gebühren sie, und
> kein Mensch ist würdig, dich zu nennen.“[8]

Erst von hier aus kommt der Heilige auf die Geschöpfe zu sprechen. Freude hat er also an der Welt, insoweit sie Schöpfung Gottes ist. Wenn wir berücksichtigen, daß er in schwerster Krankheit diesen Sonnengesang dichtete, dann merken wir etwas von seiner Freude an Gott. Selbst seine Krankheit läßt ihn noch über Gott, seine Freude und Fröhlichkeit, jubeln. So zeigt sich auch seine Würdigung des Sterbens als letzter Ausdruck einer Freude in Gott. Freude an Gott ist das radikale Gegenteil jeder Sünde. Von hier aus können wir die Worte verstehen:

> „Wehe jenen, die in schwerer Sünde sterben. Selig sind
> jene, die sich in deinem allheiligen Willen finden, denn
> der zweite Tod wird ihnen kein Leid antun.“[9]

Wenn Gott die Freude und Fröhlichkeit ist, dann ist die Natur als Spiegel göttlicher Schönheit eine Quelle tiefer Freude. So nennt der Heilige die vier Elemente und stellt den Menschen in den Zusammenhang mit dem Kosmos. Diese Einheit von Mikrokosmos, d. h. Mensch als Brennpunkt des Alls, und Makrokosmos, d. h. Weltall, ist für den Menschen des Mittelalters typisch.[10]

Die vier Elemente Luft, Wasser, Feuer und Erde werden mit fröhlichen Augen gesehen. Dies ist nun kein blinder Optimismus, der etwa über die Naturkatastrophen hinwegsieht, sondern die Sicht eines ganz gottergebenen Menschen. Luft ist heiterer Himmel, Wasser ist kostbar und keusch, Feuer wird für den hl. Franziskus schön und liebenswürdig, die Erde zur Ernährerin des Menschen.

Natur und Schöpfung in diesem Zusammenhang zu sehen, ist Freude, weil Anteil am göttlichen Wirken.

Nach der Freude an Gott und dessen Schöpfung richtet sich der Blick auf Jesus Christus. Der Heilige sieht in Christus vor allem den Bruder der Menschen. So ruft er begeistert aus: „O, einen so heiligen und so lieben, wohlgefälligen, demütigen, Frieden stiftenden, liebenswürdigen und liebevollen und über alles zu ersehnenden Bruder und Sohn zu haben, der sein Leben für die Schafe hingegeben . . .“[11] Diese Freude entspringt dem innigen Verhältnis zu Jesus, dem Gekreuzigten. Franziskus kommt über das Kreuz zur tieferen Anschauung der Freude. Immer, wenn wir Menschen eine Sünde begehen, dann kreuzigen wir Christus noch einmal. Er schreibt: „. . . (du) kreuzigst ihn auch jetzt noch, wenn du deine Freude an Lastern und Sünden hast.“[12] Hier zeigt sich, daß wahre Freude nur in dem Menschen sein kann, der es schafft, seine Sünden zu bereuen und gegen sie zu kämpfen.

Somit sind Kreuz und Freude Begriffe, die letztlich nicht zu trennen sind. Entweder hat der Mensch Freude an den Sünden oder aber er freut sich daran, daß durch das Kreuz Christi die Sünden vernichtet wurden. So besteht das Leben in Freude darin, täglich das Kreuz zu tragen. Wer aber ganz unter dem Zeichen des Kreuzes sein Leben angeht, der vermeidet die Hauptsünden, wie z. B. Habsucht und den Geiz. So ruft uns der Heilige in seinen „Ermahnungen“ zu: „Wo Armut ist mit Fröhlichkeit, da ist nicht Habsucht noch Geiz.“[13]

Armut ist entscheidend, um nach franziskanischer Frömmigkeit den gekreuzigten Herrn nachzuahmen und mit ihm in die Freude des Herrn einzugehen. Diese arme Freude wird noch dadurch gesteigert, daß die Menschen einen Christustreuen nicht loben. Wenn der Nächste nicht das Kreuz des anderen Menschen kennt, wenn das Kreuz gleichsam durch die Fröhlichkeit im Herzen freudig getragen wird, dann ist man wie ein Mensch „. . . der kein Verlangen hat, es mit dem Blick auf Belohnung den Menschen zu offenbaren, denn der Allerhöchste wird seine Werke offenbaren, wenn immer er will. Selig der Knecht, der die Geheimnisse des Herrn in seinem Herzen bewahrt.“[14]

Freude am Kreuz darf also nicht nach außen bekannt sein. Es ist ein intimes Gespräch zwischen der Seele des Menschen und dem Gekreuzigten. In seinem Diktat über wahre Freude hat der hl. Franz mit einer wunderbaren Geschichte die Freude am Kreuz beschrieben.[15]

Freude sei nicht etwas äußerliches, wie z. B. die Freude über Erfolge. Die wahre Freude liegt vielmehr darin, ganz Christus nachzufolgen. So schildert der Ordensgründer eine Situation, die ahnen läßt, was wahre Freude ist. Wenn er in tiefer Nacht völlig durchfroren, „. . . daß die kalten Wassertropfen am Saum des Habits gefrieren und immer an die Schienbeine schlagen" an seinem Kloster um Einlaß bitte und der Pförtner ihn nicht ins Kloster lasse und ihn wie einen Bettler fortschicke, dann könne er prüfen, ob er die wahre Freude habe.

„Ich sage dir: Wenn ich Geduld habe und nicht erregt werde, daß darin die wahre Freude ist und die wahre Tugend und das Heil der Seele." Wahre Freude ist also die vollkommene Angleichung an den geprügelten, gequälten und gekreuzigten Christus. Aus Geduld entspringt Freude. Geduld ist die Fähigkeit zu dulden, d. h. die Gnade, dem Dulder Christus nachzufolgen.

Wie zeigt sich nun diese Freude am Kreuz? An welchen Früchten ist sie zu erkennen?

In seinem 2. Brief an die Gläubigen erinnert der Heilige an die Nachfolge Christi, die sich auch im leiblichen Bereich auswirken müsse. „Wir müssen die Gebote und Räte unseres Herrn Jesus Christus beobachten. Wir müssen auch uns selbst verleugnen und unsere Leiber unter das Joch der Knechtschaft und des heiligen Gehorsams beugen . . ."[16]

So wie der Glaube keine Idee ist, sondern leibliche Wirklichkeit, so muß die Freude am Kreuz sich auf den Leib auswirken. Der hl. Franziskus betonte diesen Aspekt deswegen so sehr, weil Glaube immer in Gefahr steht, eine schöne Weltanschauung zu werden, gleichsam sich zu verflüchtigen. Demgegenüber wird gerade durch die Fleischwerdung Gottes deutlich, daß das Fleisch der Prüfstein für den echten Glauben ist. Speziell für den Ordensmann, der nach seiner Regel zu leben bereit ist, bestimmt der Heilige aus Assisi, daß er sich nur nach den „hochheiligen Worten und Werken" Christi zu richten hat. Dadurch könne er die Menschen zur Fröhlichkeit und Freude an Gott führen.

Demgegenüber: „Wehe jenem Ordensmann, der an müßigen und leeren Worten sein Vergnügen hat und damit die Menschen zum Lachen reizt.“[17] Für alle Gläubigen sieht der hl. Franziskus vor allem die Werke der Buße als Mittel an, der Christusfreude leibhaftigen Ausdruck zu schenken. Ohne Buße - so mahnt er uns - „. . . reißt der Teufel die Seele unter solcher Angst und Qual aus dem Leib, wie es niemand verstehen kann, wenn er es nicht selbst erlebt.“[18]

Ferner ruft er uns zu: „Und ihr wähnt, die Eitelkeiten dieser Weltzeit lange zu besitzen, aber ihr seid betrogen, denn es kommt der Tag und die Stunde, an die ihr nicht denkt, die ihr nicht wißt und kennt.“[19] Beim ersten Hören dieser Worte mag der Eindruck einer Art Weltverachtung entstehen. Aber nichts liegt dem Armen aus Assisi ferner! Die Welt, das hiesige Leben, ist für ihn Vorfreude auf den Himmel. Wenn er von den Eitelkeiten der Welt spricht, dann meint er damit nicht die irdischen Werte, sondern die weltlichen Werte, d. h. weltlich im Sinne von christusfeindlich und gottabgewandt.

Nichts kann ihn abhalten, auf dieser Seite des Lebens schon Freude zu haben. Denn er weiß sich sicher bei Christus, seinem Bruder. Wie er in seinem „Mahnlied für Klara“ sagt, werden die, die ganz arm mit Christus werden, im Himmel die Krone empfangen:

> „Denn jede wird Königin sein im Himmel, gekrönt mit
> der Jungfrau Maria.“[20]

So zeigt der Blick in die Schriften des hl. Franziskus, daß wahre Freude nur erreicht werden kann durch eine vollkommene Christusnachfolge. Freude wird zur heiligen Freude, zur Freude am Heiligsten.

II.

Anhand der *Schriften* des hl. Franziskus von Assisi sahen wir, daß wahre und vollkommene Freude darin besteht, sich ganz und gar in die Christusnachfolge zu stellen.

Jetzt wenden wir uns den Lebensbeschreibungen des Heiligen aus der Feder seines Ordensbruders *Thomas von Celano* zu. War der erste Teil mehr theoretisch, so steht jetzt das Leben des Heiligen im Mittelpunkt. Die Lebensbeschreibungen verdeutlichen das, was Franziskus über die wahre Freude sagte.

Die Lebensbeschreibungen wollen aufzeigen, daß der Arme aus Assisi ein Heiliger war; vielleicht überzeichnen sie manchesmal, sie sind jedoch die zuverlässigste Quelle über das Leben des Heiligen.

Thomas betont des Heiligen tiefe Freude an der Ewigkeit: „Seine ärmliche Kleidung zeigte an, wo er seine Reichtümer anhäufte. Deswegen war er fröhlich, sorglos, ungehindert für seinen Lauf; denn er freute sich, für vergängliche Schätze Hundertfältiges eingetauscht zu haben.“[21]

Die Freude an der Ewigkeit läßt ihn an Kleidung sparen, ja wir wissen, daß er angesichts seines Todes sich entblößte, ebenso wie er es vor seinem Vater tat, als dieser ihn hindern wollte, ein Leben der Armut zu beginnen.

Ausdruck dieser Freude an der Ewigkeit ist auch der Traum während einer Krankheit. Christus verheißt ihm einen ewigen Schatz, der mehr wert ist, als würde die ganze Welt in Gold aufgewogen.[22] Der Biograph fügt hinzu: „Damals dichtete er das Loblied auf die Geschöpfe und feuerte sie an, nach Kräften den Schöpfer zu loben.“

Über diese Freude an den Geschöpfen Gottes berichten die Lebensbeschreibungen an vielen Stellen. Immer wieder werden Geschichten von seiner außerordentlichen Tierliebe berichtet.[23] Franziskus selbst wird als Mensch „. . . mit fröhlichem Antlitz und gütigem Gesichtsausdruck“ beschrieben.[24]

Trotz seiner Liebe zur Armut um Christi willen ist er begeistert von Kunstwerken, zumal wenn es sich um Kirchenkunst handelt: „In jedem Kunstwerk lobte er den Künstler; was er in der geschaffenen Welt fand, führte er auf den Schöpfer zurück.“[25]

Er redet mit den Tieren, die seiner Fröhlichkeit nicht widerstehen können, und ist zärtlich gegenüber den Bäumen. Es heißt: „Wenn die Brüder Bäume fällten, verbot er ihnen, den Baum ganz unten abzuhauen, damit er noch Hoffnung habe, wieder zu sprossen.“[26]

Die Liebe zu den Geschöpfen zeigt sich auch an der folgenden Episode: Als man dem Heiligen einen Fisch schenkt, wirft er ihn ins Wasser zurück. Er sieht den Fisch putzmunter schwimmen und lobt Christus.[27] Dieses ständige und tiefe Verhältnis zu Christus läßt

Franziskus auch die Sinnbilder Christi ehren. Thomas überliefert seine innige Liebe zu dem Lämmchen: „Unter allen Arten der Tiere aber war er mit besonderer Liebe und großer Zärtlichkeit den Lämmlein zugetan, weil die Demut unseres Herrn Jesus Christus in der Heiligen Schrift häufig mit der eines Lammes verglichen und passend damit in Verbindung gebracht wird.“[28]

Denken wir nur an seine Verehrung der Weihnachtskrippe und an seinen Wunsch, Ochs und Esel sollten an Weihnachten besonders gutes Heu zu fressen haben!

Der hl. Franziskus hatte in seinen Jugendjahren Gesang und Gelage geschätzt. Thomas von Celano berichtet, daß der Heilige später oft fröhliche Lieder gesungen hat. Aber er tat dies nicht mit der Ausgelassenheit seiner Zeitgenossen, sondern er kam über die Lieder näher an die heilige Freude. So heißt es über diesen Vorgang: „Diese ganzen Freudenszenen endeten häufig in Tränen, und der Jubelgesang löste sich in Mitleiden mit dem Leiden Christi. Dann seufzte der Heilige beständig, und sein Stöhnen nahm immer mehr zu, bis er schließlich die niedrigen Dinge vergaß, die er in Händen hielt, und zum Himmel entrückt wurde.“[29] Diese heilige Freude war das Schutzmittel gegen Versuchungen. Denn der Teufel kennt keine Freude, der Satan hat nichts zu lachen, weil er in der absoluten Gottesferne existiert. Das Sprichwort „Wo gesungen wird, da laß dich nieder, böse Menschen haben keine Lieder“ weist auf den Zusammenhang von Freude und Gott hin.

Der Teufel ist wie ein habgieriges Tier, wie ein Löwe auf der Jagd nach Beute (vgl. 1 Petr 5,8-9). Diese Vorstellung steht auch hinter den Schriften des Thomas von Celano. Nur die wahre geistliche Freude kann den Menschen vor Nachstellungen des Satans schützen.

Thomas führt aus: „Dann hüpft der Teufel am meisten vor Freude, wenn er einem Knecht Gottes die Freude des Geistes entreißen kann. Er trägt Staub bei sich, den er nach Belieben in die kleinen Falten des Gewissens hineinwirft, um die Sauberkeit des Gewissens und die Lauterkeit des Lebens zu beschmutzen. Wenn aber die geistliche Freude die Herzen erfüllt, dann spritzt die Schlange vergeblich das tödliche Gift aus. Die bösen Geister können einem Knecht Christi nichts anhaben, wenn sie ihn mit heiliger Fröhlichkeit erfüllt sehen.“[30]

Die Einsicht, der Teufel habe Angst vor fröhlichen Menschen, gehört zum Allgemeingut der Heiligen. Dies läßt sich besonders aufzeigen bei einem hl. Thomas Morus, bei Johannes Bosco, Philipp Neri und vielen anderen Heiligen.

Worin nun die wahre Freude des Heiligen besteht, wird deutlicher, wenn wir über ihr Gegenteil, die eitle Freude, nachdenken.

Eitelkeit ist letztlich Auslieferung an die Vergänglichkeit. Der eitle Mensch stellt sich, seinen Körper, seine Besitztümer so sehr in den Vordergrund, daß er die Sterblichkeit verdrängen möchte. Dem hl. Franziskus ging es aber gerade darum, die Sterblichkeit ständig vor Augen zu haben. So berichtet Thomas, der Heilige habe sich während einer Krankheit von den „. . . alten, eitlen Freuden"[31] abgewandt. Krankheit läßt den denkenden Menschen an die Vergänglichkeit denken.

Dann aber werden die übrigen Werte des Lebens ins rechte Licht gerückt. Franziskus konnte von dieser Sicht aus dahin kommen, arm zu leben und vom Geld nicht mehr gelockt zu werden.[32] Diese Armut ging dann so weit, daß ihn selbst der Reiz einer Landschaft nicht mehr ablenken konnte.[33] Besonders in den Versuchungen dominiert die eitle Freude. Diese Versuchungen kommen oft daher, daß Trauer und Trostlosigkeit über den Menschen kommen. Dem gilt es zu widerstehen.[34]

Das Einzige, was dann gegen die Versuchung hilft, ist die Tatsache, daß der Mensch mehr Freude an Gott als an der Welt hat. Auf den hl. Franz traf dies zu. So kann Thomas sagen: „Ihm, der von himmlischer Süßigkeit kostete, war die Welt unschmackhaft, und die Wonnen, die er in Gott fand, hatten ihn für grobschlächtige Freuden der Menschen zu fein gemacht."[35] So lehnte er bis in die kleinsten Dinge des Alltags die eitlen Freuden ab. Als er krank war, meinten die Brüder, er solle einen warmen Pelz unter dem Habit anziehen. Er lehnte dies ab und ließ sich nur darauf ein, überhaupt einen Pelz zu tragen, wenn er sichtbar sei. Dann, so meinte er, würde er den Menschen nicht etwas vormachen.[36] Eitle Freude sei es, sich nach außen anders zu geben, als man in Wirklichkeit ist.

Bislang mag der Eindruck entstehen, als sei die Freude des hl. Franziskus mehr der persönlichen Frömmigkeit dienend gewesen als zur Freude in der Kirche. Thomas von Celano betont eigens, daß der Heilige eine große Freude empfand, wenn er den Menschen dienen konnte - dies gerade durch die Seelsorge.

Ähnlich wie Christus selbst, der sich oft zum Gebet an einsame Orte zurückzog, betete auch Franziskus: „Er wählte . . . häufig einsame Orte, um sein Sinnen ganz auf Gott richten zu können; doch verdroß es ihn nicht, wenn er einen günstigen Zeitpunkt gekommen sah, sich mit Geschäften zu befassen und sich mit Freuden dem Heil des Nächsten zu widmen.“[37]

Diese Freude am Heil des Nächsten äußerte sich besonders bei seinen Predigten. Franziskus verzichtete auf den Empfang der Priesterweihe und war als Diakon zum Predigen bestimmt. Wie Augenzeugen berichten, muß er durch seine feurige Art des Vortrags die Menschen mitgerissen haben.

Selbst am römischen Hof vor Papst Honorius III. begeisterte er: „Und er sprach mit solch feuriger Begeisterung, daß er vor Freude nicht mehr an sich halten konnte; während er seine Worte aussprach, bewegte er die Füße wie zum Tanze, nicht aus Übermut, sondern weil er vom Feuer der göttlichen Liebe gleichsam glühte, und darum reizte er auch die Zuhörer nicht zum Lachen, sondern erzwang in ihnen tiefen inneren Schmerz.“[38] Die heilige Freude des Mannes aus Assisi führte also zur Liebe zur Kirche, zum umgreifenden *sentire cum ecclesia.*

Und diese Freude beinhaltete auch die Freude an der Trübsal, am Leiden. Als er vor seinem Ordensleben einmal gefangen wurde und im Kerker sitzen mußte, war er keineswegs trübsinnig. Er war froh über seine Ketten. „Die anderen waren darüber ärgerlich und schalten ihn, daß er trotz der Fesseln so fröhlich sei. Ja, sie hielten ihn für wahnsinnig und verrückt.“[39]

Und auch als sein Vater ihn einsperrte, um ihn von seinem Weg zu Christus abzubringen, nützte dies nichts. Die heilige Freude war stärker als der Kerker. Thomas kommentiert: „Denn nicht kann derjenige durch Geißel und Kerker von der rechten Gesinnung und Geisteshaltung abgebracht, noch von der Herde Christi abspenstig gemacht werden, dem es aufgetragen ist, in Trübsal zu frohlocken…“[40]

Hier erreicht der Heilige einen Punkt, der ihn ganz und vollkommen aus der Bergpredigt leben und leiden läßt. Heilige Freude ist Freude an Christus, am gekreuzigten und verfolgten Herrn.

Der hl. Franziskus wurde durch seine heilige Freude zu einem Bibelkommentar aus Leib und Seele, nicht aus Tinte und Papier.

Als er einmal krank war und die Brüder ihm aus der Hl. Schrift vorlesen wollten, gab er zur Antwort: „Gut ist es, die Zeugnisse der Schrift zu lesen, gut ist es, den Herrn, unseren Gott, in ihnen zu suchen; ich habe mir soviel von der Schrift angeeignet, daß es mir zur Betrachtung und Erwägung vollauf genügt. Mehr brauche ich nicht, mein Sohn, ich kenne Christus, den Armen, den Gekreuzigten.“[41]

„Froh zu sein bedarf es wenig . . .“, so haben wir unsere Versuche überschrieben, der wahren Freude im Geiste des hl. Franziskus von Assisi näherzukommen. In der Tat, es bedarf wenig, froh zu werden, heilige Freude zu bekommen, wenn wir uns an dessen Schriften und Leben ausrichten.

Sein wohl tiefstes und entscheidendes Wort ist: „Mehr brauche ich nicht, mein Sohn, ich kenne Christus, den Armen, den Gekreuzigten.“ Aus der Kölner Kartause ist von Nikolaus van Esch, einem der Seelenführer des hl. Petrus Canisius (1521-1597), ein Wort überliefert, das eben diesen Sachverhalt betont: „Si bene scis Christum satis est, si cetera nescis“ (Wenn du Christus nur richtig erkannt hast, dann genügt das - wenn du auch das übrige nicht kennst).[42]

Das also genügt für die Kirche, für unsere Freude an der Kirche, die derzeit so wenig Grund zur äußeren Freude gibt: Das eine genügt, Christus zu erkennen als den Armen, als den Gekreuzigten.

In der Tat: „. . . froh zu sein bedarf es wenig . . .“, wenn wir mit Christus alles gefunden haben.

Anmerkungen:

1 Eine ausführliche Analyse des Hochmutes gibt Dietrich von Hildebrand in seiner Ethik (= Gesammelte Werke II. Stuttgart, Berlin, Köln, Mainz 1974, 455-466); auch dessen Schrift „Der heilige Franziskus von Assisi"; in: ders.: Die Menschheit am Scheideweg. Gesammelte Abhandlungen und Vorträge hrsg. und eingeleitet von Karla Mertens. Regensburg 1955, 496-515, wurde mit Nutzen eingesehen.

2 Rotzetter, Anton/Van Dijk, Willibrord Christian/Matura, Thaddeé: Franz von Assisi. Ein Anfang und was davon bleibt. Zürich/Einsiedeln/Köln 1982[2] (Lit.); Mollat, Michael: Die Armen im Mittelalter. München 1984.

3 Capra, Fritjof: Wendezeit. Bausteine für ein neues Weltbild. München 1988, 466: „Später finden wir bei dem christlichen Mystiker Franz von Assisi Anschauungen und ethische Vorstellungen, die zutiefst ökologisch waren und gegenüber der überlieferten jüdisch-christlichen Auffassung vom Menschen und der Natur eine revolutionäre Herausforderung darstellten." Vgl. dazu meinen Aufsatz: New Age und der Herr der Geschichte, in: *Katholische Bildung* 90 (1989), 266–277. Der hl. Franz hat viele „Aktualisierungen" über sich ergehen lassen müssen. So nannte ihn ein von den deutschen Bischöfen zugelassenes Kirchengeschichtsbuch „Beatle" (Gutschera, Hubert/Thierfelder, Jörg: Brennpunkte der Kirchengeschichte. Paderborn 1976, 104).

4 Capra, 466.

5 Hauck, Lothar/Grau, Engelberg (Hrsg.): Die Schriften des Heiligen Franziskus von Assisi (= Franziskanische Quellschriften, Band 1). Werl 1984, 22 (2. Brief an die Gläubigen).

6 Schriften 137.

7 Schriften 137.

8 Schriften 140.

9 Schriften 141.

10 Seidler, Eduard: Geschichte der Pflege des kranken Menschen. Stuttgart, Berlin, Köln Mainz 1980[5], 40–43 (Die Elementen– und Säftelehre); über den Beitrag der Kirche zu Medizin und Krankenpflege vgl. u. a. mein Heft: Dem Kranken dienen wie Christus selbst. Dokumente zum christlichen Verständnis von Krankheit und ihrer Pflege in Geschichte und Gegenwart (= Europäische Hochschulenschriften, XXIII, 206). Frankfurt, Bern, New York 1983.

11 Schriften 22.

12 Schriften 50.

13 Schriften 57.

14 Schriften 57.

15 Schriften 151.

16 Schriften 20.

17 Schriften 55.

18 Schriften 15.

19 Schriften 15.

20 Schriften 77.

21 Grau, Engelbert (Hrsg.): Thomas von Celano: Leben und Wunder des Heiligen Franziskus von Assisi (= Franziskanische Quellenschriften, Band 6), Werl 1980[3], 2. Lebensbeschreibung, Kap. 55 (= II, 55).

22 Leben II, 213.

23 Leben II, 47.

24 Leben I, 83.

25 Leben II, 165; vgl. dazu meinen Aufsatz: „. . . wir müssen katholisch sein . . .“ Der hl. Franziskus von Assisi über die Liebe und Treue zur Kirche, in: ders.: Kirchengeschichte. Orientierungshilfen, Standpunkte, Impulse für heute (= Europäische Hochschulschriften, XXIII, 294). Frankfurt, Bern, New York, Paris 1987, 11–26.

26 Leben II, 165.

27 Leben III, 24.

28 Leben I, 77.

29 Leben II, 127.

30 Leben II, 125.

31 Leben I, 3.

32 Leben I, 14.

33 Leben I, 35.

34 Leben II, 125.

35 Leben II, 94.

36 Leben II, 130.

37 Leben I, 71.

38 Leben I, 73.

39 Leben II, 4.

40 Leben I, 12.

41 Leben II, 105; hier können wir uns auch an sein Gebet zum Gekreuzigten erinnern: „Höchster, glorreicher Gott, erleuchte die Finsternis meines Herzens und schenke mir rechten Glauben, gefestigte Hoffnung und vollendete Liebe. Gib mir Herr, das rechte Empfinden und Erkennen, damit ich deinen heiligen und wahrhaften Auftrag erfülle. Amen“ (Schriften 72).

42 Der hl. Petrus Canisius berichtet über dieses Wort in seiner Autobiographie, vgl. Bodewig, Herbert/Overath, Joseph: Ausgewählte Quellen zur Kölner Diözesangeschichte. Siegburg 1980, 68–70 (Quelle 30); Jedin, Hubert: Der hl. Petrus Canisius – Ein Profil und sein Hintergrund, in: ders.: Kirche des Glaubens – Kirche der Geschichte. Ausgewählte Aufsätze und Vorträge, Band I. Freiburg, Basel, Wien 1966, 381–393.

2. „Von der Studierstube ging's zum Beichtstuhl . . ."

Matthias Joseph Scheeben als Vorbild der Seelsorger heute und morgen

Hier gilt es nicht, den gelehrten Dogmatiker des Kölner Priesterseminars zu würdigen, der vor 100 Jahren, am 21. 7. 1888, gestorben ist, sondern Matthias Joseph Scheeben als Seelsorger und Priester vorzustellen. Mag er auch den meisten von uns als Verfasser der großen und einzigartigen Dogmatik bekannt sein, so ist er für seine Zeitgenossen doch auch der opferbereite Seelsorger gewesen.

Sein Biograph Johann Hertkens schildert ihn u. a. so: „Von der Studierstube gings zum Beichtstuhl, in dem er an Samstagen und Festabenden stundenlang treu aushielt, oft müde und durchfroren, . . ., vielen ist er ein gewissenhafter Seelenführer gewesen."[1]

Wenn Scheeben auch nie in der Pfarrseelsorge eingesetzt war, so steht doch bis heute sein vorbildliches priesterliches Wirken vor uns, da er es verstanden hat, die theologische Wissenschaft in den Dienst der Seelen zu stellen.

So sollen einige Eckwerte seines Seeleneifers genannt werden, die sowohl heute als auch in der Zukunft ihren Wert haben.

Kirche ist nur übernatürlich zu verstehen

Scheebens „Mysterien des Christentums" ist ein Kompendium der katholischen Glaubenslehre für Seelsorger. In diesem Werk vergleicht er das Wirken der Priester mit der Tat der jungfräulichen Gottesmutter Maria. Der Priester bringe Christus immer wieder zur Welt – ganz ähnlich wie Maria einst Jesus geboren habe.[2] Der Priester und Seelsorger – zu Scheebens Zeiten nicht unterschieden – ist der Erbe Mariens. Die „Bildung des mystischen Leibes" vollzieht sich im Stillen, nicht unter dem Beifall der Welt, wie ja auch die Jungfrau aus Nazareth fernab von der lauten Welt ihr Fiat gesprochen hat. „Wunderbar, unbegreiflich ist die Fruchtbarkeit, welche die Kirche in dieser Mutter offenbart, unaussprechlich die Vereinigung mit dem sie überschattenden Heiligen Geiste, der in ihrem Schoß und durch sie ähnliche Wunder wirkt wie in dem reinsten

Schoß Mariens."[3] Seelsorge möchte erreichen, daß „. . . wir als kleine, unmündige Kinder in die Schule Gottes eintreten, in welcher wir an seiner Hand, durch sein Licht in die Tiefe seiner Mysterien eingeführt werden sollen."[4] Damit ist Seelsorge als Anleitung zu einem christusförmigen Leben verstanden: „Die ganze Tätigkeit des Priestertums in der Kirche läuft, um mit dem Apostel zu reden, darauf hinaus, Christus in ihren Gliedern zu bilden, sie mit Christus zu vereinigen, sie ihm gleichförmig zu machen und zum Maße des Vollalters Christi heranzuziehen . . ."[5]

Deswegen kann Kirche nie und nimmer unter rein innerweltlichen Kriterien gesehen werden. Man dürfe die Kirche nicht „nach dem Schema der natürlichen Gesellschaften" auffassen,[6] sondern sie habe ihren Mittelpunkt in Christus. Wie die übrigen Glaubensgeheimnisse könne auch die Kirche nicht alleine mit dem Verstand erfaßt werden: „Je mehr der Mensch auf die Kraft seiner Vernunft vertraut und sich vermißt, mit ihrer Laterne allein den Ozean der göttlichen Mysterien zu durchsegeln, desto spärlicher wird das übernatürliche Licht ihm leuchten, desto dunkler und verworrener wird darum auch seine Auffassung sein."[7]

Scheeben weist uns damit auf die grundlegende Tatsache hin, daß Kirche nicht unter den Gesetzen weltlichen Erfolges steht. Kirche scheint mittlerweile immer mehr planbar und machbar zu sein – wie manche wohl meinen. Es gibt Pläne, wie die wenigen Priester zu verteilen sind; immer neue Seelsorgsmethoden werden von pastoralen „Fachleuten" ausgetüftelt; rein theoretisch müßte alles im Griff sein.

Da macht ein Wort Kardinal Joachim Meisners nachdenklich: „Die Kirche als Mysterium und nicht als Apparat ist die Sehnsucht vieler Menschen, die sich in ihrer Würde in den Massengesellschaften bedroht fühlen."[8] Not tut heute eines: Die Kirche wieder als übernatürliche Gemeinschaft sehen und lieben zu lernen, als die Gemeinschaft derer, die ihr Leben durch die sieben Sakramente bestimmen lassen. Zu Scheebens Zeiten gab es noch keine Kirche der sich selbst stressenden Räte, der endlosen Diskussionen um Grundsatzpapiere, die dann doch kein Mensch liest. Die Fassade mag vielleicht noch stimmen, aber hinter den Kulissen sieht es so aus, wie Kardinal Franz König sagt: „Wenn man in unsere Gemeinden schaut, mag auch der Vorwurf Jesu treffen: ‚Ihr seid wie die Gräber, die außen weiß angestrichen sind und schön aussehen; innen aber sind sie voll Knochen, Schmutz und Verwesung' (Mt 23,27). Wer sich zur Kirche bekennt und sie liebt, spürt ihre Wunden und die Schwäche am eigenen Leib. Sie ist krank, sie kämpft ums Überleben."[9]

Von Scheeben ist zu lernen, daß die Kirche nur aus ihrem Verhältnis zu Christus bestimmt werden kann. Sie ist vor allen seelsorglichen Bemühungen der mystische Leib Christi, und wir sind soviel an dessen Aufbau beteiligt, wie wir die Eucharistie als Erben Marias zu den Menschen bringen.

Seelsorge antirömisch?

Unser Theologe lebte in einer Zeit, die von einem starken antirömischen Affekt geprägt war. Die Dogmatisierung der Unbefleckten Empfängnis Mariens – bei der der junge Scheeben zugegen war – und mehr noch das Unfehlbarkeitsdogma von 1870 ließen die immer schon verborgenen antirömischen Emotionen ausbrechen. Während des „Kulturkampfes", der auch unter antirömischen Aspekten betrachtet werden muß, konnte Scheeben seine Lehrtätigkeit nicht ausüben. Als im Jahre 1869 Ignaz von Döllinger als der führende Theologe der Deutschen Schule gegen das geplante Unfehlbarkeitsdogma polemisierte, war Scheeben als erster prominenter Verteidiger dieser Lehre aufgetreten, die unter seiner Beratung bereits das Kölner Provinzialkonzil von 1860 lehrte.[10] Scheeben war besonders darüber verärgert, daß Döllinger den theologischen Streit in den Massenmedien austrug. Er sah in Döllinger einen Theologen mit einem antirömischen Affekt, einen Wissenschaftler, der nicht von der Liebe zum Lehramt der Kirche durchdrungen war. Antirömisch muß Theologie notwendigerweise immer dann werden, wenn sie sich als nicht unter, mit und vom Lehramt aus versteht. Dabei war der Kölner Seminarprofessor keineswegs ein „Ultramontaner", auch kein für die Fehler Roms blinder Theologe. Er mahnt sogar die Alumnen des Germanikums, nicht mit dem römischen Studium zu prahlen: „Ich glaube, daß auf unserer Seite überhaupt nicht schriftlich, aber mündlich manches verletzende verächtliche Wort gesprochen worden ist, das besser unterblieben wäre. Ich möchte Sie bitten, den Alumnen Sanftmut und Vorsicht, namentlich auch im unmäßigen Prahlen von Rom, dringend anzuempfehlen."[11]

Überdies war Scheeben sich bewußt, in einer Gemeinschaft zu leben, die viele Sünder in ihren Reihen hat. Wenn manche Glieder der Kirche sich nicht der hohen Berufung würdig erweisen, dann „. . . wuchert in ihrem Schoß, nicht etwa aus demselben, manches Unkraut, das ihre Himmelsblüten in Schatten stellt."[12]

Scheeben fühlte sich als Sohn der „stets getreuen Tochter der römischen Kirche", wie das Erzbistum Köln schon in einem mittelalterlichen Siegel genannt wird. In seinen Streitschriften zum Vatikanum I vertritt er einen konsequent katholischen, Rom achtenden und liebenden Standpunkt. Auch die mitunter sehr persönlichen Attacken der Bonner Theologen, die erklärte Gegner des Unfehlbarkeitsdogmas waren, konnten ihn nicht aus der Ruhe bringen. Einmal erinnerte er seine Kontrahenten an ein Wort des Vinzenz von Lerin: „In der Kirche Gottes ist der Irrtum des Lehrers eine Versuchung des Volkes, eine um so größere Versuchung, je gelehrter der Irrende ist. Es ist von großer Bedeutung, daß alle Katholiken wissen, daß sie mit der Kirche die Lehrer aufnehmen, nicht mit den Lehrern die Kirche verlassen sollen."[13]

Und heute? Hans Urs von Balthasar hat schon im Jahre 1974 über den antirömischen Affekt in der heutigen Theologie nachgedacht und kam dann zu der traurigen Feststellung, daß es diesen Bazillus noch immer gibt, der sich in selbstzerstörerischer Weise gegen die Kirche richtet.[14]

Was Scheeben damals erleben mußte, als er gegen Döllinger auftrat, das erleben auch heute Theologen, die nicht gegen die klaren und eindeutigen Anweisungen des Heiligen Vaters reden und handeln wollen, nämlich: Sie werden nicht ernstgenommen und müssen sich als „altmodisch" oder gar „pastoralunfähig" beschimpfen lassen. So erinnerte der Schweizer Theologe u. a. an die Unterschriftenaktionen, die wohl für viele das Lehramt der Kirche ersetzen sollten: „Riesige Unterschriftensammlungen (fast immer vom Klerus ausgehend) gegen Rom, aufgrund von offensichtlich falschen, absichtlich verkürzten und verdrehten Pressemeldungen sind heute keine Seltenheit, Dinge, die die kirchliche Atmosphäre vergiften und von weitem, aber zielbewußt schismatischen Bewegungen den Weg bereiten."[15] Wenn sicher nicht immer alle Theologen, die sich an solchen Umtrieben beteiligen, auch bewußt antirömisch handeln wollen, so sollte doch ein Blick auf die Wirren um das Vatikanum I deutlich machen, daß die Entstehung des Altkatholizismus ohne die protestierenden Theologen nicht möglich gewesen wäre.

Angesichts dieses Befundes ist Scheeben für uns Seelsorger Vorbild. Der Hirte wird sich nicht hinter Gremien oder Konferenzen verstecken, wenn es um die klare und unmißverständliche Darlegung der kirchlichen Lehre geht: „Christus hat keine Konferenzen bestellt, sondern einzig die kirchliche communio gewollt."[16] Scheeben trat auf und lehrte – ob gelegen oder ungelegen – und fragte nicht danach, ob ihn die übrigen Theologen belächelten. Liebe zum Lehramt, Verehrung gegenüber dem Petrusnachfolger und ein demütiges Unterordnen unter dessen Weisungen waren für Scheeben und sind auch für uns heute der solide Humus für die Seelsorge.

Wider die Gewalt der veröffentlichten Meinung

Als die Auseinandersetzung um das Konzil ihrem Höhepunkt zuging, schrieb Scheeben: „Wir werden reden ohne Furcht vor den zahlreichen Celebritäten, die uns entgegenstehen, im Bewußtsein des Rechtes und der Wahrheit. Nur die Furcht haben wir: daß unsere Worte und Beweise totgeschwiegen oder überschrien werden."[17] Scheeben hatte die Lage erkannt und wußte, daß die vielen liberalen oder gar katholikenfeindlichen Zeitschriften und Zeitungen die Verteidiger des Dogmas totschweigen wollten. Aber er war ein Streiter für die Wahrheit, und dies hieß für ihn, daß er den Kampf gegen die veröffentlichte Meinung wagen mußte.

Er merkte, daß ein Organ für die Geistlichkeit fehlte. Zwar hatte die Bonner Fakultät zwischen 1832 und 1852 eine eigene Zeitschrift, die sich auch mit pastoralen Fragen befaßte, herausgegeben, und seit 1866 erschien das „Theologische Literaturblatt", das die Priester über Neuerscheinungen in Theologie unterrichtete, aber es gab noch keine Zeitschrift, die sich nur der Pastoral widmete. Seit 1867 gab Scheeben mit einem Priesterkreis ein „Pastoralblatt" heraus. Die damalige Werbung lautete: „Da ein ähnliches Blatt bisher in den Rheinlanden gänzlich fehlte, so kommt die Herausgabe . . . einem wirklichen Bedürfnisse . . . entgegen."[18]

Ziel dieses Blattes war, die Priester zum Nachdenken über Fragen der Seelsorge zu bringen. Scheeben wußte, daß er durch solche Zeitschriften – er gab seit 1870 auch die „Periodischen Blätter" heraus –

nicht in Konkurrenz mit den Tageszeitungen treten konnte. Mit Recht kann Johann Hertkens sagen: „Aus dem Stubengelehrten wurde ein Meister des polemischen Stils.“[19] Er wollte Orientierung bieten und der Infragestellung katholischer Grundpositionen in der öffentlichen Meinung entgegenwirken.

Auch in seinen Broschüren verteidigt der Dogmatiker das Konzil, das in den Zeitungen als Zerrbild der echten Kirchenversammlung aufgebaut wurde. Er merkte, daß das Konzil in Rom unter Druck gesetzt werden sollte. So nahm er kein Blatt vor den Mund und schrieb über Döllinger: „Stattdessen wählt er gerade die AAZ [Augsburger Allgemeine Zeitung], dasjenige Blatt, worin alle Kröten und Schlangen ihr Gift gegen den h. Stuhl und die Kirche ausspeien, zu seinem Spezialarchiv, worin er alle Akte, die seine erleuchtete männliche That betreffen, niederlegt, macht das Organ des frivolsten Glaubenshasses zum Organ seiner angeblichen Bemühungen, den Glauben der Kirche vor Verdunkelung und Verunstaltung zu bewahren, und sendet dem versammelten Kirchenrath seine freundschaftlichen Warnungen aus dem Lager und dem Beifall der wüthendsten Feinde.“[20]

Scheeben wußte als Seelsorger um den Einfluß der Massenmedien und versuchte, diesen Einfluß, insoweit er für den Glauben eine Gefahr darstellte, einzudämmen.

Wir leben heute mehr noch als Scheeben in einer Zeit der Massenmedien. Die Kirche wie auch die „Pfarrei ist ein Haus ohne Außenwände, oft weiß man gar nicht, wer aus und eingeht, und der Wind kann ungehindert durch das Haus ziehen“.[21] Dieser Einfluß des Zeitgeistes, der in den Massenmedien überdeutlich zur Sprache kommt, hat heute wie auch schon zu Scheebens Zeiten drei negative Folgen:

– Die theologischen Fragen werden nicht aus dem Glauben heraus gestellt, sondern mehr unter religionswissenschaftlichem Aspekt. Josef Goldbrunner nennt dies so: „Theologie wird auf vergleichende Religionswissenschaft eingeebnet.“[22]

– Es geht nicht mehr um den Glauben, um die Gottesverehrung, sondern in erster Linie um die Menschlichkeit.

– Schließlich wird Religion nicht selten „zu seelischer Hygiene degradiert“, d. h. Religion wird lediglich als Hilfsmittel zur seelischen Gesundheit ein Wert beigemessen.[23]

Diese Analyse fordert nach dem Vorbild Scheebens Seelsorger, die nicht den Kopf in den Sand stecken und um die eigene romantisierte „Gemeinde“ kreisen, sondern die Vorgänge in der Welt genau beobachten und früh genug – nicht erst, wenn das Kind in den Brunnen gefallen ist – Initiativen ergreifen. Als Beispiel sei auf den Umgang mit der neuen Ideologie „New Age“ verwiesen. Schaffen es die Seelsorger, jungen Menschen, die von dieser Weltanschauung fasziniert sind, die Unterscheidung des Christlichen eindrucksvoll zu verdeutlichen und zugleich das Positive, in der christlichen Theologie und religiösen Praxis vielleicht Vernachlässigte dieser „neuen Religiösität“ aufzunehmen und zu integrieren? Es geht nicht darum, einer neuen Mode nachzulaufen, sondern das Programm des hl. Paulus zu verwirklichen: „Prüfet alles, das Gute behaltet, und von allem Unechten haltet euch fern!“ (1 Thess 5,21 f.)

Stelle dein Leben unter das Geheimnis des Kreuzes

Wir kommen zum letzten und entscheidendsten Aspekt der Seelsorgetätigkeit Scheebens. Alles im Leben des Priesters läßt sich nur vom Kreuz her verstehen. Scheeben war dies bewußt. Er wußte, daß er sich Feinde machen würde, wenn er prorömisch, gegen die veröffentlichte Meinung und die Kirche als übernatürlich anerkennend argumentierte.

Persönliche Verunglimpfungen nahm er leicht auf und schlug nicht mit den gleichen Waffen zurück. Er hatte verstanden, daß das Kreuzesgeheimnis die Eingangstür zum theologischen und priesterlichen Dienst ist. So war ihm klar, daß die Kirche nicht mehr ist als ihr gekreuzigter Herr: unscheinbar, „erfolglos“, von allen Seiten in die Enge getrieben. So sagt er am Ende seiner „Mysterien des Christentums“ über die Theologie: „Wegen der unscheinbaren Gestalt, in welcher sie auftritt, wegen der rätselhaften Dunkelheit, in welcher uns ihre Gegenstände erscheinen, wird sie von der Welt verachtet, in gleicher Weise mißachtet wie der Sohn Gottes in seiner Erniedrigung in Knechtsgestalt bis zum Tode des Kreuzes; wie das Kreuz Christi erscheint sie der hochmütigen, menschlichen Weisheit als Torheit und Schwachheit.“[24] Diese Sätze zeigen, daß Scheeben eine Kreuzestheologie vertrat, die ihn geradezu zur Seelsorge drängte. Es ging ihm um die Gleichförmigkeit mit Christus, der der Gekreuzigte ist.

Das aber hat in einer Zeit eines weithin blinden Aktivismus in der Seelsorge höchste Bedeutung für unser eigenes Verhalten. Denn actio in der Kirche bedeutet seit der passio Christi ihm gleichförmig werden. Wir können nur aktiv genannt werden, wenn wir passiv sind, d. h. am Kreuz Christi Mittragende sind. Scheeben hat dies so formuliert: „Im Anschluß nicht nur unsere Seelen, sondern auch unsere Leiber Gott zum Opfer bringen.“[25]

Anmerkungen:

1 Johann Hertkens: M. J. Scheeben. Leben und Wirken eines katholischen Gelehrten im Dienste der Kirche. Paderborn 1892, 32.
2 Mysterien des Christentums. Wesen, Bedeutung und Zusammenhang derselben nach der in ihrem übernatürlichen Charakter gegebenen Perspektive dargestellt (= Gesammelte Schriften, Bd. II) Freiburg 1941, 449.
3 ebd. 450.
4 ebd. 651.
5 ebd. 451.
6 ebd. 455.
7 ebd. 650.
8 Zitat nach Läpple, Alfred: Lesebuch zum Kath. Erwachsenen-Katechismus, Aschaffenburg 1986, 296.
9 Anzeiger für die Seelsorge, Juni 1985, 216–218, hier 216; vgl. dazu: Joseph Overath: 20 Jahre nach dem II. Vatikanischen Konzil. Schlaglichter aus dem Blickwinkel der Kirchengeschichte auf die Gegenwartslage, in: *Katholische Bildung* 67 (1986), 193–206.
10 vgl. meinen Aufsatz: Der Kölner Dogmatiker M. J. Scheeben als Gegner der Unfehlbarkeitsschriften des Kirchenhistorikers I. v. Döllinger, in: *Wissenschaft und Weisheit* 43 (1980), 155–172; Janus, ein Febronius redivivus? Zur Quellenlage einer Streitschrift zum Unfehlbarkeitsdogma, in: Joseph Overath: Kirchengeschichte. Orientierungshilfen, Standpunkte, Impulse für heute (= Europäische Hochschulschriften, XXIII, 294). Frankfurt/Bern 1987, 147–164.
11 H. Schauf/A. Eröß (Hrsg.): M. J. Scheeben. Briefe nach Rom. Freiburg 1939, 89.
12 Mysterien 458.
13 „Die männliche That" und die „unwiderleglichen Bemerkungen" des Herrn Professor von Döllinger. Corruptio optimi pessima. Ein freies Wort an die besonnenen und freisinnigen Männer Kölns und Deutschlands. Köln 1870 (Das Zitat ist das Motto des Heftchens.)
14 Hans Urs von Balthasar: Der antirömische Affekt. Freiburg 1974; ders.: Der antirömische Affekt als Selbstzerstörung der katholischen Kirche, in: Weisheit Gottes – Weisheit der Welt. FS für Joseph Kardinal Ratzinger zum 60 Geburtstag. St. Ottilien 1987, Bd. II, 1173 – 1179.
15 ebd. 1178.
16 ebd. 1178.
17 Männliche That 5.
18 *Katholik* 1866, 768.
19 Hertkens 22.
20 Männliche That 10–11.
21 Josef Goldbrunner: Weisheit in der Leitung einer Pfarrgemeinde, in: FS Kardinal Ratzinger (wie Anm. 14) Bd. II, 1221–1230, hier 1229.
22 ebd. 1229.
23 ebd. 1229.
24 Mysterien 670.
25 ebd. 430.

3. Seelsorger und Dogmatiker

Ein „Interview“ mit M. J. Scheeben

Das folgende „Interview“, dessen Antworten – wo möglich – aus wörtlichen Zitaten des Kölner Seminarprofessors bestehen, versucht die theologische Grundlinie und den seelsorgerischen Einsatz des berühmten Wissenschaftlers für die heutige Zeit vorzustellen.[1]

Frage: Herr Professor Scheeben, Sie wurden 1858 in Rom zum Priester geweiht. Während Ihrer römischen Studienzeit erfolgte 1854 die Dogmatisierung der Lehre von der Unbefleckten Empfängnis Mariens. Was bedeutet für Sie, den Theologen und Seelsorger, die Gottesmutter Maria?

Antwort: Ich durfte als Student dieser Feierlichkeit von 1854 beiwohnen, und es versteht sich von selbst, daß die Gottesmutter und Jungfrau Maria eine zentrale Stellung in meinem theologischen Arbeiten und ebenso auch in meinem priesterlichen Wirken einnimmt. Das können Sie u. a. daran erkennen, daß ich meine erste Veröffentlichung dem Lobe Mariens widmete. 1860 gab ich eine Sammlung verschiedener Texte zum Lobe der Jungfrau Maria heraus, die den Titel hat „Marienblüthen aus dem Garten der heiligen Väter und christlichen Denker zur Verherrlichung der ohne Makel empfangenen Gottesmutter“. Später habe ich ausgeführt, daß gegen die Grundirrtümer unserer Zeit, zu nennen sind der aufklärerische Rationalismus, der Naturalismus und der Liberalismus, durch die Dogmen von 1854 und von 1870 (Unfehlbarkeit des Papstes) ein schützender Damm errichtet wurde.

An Maria wird die hohe Bestimmung des Menschen deutlich. Sie ist der Gegenpol zu Satan, der nichts mehr haßt als die Sündenlosigkeit. Mir hat immer daran gelegen, Maria und die Kirche nicht zu trennen. Wenn wir die vielen geistigen Auseinandersetzungen in der Geschichte der Kirche betrachten, dann merken wir, daß Maria und der Stuhl Petri aufs engste im Plane Gottes zusammengesehen werden müssen.

Frage: Der Priester Scheeben ist ein marianisch geprägter Seelsorger. Wie sehen Sie den Zusammenhang zwischen Maria und dem Priestertum?

Antwort: In meinen „Mysterien des Christentums“ habe ich die Aufgaben des Priesters mit denen Mariens verglichen. Der Priester bringt durch die Eucharistie Christus immer wieder zur Welt, alle Zeiten hindurch bis er in Herrlichkeit wiederkommt. Im gewissen Sinne könnten wir die Priester als Erben Mariens bezeichnen. Es ist eine wunderbare Fruchtbarkeit, die der heilige Geist bewirkte damals in Nazareth und heute in jeder Feier des heiligen Meßopfers.

Frage: Welches ist nun die grundlegende Aufgabe des Priestertums in der Welt?

Antwort: Die ganze Tätigkeit des Priestertums in der Kirche läuft, um mit dem Apostel Paulus zu sprechen, darauf hinaus, Christus in ihren Gliedern zu bilden, sie mit Christus zu vereinigen, sie ihm gleichförmig zu machen und zum Maße des Vollalters Christi heranzuziehen. Seelsorge versteht sich somit als die Kunst, die Menschen, genauer deren unsterbliche Seelen, immer neu zu Christus zu führen.

Frage: Außer Ihrer mehrbändigen Dogmatik, die schwer zu verstehen ist, haben Sie einfachere Schriften verfaßt. Welche Bücher würden Sie einem Theologiestudenten empfehlen?

Antwort: Einem Studenten der Theologie kann man meine Dogmatik sicher zumuten. Studium bedeutet Mühe! Aber vor allem meine „Herrlichkeiten der göttlichen Gnade“ können zeigen, daß der Glaube schön ist. Und dann empfehle ich noch meine „Mysterien des Christentums“, wenn Sie so wollen, ist dieses Buch eine Art Kurzdogmatik oder auch Laiendogmatik, wo das Ganze unseres heiligen Glaubens in nuce dargestellt ist. Grundsätzlich muß ja auch der Seelsorger den Glauben immer wieder im Ganzen darstellen, und den Menschen darf er nichts von den Glaubenswahrheiten vorenthalten.

Frage: Die Zeitungen und Zeitschriften bekommen immer mehr Einfluß auf die Menschen, gerade auch auf die Gläubigen. Vielleicht wird man unser Jahrhundert einmal das Jahrhundert der Zeitschriften bezeichnen. Sie arbeiten regelmäßig an einigen Zeitschriften mit – neben Ihrer Arbeit am Priesterseminar – und haben sogar einige Organe herausgegeben. Warum tun Sie dies, wo Sie doch mit der Lehre und Forschung ohnehin ausgefüllt sind?

Antwort: Die Bonner Fakultät, deren Mitglieder nicht gerade zu den Bewunderern meiner Theologie zählen, gab zwischen 1832 und

1852 eine Zeitschrift heraus, die sich als Sprachrohr der mittlerweile kirchlich zensurierten Dogmatik des Bonner Kollegen Georg Hermes verstand. Es geht mir darum, daß die andere Seite der Theologie, die sich an der großen Tradition der Kirchenväter und der Scholastik orientiert, auch zu Wort kommt. Deswegen arbeite ich z. B. am Mainzer „Katholik“ mit. Seit 1867 gebe ich mit einem Priesterkreis ein „Pastoralblatt“ heraus. Bisher fehlte ein solches Blatt im Rheinland. Als dann die Wirren um das Konzil von 1869 und 1870 immer mehr die öffentliche Meinung bestimmten, versuchte ich seit 1870, die aufgewühlte Atmosphäre durch die Herausgabe der „Periodischen Blätter“ zu versachlichen. Ich möchte die Katholiken erreichen, die Geisteskraft und religiösen Ernst genug besitzen, um über die Tageszeitung hinaus, sich mit den theologischen Fragestellungen unserer Zeit vertraut zu machen.

Frage: Sie haben von Ihrem Einsatz für das Unfehlbarkeitsdogma im Jahre 1869 gesprochen. Mit mehreren Broschüren sind Sie damals gegen den „Janus“ vorgegangen. Mittlerweile dürfte klar sein, daß der Münchener Kirchenhistoriker Ignaz von Döllinger hinter dieser Schrift steht. Es ist wohl auch bewiesen, daß er in der Augsburger Allgemeinen Zeitung mit verschiedenen Artikeln gegen das Konzil polemisierte. Waren es vielleicht auch persönliche Motive, die Sie in so scharfer Form gegen die Konzilsgegner schreiben ließ?

Antwort: Nein, ich hatte und habe keine Haßgefühle gegen den damaligen und jetzigen Führer der „altkatholischen“ Bewegung. 1863 war ich auf der Münchener Gelehrtenversammlung. Dort zeigte sich, daß die Theologie in Deutschland in zwei Teile gespalten ist: Die eine Schule ist römischer Herkunft und fühlt sich der Tradition der Kirchenväter und der Scholastik verpflichtet; die andere Gruppe ist eher antirömisch. Dort finden sich die Hermesianer, die Güntherianer, die Gegner der Dogmatisierung von 1854 und 1870 und viele andere Splittergruppen. Ich glaube aber, daß auch die römische Seite, der ich mich zurechne, manches verletzende und verächtlichmachende Wort gesprochen hat. Man sollte in Deutschland nicht unmäßig mit der römischen Theologie angeben. Übrigens habe ich in diesem Sinne schon vor Jahren ans Germanikum geschrieben!

Vor dem Konzil ging es um die Frage, ob man im Namen eines sogenannten Fortschrittes den Glauben der Kirche begrenzen kann. Genauer gesagt: Muß sich ein Dogma an der heutigen Wissenschaft messen lassen? Janus und viele andere Schriften zeigen, daß es in der Theologie und auch in der Geschichte ebensogut Pfuscher und Schwindler gibt wie im Handel und Wandel.

Frage: Sie haben schon sehr früh gesehen, daß es nicht nur um eine Opposition gegen das Konzil ging, sondern daß sich eine schismatische Bewegung entwickelte.

Antwort: Ja, dies darf ich im Abstand von einiger Zeit mit etwas Stolz sagen, daß ich von meinen Vorwürfen nichts widerrufen muß. Damals wurden Dinge angegriffen, die selbst dem liberalen Katholiken noch heilig sein müssen. Es wurden eine Reihe von fundamentalen katholischen Lehren verdreht, und man verlockte harmlose und unvorsichtige Leser zum Abfall von der Kirche.

Frage: Ihr Einsatz für die Kirche hat Ihnen nicht nur Freunde gebracht. Haben Sie unter den Verunglimpfungen gelitten?

Antwort: Ich hatte damals nur eine Furcht: Die Zeitungen würden meine Argumente nicht bringen, sondern mich totschweigen. Das ist ja eine beliebte Taktik! Damals habe ich in einer Broschüre geschrieben: „. . . sollte uns die ganze gelehrte und gebildete Welt in Acht und Aberacht erklären, und die Wahrheit, die so oft nur Haß einträgt, auch uns dieses Schicksal zuziehen, so haben wir doch das Bewußtsein, im Dienste der Kirche unseren Posten nicht feige verlassen zu haben." Zu diesen Worten stehe ich bis heute!

Frage: Eine solche Haltung ist bewundernswürdig. Eine letzte Frage: Was ist das Motiv für Ihre theologische Arbeit? Welches Prinzip liegt Ihrem Einsatz für die Kirche zugrunde?

Antwort: Das Wort, die Kirche von Köln sei Roms getreue Tochter, hat mich immer fasziniert. Ich treibe Theologie in Köln; ich tue dies als treuer Sohn der römischen Kirche. Deswegen stehe ich gegen alle antirömischen Umtriebe und Theologen. Wenn in der Kirche ein großer Theologe dem Irrtum verfällt, dann ist dies eine große Gefährdung für alle Gläubigen. Dann entstehen Zeitungsadressen und Unterschriftenaktionen. Aber die Gläubigen dürfen nicht übersehen, daß sie mit dem Theologen in die Kirche gehen sollen, die Kirche aber nicht mit dem Irrlehrer verlassen dürfen. Die Liebe zur Kirche, die ich im engen Zusammenhang mit der Gottesmutter Maria sehe, durchzieht alle meine Schriften, gerade auch meine polemischen Schriften und meine pastoralen Aufsätze in Zeitschriften.

Ich habe mich immer dagegen gewehrt, die Kirche nur nach dem Schema von natürlichen Gesellschaften aufzufassen. Die Kirche bildet sich vielmehr um einen übernatürlichen Mittelpunkt. Kirche lebt vom Geheimnis der Menschwerdung. Sicher, wir sehen in diesem Leben noch nicht die Fülle und Erkenntnis, derer wir im Himmel teilhaft werden. Wir sind der seligen Anschauung Gottes gegenüber in einer oft rätselhaften Dunkelheit. Aber immer wissen wir mit dem hl. Paulus, daß das Törichte Gottes weiser ist als die Menschen, und das Schwache Gottes stärker ist als die Menschen. Dies immer wieder den Menschen deutlich zu machen, ist mein Bemühen als Seelsorger und als Theologe.

Anmerkung:

1 Nähere Hinweise zu den Zitaten finden sich in meinen Aufsätzen über M. J. Scheeben: Der Kölner Dogmatiker M. J. Scheeben als Gegner der Unfehlbarkeitsschriften des Kirchenhistorikers Ignaz von Döllinger, in: *Wissenschaft und Weisheit* 43 (1980), 155–172; Janus, ein Febronius redivivus? Zur Quellenlage einer Streitschrift zum Unfehlbarkeitsdogma, in: Joseph Overath: Kirchengeschichte. Orientierungshilfen, Standpunkte, Impulse für heute (= Europäische Hochschulschriften, XXIII, 294). Frankfurt/Bern 1987, 147–164; M. J. Scheeben als Seelsorger, in: *Internationale katholische Zeitschrift „Communio"*; vgl. auch mein Buch: Mehr als nur Jahreszahlen. Vom Wert der Kirchengeschichte für die Seelsorge. Abensberg 1990.

4. Kirche und Katholizismus im Denken Dietrich von Hildebrands (1889–1977)

Ein Blick auf theologische Neuerscheinungen macht es überdeutlich: Das Kirchenprädikat „katholisch“ wird nicht gerade bevorzugt; es ist im Hintertreffen gegenüber den Begriffen „christlich“, „ökumenisch“ und „Weltreligionen“.

Dennoch gibt es auch eine starke Strömung im 20. Jahrhundert, die der Erforschung des „Katholischen“ sich verschrieben hat. So veröffentlichte 1924 der Tübinger Dogmatiker Karl Adam sein Werk „Das Wesen des Katholizismus“[1] und 1938 Henri de Lubac seine Untersuchung „Catholicisme“[2]. Während des Vatikanums II beschäftigte sich Wolfgang Beinert mit der Katholizität der Kirche.[3] Nach dem Konzil stellten Leo Scheffczyk[4] und Hans Urs von Balthasar[5] erneut die Frage nach dem Wesen des Katholischen.

Auf diesem Hintergrund stellt sich die Frage, wie denn ein Laie, also kein Fachtheologe und kein Priester, Kirche und Katholizismus gesehen hat. Wenn dabei die Schriften des Konvertiten und Philosophen Dietrich von Hildebrand untersucht werden, dann handelt es sich bei dessen Werk um Schriften eines bewußt katholisch denkenden Philosophen, der die Philosophie als bewußte Hinführung zu Jesus Christus gesehen hat.[6] Unter I. soll der historische Hintergrund dessen Schriften beleuchtet werden. Im II. Abschnitt fragen wir nach Hildebrands Kirchenbild, um dann III. die Wesenszüge eines Katholiken herauszustellen.

I.

„Ein religiöser Vorgang von unabsehbarer Tragweite hat eingesetzt: Die Kirche erwacht in den Seelen.“ So beschrieb 1922 Romano Guardini in seinen fünf Vorträgen „Vom Sinn der Kirche“ die zunehmende Hinwendung weiterer Kreise zur Kirche.[7] Er betonte den engen Gemeinschaftssinn der neueren Ekklesiologie: „Das religiöse Leben kommt nicht mehr vom Ich her, sondern es erwacht zugleich im Gegenpol, in der objektiven, geformten Gemeinschaft. Es lebt auch von dort, also von zwei Polen her.“[8] Das Erwachen der

Kirche sollte sich vor allem auch an der Liturgischen Bewegung[9] zeigen; Kirche lebt von der Liturgie. Ferner: „Wenn dieser Vorgang der ‚kirchlichen Bewegung' voranschreitet, so muß er zur Erneuerung des Gemeindebewußtseins führen. Das ist die gegebene Weise, wie die Kirche erfahren wird."[10]

Diese Neubesinnung diente einer größeren Kirchenliebe: „Wir werden nicht eher fertig, als bis wir bereit sind, sie lieben zu können. Nicht eher . . ."[11]

Diese Liebe zur Kirche ging einher mit einer großen Wertschätzung der Liturgie. So sagt Romano Guardini: „Die Kirche stellt uns in der Liturgie den wirklichen Gott klar und eindeutig in seiner ganzen Größe gegenüber, und uns als Geschöpf vor ihn. Sie lehrt uns jene Urweisen des Verkehrs mit Gott, die seinem Wesen und dem unseren gemäß sind: Gebet, Opfer, Sakrament. Sie weckt durch die heiligen Handlungen und Texte in uns die großen Grundgesinnungen der Anbetung, des Dankes, der Reue und Bitte."[12]

Ebenso wie Guardini ging es auch Hildebrand um eine innige Kirchenliebe und eine bewußte Teilnahme an der Liturgie der Kirche. So betonte er in seinem Werk „Liturgie und Persönlichkeit" vom Jahr 1933 die Bedeutung der Liturgie für den katholischen Menschen, indem er sich gegen bestimmte eher sentimentale Gebete zur Wehr setzte: „In manchen Liedern wird den Gläubigen geradezu das Abgleiten aus der Schicht echter religiöser Ergriffenheit in die bloßer Kindheitserinnerungen nahegelegt, oder in die Ebene eines loyalen Treubekenntnisses, bei dem man sich gleichsam in die Brust wirft wie in einem Kriegsveteranenverein."[13] Dietrich von Hildebrand betonte deswegen sein Leben hindurch den einzigartigen Vorrang des Gregorianischen Chorals vor den übrigen Arten der Kirchenmusik.[14]

In seinem unter dem Pseudonym „Peter Ott" 1940 erschienenem Betrachtungsbuch „Die Umgestaltung in Christus. Über christliche Grundhaltung" setzt Hildebrand die Liebe zur Kirche und deren Liturgie auf jeder Seite voraus. In seinem klassischen Kapitel „Die Veränderungsbereitschaft" sagt er: „Wir müssen von der tiefen Sehnsucht erfüllt sein, das Antlitz Christi unverfälscht schauen zu dürfen, wie es uns die Kirche in der Liturgie zeigt. Wir müssen uns sehnen, von Christus in seine Welt emporgehoben zu werden, statt ihn in unsere herabzuziehen."[15]

Hildebrands „Liturgie und Persönlichkeit“ – in der Reihe „Bücher der Geisteserneuerung“ des Seckauer Benediktinermönchs Virgil Redlich erschienen – wurde von den Zeitgenossen begeistert aufgenommen und war nach wenigen Monaten vergriffen. Die „Neuen Züricher Nachrichten“ nannten das Buch „eines der allerwertvollsten Bücher . . ., die um das Thema Liturgie überhaupt geschrieben worden sind“, und die „Schönere Zukunft“ meinte: „Der Verfasser zeigt in großzügiger, gedankentiefer und sprachgewaltiger Darstellung die persönlichkeitsgestaltende Macht der Liturgie, den schöpferischen Einfluß des in der Liturgie objektivierten Geistes auf Wachstum und innere Entfaltung des religiösen Menschen…“[16]

Die Ekklesiologie zwischen den beiden Weltkriegen war ebenfalls von der Heiligkeit der Kirche und vom Begriff „Corpus Christi mysticum“ geprägt. So betonte die 1939 erschienene „Christenfibel“ der beiden Autoren Josef Pieper und Heinrich Raskop die Heiligkeit der Kirche gerade auch angesichts vieler zeitgenössischer kirchenfeindlichen Strömungen.[17]

Woran liegt die im Glaubensbekenntnis genannte Heiligkeit der Kirche? Die „Christenfibel“ gibt folgende Antwort: „Diese Heiligkeit der Kirche liegt darin, daß der Heilige Geist Gottes in ihr lebt und wirkt, daß sie und nur sie das heilige Opfer Jesu Christi darbringen kann, und daß sie allein die Vollmacht hat, die Sakramente des Neuen Bundes zu spenden, die das lebendige Strombett der göttlichen, heiligmachenden Gnade sind.“[18]

Der religiöse Denker Dietrich von Hildebrand hielt diesen Gedanken der heiligen Kirche stets in Ehren. So verwendet er selten den Begriff „Kirche“, sondern betont immer wieder die „heilige Kirche“. Kirche war für ihn und die übrigen Theologen der feste Grund für eine Begegnung mit Gott, die durch nichts ersetzt werden kann. Auch der Gedanke des „Corpus Christi mysticum“ führte einmal mehr zur Hochschätzung der Kirche und half jedes nur soziologische Verständnis von Kirche zu vermeiden.

Unser Zeitraum wird ebenfalls durch die „Hymnen an die Kirche“ der Dichterin Gertrud von le Fort beeinflußt.[19] Die Kirche ist dort weniger als „Volk Gottes“ gedeutet – wie im Anschluß an die heutige Ekklesiologie, sondern mehr als der fortlebende Christus gesehen, der sich vor allem durch die Eucharistie zeigt:

„Er wohnt im Wein deiner Kelche
und im weißen Brot auf deinen Altären."[20]

Wie sich unter II. zeigen wird, hat Hildebrand die Kirche in erster Linie als „Corpus Christi mysticum" verstanden. Hier berührt er sich mit den „Hymnen an die Kirche".

Neben den genannten Werken zur Kirche lassen sich aber noch weitere Faktoren nennen, die des Philosophen religiöse Werke beeinflußten. Sicherlich war seine Mitarbeit im „Katholischen Akademikerverband" prägend. So hatte er 1925 seine aufsehenerregenden Vorträge über Jungfräulichkeit und das Wesen der Reinheit gehalten, die später auch als Buch erschienen.[21] Wenige Jahre vorher – 1921 – hatte Dietrich von Hildebrand die Mehrheit der Stimmen des Münchener Zweiges dieses Verbandes auf sich vereinigen können und war zum Vorsitzenden gewählt worden. In dieser Zeit ist die Abhandlung „Die Notwendigkeit der geistigen Klärung für das religiöse Leben"[22] entstanden.

Neben dieser Prägung durch die Bildungsarbeit für katholische Akademiker ist sicher auch seine Kenntnis des englischen Kardinals und Theologen John Henry Newman von großer Bedeutung für das religiöse Schaffen Hildebrands gewesen. Newman, ebenso Konvertit wie Dietrich von Hildebrand, wird sehr häufig in dem Gesamtwerk zitiert und an vielen Stellen weitergeführt. Dies gilt nicht nur für die religiösen Schriften, sondern auch für die philosophischen Werke Hildebrands. Schließlich darf auch nicht die prägende Kraft der Herz–Jesu-Verehrung auf unseren Denker übersehen werden.

Die Vorworte seiner Bücher „Christliche Ethik"[23] und „Reinheit und Jungfräulicheit"[24] sind auf das Herz-Jesu-Fest datiert. Als Philosoph hat Hildebrand sich sehr stark der Erforschung der Affektivität gewidmet. In den dreißiger Jahren gingen von Papst Pius XI. Impulse zur Herz-Jesu-Verehrung aus, so von seiner Enzyklika „Miserentissimus Redemptor" aus dem Jahre 1928, die das Fest liturgisch als Hochfest bestimmte und durch das Rundschreiben „Caritate Christi compulsi" von 1932, das mehr den Sühnegedanken vertrat.[25]

In seinem 1967 veröffentlichten Buch „Über das Herz. Zur menschlichen und gottmenschlichen Affektivität" sieht der religiöse Denker das Entstehen dieser spezifischen Frömmigkeitsform auf dem Hintergrund des Jansenismus. Dann führt er im Hinblick auf das 20. Jahrhundert aus: „Die wachsende Hinwendung zu ihr wirkt heute den Irrtümern des Antipersonalismus und dem Neutralismus des Herzens entgegen. In einer Zeit, in der ein radikaler Kampf gegen die Würde des Menschen geführt wird, in der man die menschliche Person als solche haßt, in der ein impersonaler Indifferentismus die Welt bedroht, strahlt aus dem Heiligsten Herzen das Licht der unendlichen göttlichen Liebe.“[26]

Nachdem der historische Hintergrund des religiösen Denkers Hildebrand skizziert wurde, fragen wir nun nach dessen Kirchenbild.

II.

Dietrich von Hildebrand sieht in der katholischen Kirche in erster Linie den Leib Christi. Der katholische Denker läßt seine Gedanken über die Kirche allein von der Inkarnation ausgehen: „Die heiligste Gott-Menschheit Jesu und sie allein ist ihm Urform und Urquell, unverrückbare Norm menschlichen Seins. Sie ist das Sinnziel aller Gemeinschaften, das lebendige Gesetz aller Sittlichkeit, das Ziel der Geschichte und die große Süßigkeit unserer Herzen . . .“[27]

Auch heutige Theologen sehen in der „Wirklichkeit des Gott-Menschlichen“ den „eigentlichen Realitätsgehalt des Katholischen“.[28]

So steht Dietrich von Hildebrand also in einer guten Tradition, wenn er das Geheimnis von Weihnachten als Grundlage seines Denkens über die Kirche nimmt. In seinem Werk „Das Trojanische Pferd in der Stadt Gottes“ hat der religiöse Denker die geschichtsphilosophischen Voraussetzungen dieses Ansatzes beschrieben.[29] Nachdem er sich dort und auch im Werk „Zölibat und Glaubenskrise“[30] mit dem „Mythos des modernen Menschen“ auseinandergesetzt hat, kommt er zum Schluß: „Der Mensch bleibt immer derselbe in seiner Wesensstruktur, in seinem Schicksal, in seinen Möglichkeiten, in seiner Sehnsucht und seinen sittlichen Gefahren. Und das ist wahr trotz aller Veränderungen, die in den äußeren Lebensbedingungen vor sich gehen. Es gibt und hat nur eine einzige entscheidende historische Veränderung in der metaphysischen und moralischen Lage des Menschen gegeben: die Ankunft Christi - die

Erlösung der Menschheit und ihre Versöhnung mit Gott durch Christi Tod am Kreuz."[31]

Erst diese Sicht des Menschen und der Geschichte rückt das Geheimnis Jesu Christi, des Gottmenschen, in den richtigen Zusammenhang. Von hier aus kann nun die Kirche als „Corpus Christi mysticum" beschrieben werden.

Wichtig ist, die Kirche nicht als Idee zu sehen, sondern sie kann nur verstanden werden von ihrem Haupt Jesus Christus. Leo Scheffczyk sagt deswegen: „So verstanden, ist der Katholizismus keine religiöse Idee von der Größe Gottes wie die Idee Platons von dem höchsten Gute; er ist auch kein humanistisches Programm zur Verwirklichung einer höheren Menschheit wie das Programm Hegels, das bis in unsere Gegenwart mächtig nachwirkt. Er ist vielmehr eine Realität, die vorhanden ist und dauernd am Werke ist: nämlich die Realität des Gottmenschen Jesus Christus, der in seiner Kirche weiterlebt und nach Paulus die Kirche zu seinem Leib gemacht hat (1 Kor 12,12 ff.)."[32]

Der einzelne Katholik ist somit „Glied des Leibes"[33] und nicht einfach „Objekt einer Macht", wie Henri de Lubac schon 1938 betonte. Diese Betrachtungsweise von Kirche schließt aber den falschen Begriff einer „Amtskirche" kategorisch aus. Wenn unser Denker nach dem Vatikanum II so vehement gegen den theologischen Progressismus kämpfte, dann auch deswegen, weil hier Kirche nicht mehr als Mysterium verstanden wurde, sondern unter das Diktat einer menschlichen Machbarkeit subsumiert worden war.

Zu tief war Dietrich von Hildebrands Einsicht von der „Neuen Welt des Christentums"[34], als daß er gegen die Idee einer lediglich soziologisch mißverstandenen Kirche nicht hätte protestieren müssen.

In seiner ersten religiösen Schrift von 1919 hatte der Philosoph betont, daß das Reich Gottes nicht einfach eine Stufe höher stehe als das natürliche Gute. Es ist „etwas prinzipiell Neues, unvergleichlich Höheres, in dem alles nur durch seine Beziehung zu dem allgütigen liebenden Gott Sinn, Dasein und Leben erhält".[35] Auch die Kirche stehe in einer vollkommen neuen Qualität vor den Augen der Menschen: „Welche Kluft trennt alle bloß natürlichen Formen der Gemeinschaft, wie den Staat, die Gesellschaft, Vereine, Parteien, Stände, Organisationen, von der christlichen Gemeinschaft, von dem „Corpus Christi“, in dem jeder einzelne nie Mittel zum Zweck wird, sondern seine einzigartige Bedeutung behält und doch in so enger Weise mit jedem anderen verbunden ist, daß er für ihn leiden, für ihn opfern, an seiner Heiligung mitwirken kann, daß er zu einer Liebeseinheit mit ihm verbunden wird, in der es keine Schranke der Antipathie, des Ekels, des Rechtes, des Besitzes gibt.“[36] Kirche wird in dieser ersten religiösen Schrift Hildebrands als „christliche Gemeinschaft“, als „Corpus Christi“ bestimmt. Die Glieder des „Corpus Christi“ sind zur gegenseitigen Heiligung aufgerufen. Diesen Aspekt der heiligen und heiligenden Kirche betonte Hildebrand auch in seinen Altersschriften. Er weist darauf hin, daß „sich die Gemeinschaft in Christus nicht nur auf die lebenden Glieder des Mystischen Leibes erstreckt, sondern auch auf jene, die im Fegefeuer oder im Himmel sind“.[37] Zum „Corpus Christi“ gehören also auch die Heiligen.

Da im „Corpus Christi“ alle Mitglieder in Christus leben, sind die wahren und wirklichen Zeitgenossen nur die Heiligen. „Das ist deshalb so, weil die Heiligen eine lebendige Botschaft von letzter Bedeutung für jeden einzelnen darstellen, eine Botschaft, die die Wirklichkeit der Erlösung durch Christus und die Veränderung des Antlitzes der Erde durch die Herabkunft des Heiligen Geistes am Pfingsttag beweist.“[38] Bislang zeigte sich, daß die Kirche keine rein irdische Größe ist, sondern von Hildebrand als mystischer Leib Christi verstanden wird.

Diesen Gesichtspunkt betonte der Philosoph auch in seiner 1930 erschienenen „Metaphysik der Gemeinschaft“.[39] Dort bestimmt er die Kirche als „corpus Christi mysticum – als vollkommenste denkbare Gemeinschaft menschlicher Personen“.[40] Im Gegensatz zur Schrift von 1919 hatte er den Begriff „Corpus Christi“ um das Prädikat „mysticum“ erweitert. Dieses Prädikat „mysticum“ faßt „glücklich das Denken Pauli zusammen, der Kirche und Mysterium einander so sehr angenähert hat, daß das eine den konkreten Inhalt des anderen bezeichnen kann“.[41] Dietrich von Hildebrand faßt mit diesem Begriff die breite Tradition zusammen und stellt sich bewußt als Philosoph in den Zusammenhang mit dem kirchlichen Lehramt, das seit der Enzyklika „Mystici corporis“ Papst Pius XII. vom 29. Juni 1943 diese Bezeichnung von Kirche bevorzugte.[42]

Hildebrand hatte in seiner „Metaphysik der Gemeinschaft" u. a. den Wert und die Wertrangordnung der verschiedenen Gemeinschaften streng philosophisch analysiert. Nachdem er den Wert der Verbundenheit und der Gemeinschaft beschrieben hatte, nennt er falsche Maßstäbe des Wertrangs von Gemeinschaften. Weder der Umfang bzw. die Größe einer Gemeinschaft, auch nicht deren Lebensdauer seien entscheidend für den Wert einer Gemeinschaft. Vielmehr sei entscheidend, ob das Thema einer Gemeinschaft mit absoluten Gütern zusammenhänge oder aber nur mit objektiven Gütern für die Person.[43]

Er nennt verschiedene Wertsphären echter Sinnbereiche. Den ersten und überragenden Sinnbereich sieht er in der religiösen oder übernatürlichen Sphäre. Als Philosoph – also ohne das Licht der Offenbarung – analysiert er diese religiöse Sphäre und stellt fest, daß die Kirche als der mystische Leib Christi eins ist mit der Person des Gottmenschen selbst – allerdings auf mystische Weise. Denn ihre Einheit ist vollständig. Die Gliedschaft reicht bis „in den letzten, zentralsten Personkern"[44] hinein. Die Personen der Kirche sind vollkommen vereint, da die göttliche Liebe über die einzelnen Mitglieder des „Corpus Christi mysticum" siegte. So wird die Kirche „das Urbild und die höchste Erfüllung aller geschöpflichen Einheit".[45]

Da diese Gemeinschaft der fortlebende Christus ist, ist diese Kirche als Leib Christi heilig. In der heiligen Kirche sind denn auch alle Werte verwirklicht, die natürlichen ebenso wie auch die übernatürlichen Werte.

Das zeigt sich in der Analyse auch daran, daß die Werke der Kirche wertvoller sind als alle anderen Werke von anderen Gemeinschaften, „allen voran das heilige Meßopfer, in dem Christus selbst handelt und das Höchste, Heiligste vollzogen wird: die Gegenwärtigsetzung des Kreuzopfers Christi, im Vergleich zu dem alles andere Geschehen bloßer Schall und Rauch ist . . ."[46]

Aber nicht nur die Gemeinschaft der Kirche als solche, sondern jedes ihrer Glieder hat vollkommen Anteil an der Heiligung des anderen. Dieses vollkommene Austauschen und in Gemeinschaft stehen findet sich nur am „Corpus Christi mysticum". Kirche bedeutet somit „das höchste objektive Gut für die Person".[47] Denn der Getaufte wird Kind Gottes und Erbe des Himmels. „Sie verleiht erst allen anderen objektiven Gütern für die Person den letzten Adel und die letzte Verklärung, indem sie das ganze Leben konsekriert."[48]

Mit diesen Einsichten hatte der katholische Denker schon wesentliche Gedanken der Enzyklika „Mystici corporis" vorweggenommen.

Dort wurde auch das Leib-Christi-Sein der Kirche nicht physisch oder moralisch verstanden, sondern als „mystisches". Der Geist des Erlösers Christus beseelt die Kirche und hebt sie über die natürliche Ordnung hinaus. Wilhelm Bartz kommentierte das Schreiben Pius XII. so: „Christus und die Kirche sind eine mystische Person, der ganze Christus."[49] Welche Aufgaben nun hat der „Corpus Christi mysticum" gegenüber der Welt?

Hildebrand hat sich sein Leben hindurch als kritischer Denker zu kirchlichen Vorgängen zu Wort gemeldet. Dies hat er in eindrucksvoller Weise sowohl gegenüber der antipersonalistischen Irrlehre des Nationalsozialismus wie auch des Kommunismus getan und ebenso in der Zeit nach dem II. Vaticanum, als das Konzil vielerorts verfälscht ausgelegt wurde.[50]

Der katholische Laie sah die Verherrlichung Gottes wie auch die Rettung der unsterblichen Seelen als *die* Aufgaben der Kirche. „Sobald die Frage der glorificatio Gottes und der ewigen Seligkeit zurücktritt hinter dem Fortschritt der Welt und der Weltverbesserung, wird der letzte Ernst des Schicksals jeder einzelnen Seele nicht mehr verstanden, wird die unvergleichliche Überlegenheit der individuellen Person über alle natürlichen Gemeinschaften nicht mehr erkannt."[51] Dabei betont er den eindeutigen Vorrang des Menschen gegenüber Ideen oder Kollektiven: „Sobald man die unvergleichliche Bedeutung einer unsterblichen Seele gegenüber allen sozialen Verbesserungen und zivilisatorischen Fortschritten nicht mehr sieht, ist man dem Kolliktivismus und der Entpersonalisierung zum Opfer gefallen."[52]

Diesen Vorrang der *Seel*sorge vor allen anderen – auch sozialen – Aufgaben drückte er mit den Worten von Newman so aus: „Sie (die Kirche) würde lieber die Seele eines einzigen wilden Räubers in Kalabrien oder eines winselnden Bettlers von Palermo retten, als hundert Eisenbahnlinien kreuz und quer durch ganz Italien ziehen oder in allen Einzelheiten eine gesundheitliche Reform in jeder Stadt Siziliens durchführen, es sei denn, diese großen nationalen Werke bezweckten darüber hinaus ein geistliches Gut."[53]

Was die Kirche als Ganze zu leisten hat, kristallisiert sich auf das Priestertum. Hildebrand nennt drei Aufgaben des Priesters: die Feier des Hl. Meßopfers und die Sakramentenspendung; die Verkündigung des Gotteswortes und die „Errichtung des Reiches Gottes und ewiges Heil der Seelen."[54]

„Der Priester ist kein Wohlfahrtsbeamter. Das Motto, das für jeden Christen gilt ‚Suchet zuerst das Reich Gottes und seine Gerechtigkeit' ist die Seele seines Amtes."[55]

So ist die Kirche eine übernatürliche Gemeinschaft. Die Verherrlichung Gottes und das Heil der Seelen sind ihre klaren Aufgaben. Beides aber hängt eng mit der Liebe Gottes zusammen.

„Der einzigartige Vorrang dieser Gemeinschaft leuchtet darin auf, daß in ihr die Liebe Gottes zu den Menschen verkörpert ist, und zwar selbstverständlich nicht als Forderung, sondern als volle Realität. Die Gemeinschaft *besteht* geradezu aus Liebe."[56]

III.

Wie soll sich der gute Katholik – nach der Lehre Dietrich von Hildebrands – verhalten? So stellt sich die Frage. Dabei ist zu berücksichtigen, daß zwischen katholischer Kirche und Katholizismus bzw. dem Verhalten von Katholiken ein großer Unterschied besteht. Der Katholizismus ist eine Verhaltensform, die auf geistige, politische und kulturelle Welten ausstrahlt. Er ist eine Lebensart, die jeweils auch zeitgenössischen Ausprägungen unterliegt.

Sicher gehört zum Katholizismus und zum Katholiken, daß er keine neue Kirche wünscht, sondern die Kirche als übernatürliche Gemeinschaft annimmt. Karl Adam hat diesen Aspekt auf die wunderbare Formel gebracht: „Der Katholik bejaht die Kirche so, *wie sie ist*. Denn so, *wie sie ist*, ist sie ihm Offenbarung der göttlichen Heiligkeit, Gerechtigkeit und Güte."[57] Dies schließt aber nicht aus, daß gleichzeitig die Reformbedürftigkeit der aus Menschen und somit Sündern bestehenden Gemeinschaft erkannt wird. Denn Katholizismus muß sich immer ausrichten an der Kirche, die der fortlebende Christus ist. „Solange der Katholizismus besteht, hat er das Bedürfnis nach Reform, nach einer vollkommeneren Angleichung seiner Erscheinung an die ihm vorleuchtende Idee empfunden."[58]

Und wie Gott durch die Menschwerdung seines Sohnes, die sich in der Kirche „fortsetzt“, den Menschen und die Welt angenommen hat, so drückt auch die katholische Weltanschauung das alles umfassende Heil Gottes aus. So ist der Katholizismus „. . . das rücksichtslose, unbedingte, umfassende Ja zum ganzen vollen Leben des Menschen, zur Gesamtheit seiner Lebensbeziehungen und Lebenswurzeln. Das unbedingte Ja also zu vor allem unserem tiefsten Seinsgrund, zum lebendigen Gott.“[59]

Dietrich von Hildebrand war sich dieser Tatsachen bewußt, denn er unterschied streng zwischen dem Ideal eines Katholiken und den Katholiken, wie sie tatsächlich anzutreffen sind. Deswegen hat er zu allen aktuellen Strömungen im Katholizismus auch mahnend seine Stimme erhoben. In seinem Buch aus den fünfziger Jahren „Wahre Sittlichkeit und Situationsethik“ hat der Philosoph ein Wort Newmans zur Chrakterisierung seiner eigenen kritischen Stellung gegenüber Strömungen des Katholizismus zitiert.[60] Dort geht es um die Stellung zur „Welt“, und der engliche Kardinal sagt über dieses Verhältnis des Katholiken: „Die Welt zeugt also gegen euch, wenn sie euch freundlich gesinnt ist. Ihr hättet ihre Freundschaft nicht erwerben können, wenn ihr nicht etwas Kostbares und Heiliges ihr hingegeben hättet. Die Welt liebt euch bis auf den Glauben, den ihr bekennt; darum macht sie in ihrem Urteil über euch, zwischen euch und eurem Glauben einen straffen Unterschied und möchte euch auch tatsächlich gern von ihm losreißen . . .“[61] Hier wird deutlich, daß Hildebrand nach dieser Maxime lebend durchaus auf den Widerspruch seiner Zeitgenossen stoßen mußte. So machte es ihm nichts aus, auch die deutschen Bischöfe zur Zeit des Nationalsozialismus zu kritisieren oder nach dem letzten Konzil gegen viele progressistische Theologen zu argumentieren.[62]

Wenn nun wichtige Bestimmungsstücke des katholischen Menschen aus der Sicht des Denkers Hildebrand genannt werden, wird sich deutlich zeigen, daß die Werke des Philosophen eine wahre Fundgrube für eine angestrebte „Umgestaltung in Christus“ darstellen.

Die erste Frage gilt der Erkenntnis der Wirklichkeit. Der Philosoph beschreibt die Haltung des katholischen Menschen zur Wirklichkeit als „spezifisch anti-pedantisch“.[63] Jede Selbstgefälligkeit sei aufgegeben und die Ehrfurcht als Grundlage aller Tugenden öffne den Blick auf die Wirklichkeit. Und diese Wirklichkeit bildet die klare Antithese zu einem Weltbild ohne Werte: „Die katholische Welt ist ein Kosmos, regiert von einem allgütigen, allmächtigen, allwissenden Gott, der alles erschaffen hat, um dessentwillen alles besteht, der alles in unendlicher Liebe umfaßt, der uns durch Christus und in Christus auf übernatürliche Weise mit sich selbst vereinigt, der sein eigenes göttliches Leben durch die Taufe in uns eingesenkt und uns zur Heiligkeit und ewigen Glückseligkeit, vereint mit ihm berufen hat.“[64]

So sieht der Katholik „mehr“ als der ungläubige Forscher, was allerdings keinesfalls zur Überheblichkeit führen darf: „Die richtige Grundhaltung enthebt ihn keineswegs der vollen Last methodischer Arbeit, hingebender Gründlichkeit und geduldiger, kritischer Bemühung in seinen Forschungen.“[65] Falls der katholische Forscher bei seinen Bemühungen einen Widerspruch zum Glauben meint feststellen zu müssen, so ist er überzeugt, „daß das *lumen naturale*, diese uns ja ebenfalls von Gott verliehene Gabe, zu keinem Widerspruch mit dem *lumen supranaturale* führen kann, sofern es ohne Hindernisse zu leuchten vermag.“[66] Der Katholik kann die Wirklichkeit nur durch die Grundtugend der Ehrfurcht erfassen: „Sie ist die Mutter aller Tugenden, aller Religion. Sie ist zunächst darum die Grundlage und der Anfang, weil sie unseren Geist erst zu wirklicher Erkenntnis befähigt und erst recht zur Werterkenntnis.“[67] Vor allem zeigt sich die wahre katholische und ehrfürchtige Haltung gegenüber der Sphäre der Geschlechtlichkeit. Hier bedeutet die „ehrfürchtige Stellung“ geradezu „katholisches Erbgut“.[68] In seinen Veröffentlichungen über die Reinheit und den Wert der Enzyklika „Humanae vitae“ hat der Familienvater Hildebrand diese Gedanken weiter ausgeführt.[69]

Ferner ist der katholische Mensch ein Realist bezüglich der „Vergiftung durch die Erbsünde“.[70] Und er muß auch die Demut aufbringen, sich als Sünder zu erkennen, wie der Philosoph gegenüber Max Scheler zu bedenken gibt.[71] Positiv ausgedrückt muß der Christ immer ein großes Maß an „Veränderungsbereitschaft“ haben, einer der Grundpositionen auf dem Weg zu einem in Christus umgestalteten Menschen.

Weiter wird der katholische Mensch wachsam gegenüber Zeitströmungen und Ideologien sein. Nicht nur wird er sich nicht anstecken lassen von christusfeindlichen Weltanschauungen, sondern die Katholiken „dürfen nicht unbeteiligt und verständnislos bleiben, wenn ihnen der Antichrist gegenübersteht".[72] So kann der gute Katholik durchaus ein kämpferischer Mensch sein, wenn es nicht um seine eigenen Vorteile geht, sondern um die Sache der Kirche, des „Corpus Christi mysticum". Auch auf das Verhalten zur Gesellschaft wirkt sich der katholische Glaube aus. „Für einen Katholiken kann kein Zweifel darüber bestehen, daß die Familie als solche eine edlere Gemeinschaft ist als der Staat und daß gar erst die Ehe als sakramentale Gemeinschaft in ihrem Wert turmhoch über dem Staat steht."[73] Hier kommt zum Tragen, daß Hildebrand schon 1923 auf einer Tagung in Ulm die Würde der sakramentalen Ehe gegenüber aller Leibfeindlichkeit und sonstigen Gefahren verteidigt hatte und daß diese Ausführungen durch die Ehelehre des letzten Konzils vollauf bestätigt wurden.[74]

Wenn auch die Familie mehr zählt als der Staat oder die Gesellschaft, so ist die katholische Lehre dennoch nicht eine Lehre bloß für die Familie. Viemehr müssen die Katholiken versuchen, die Schönheit der Glaubenslehre allen Menschen deutlich zu machen. Denn ein Katholik muß ein bewußtes Mitglied des mystischen Leibes Christi sein. Das schließt aus, daß der Katholizismus eine „Privatsache" ist. So kritisiert der Denker Katholiken, die „schweigen, weil sie den Katholizismus für etwas halten, was nur für Katholiken ist, für diejenigen, die ihm angehören, wie sie ihrer Familie und ihrem Staat angehören . . ."[75] Mit dieser unkatholischen Haltung würden diese Menschen einer Ghettomentalität Vorschub leisten: „Solche Katholiken haben aus der allumfassenden Kirche, die sich an jedes menschliche Wesen mit der Frohbotschaft des Evangeliums wendet, ein bloßes Ghetto gemacht."[76]

Viele Katholiken finden nach der Meinung des Denkers auch kein richtiges Verhältnis zur Kirchengeschichte. Er kritisiert einerseits die Haltung der Katholiken, die eine einfache Rückkehr zur Urkirche als Lösung für alle Probleme des gegenwärtigen Katholizismus ansehen.[77] Selbstverständlich erkennt der Philosoph die Bedeutung und den Heroismus der ersten christlichen Generationen an. Aber er wendet sich gegen die Meinung, das alles könne durch bloße Veränderung der Strukturen wiederbelebt werden. Als wichtig sieht er „ein Zurückkehren zu der ursprünglichen Wachheit, Glut, zum ursprünglichen Eifer – aber nicht notwendig zur ursprünglichen Struktur“ an.[78]

Zum andern erwartet er von einem guten Katholiken, daß er seine Kirche liebt – gerade durch die Vergangenheit der Kirche, die für Hildebrand in erster Linie die Geschichte der Heiligen ist. Dabei übersieht er nicht die „schwarzen Seiten“ der Kirchengeschichte. Was aber die Geschichte der Kirche „von der aller andern menschlichen Einrichtungen unterscheidet und ihren göttlichen Ursprung bezeugt, ist das Wunder der Schar von Heiligen, die sie im Lauf ihrer Geschichte hervorgebracht hat.“[79]

So steht der Katholik positiv zu der Tradition der Kirche, sowohl zu den menschlichen Traditionen wie auch zu der göttlichen Tradition, die von allen menschlichen Überlieferungen verschieden, sich nicht ändern kann. Dietrich von Hildebrand sieht deutlich genug, daß die Kirche Traditionen ändern kann und auch geändert hat.[80]

Zum großen Bereich der Überlieferung gehört auch die Liturgie und vor allem jede wahre Kunst in der Kirche. So nennt er die Kirchenmusik Wolfgang Amadeus Mozarts z. B. eine Kunst, die einen „urkatholischen Charakter“ hat und lobt die erlöste, sublime Note und die Qualität einer geheimnisvollen Heiligkeit, die an diesen Werken hafte.[81] Ebenso hält er die sakrale Atmosphäre von Kirchen für den Katholiken für wichtig. Hier könne der Beter abgeschlossen von der übrigen Welt und aufgenommen in einem eigenen Raum Gott verehren.[82]

Ein weiteres Bestimmungsstück für den Katholiken ist dessen Heimaterlebnis in der Kirche. „Wenn er das wahre sentire cum ecclesia besitzt, wird er Heimatluft atmen, sobald er in eine Kirche eintritt, sobald er dem hl. Opfer beiwohnt, wo immer er sei in der Welt, sobald der gregorianische Choral ertönt.“[83]

So bestimmt sich der Katholik nach Dietrich von Hildebrand ganz von der Kirchenliebe her.

Dieses Verhältnis zur Kirche macht den Katholiken aber gerade nicht blind für die Werte der Welt. Vielmehr erkennt er, daß der Kosmos nicht neutral ist, sondern mit Werten angefüllt. Für einen Pantheisten sei das All neutral, letztlich ohne Werte. Demgegenüber erkenne der Katholik, daß Gott selbst der „Inbegriff aller Güte und Schönheit“[84] ist, oder wie er es in seiner „Ethik“ beschrieb: Es gibt die Frohbotschaft der Werte.[85]

Da der Kosmos als Schöpfung Gottes werterfüllt ist, „gibt es keine unkatholischere Einstellung als die des Utilitarismus, es gibt keine größere Antithese zum Utilitarismus als das Wort des Gloria: ‚Gratias agimus tibi propter magnam gloriam tuam'".[86]

Steht der Katholik aufgeschlossen vor dem Kosmos der Werte, dann selbstverständlich auch vor der menschlichen Person. Der Mensch kann nie gemessen werden an seinen Leistungen, sondern für Dietrich von Hildebrand stellt sich bei der Frage nach der Bewertung der Person die Frage nach dem Wesen des Menschen. Der Mensch ist als Ebenbild Gottes, als *imago Dei*, erschaffen, um Gott zu verherrlichen: „Den höchsten Wert der menschlichen Person erkennen, ihren letzen Sinn verstehen, heißt aber auch ihre Endlichkeit begreifen; heißt verstehen, daß auch nicht der Wert des Menschen der letzte Gesichtspunkt für die Erziehung sein kann, sondern Gott – die Verherrlichung Gottes durch den Menschen."[87] Die Frage nach dem Menschen, nach der Schöpfung kann immer nur gültig beantwortet werden, wenn „Zeitliches im Lichte des Ewigen" gesehen wird – ein Titel einer Aufsatzsammlung Hildebrands von 1932, der prägnant angibt, worum es dem Denker geht.

Der Katholik wird auch an der Unsterblichkeit der Seele festhalten. Dietrich von Hildebrand widmete als Konvertit dieser Frage einen eigenen Aufsatz.[88] Während eine starke evangelische Tradition die Frage nach der Unsterblichkeit als „griechisch" und nicht als „biblisch" anerkennen möchte,[89] betont Hildebrand die Unsterblichkeit der Seele und anerkennt gleichermaßen, daß erst die Auferstehung Jesu Christi endgültiges Licht in die Frage nach dem Jenseits gebracht habe.[90]

Den Begriff „Seele" braucht der Philosoph auch, um den Gottesbezug des Menschen auszudrücken. Und er wendet sich gegen alle „Geistesrichtungen, die den Menschen verabsolutieren, ihn von seiner Endlichkeit und Gottzugeordnetheit loslösen" wollen. Alle diese Versuche hätten „historisch in der Verkennung der geistigen Person und ihres ewigen Wertes, beginnend mit der Leugnung der Unsterblichkeit der Seele bis zur Auffassung des Menschen als ‚Herrentier', zur Leugnung des freien Willens und zur materialistischen Geschichtsauffassung . . ." geendet.[91]

Bislang konnte der Eindruck entstehen, als sei der Katholik kein Mensch mit politischer Verantwortung; es muß nun auf die Stellung des katholischen Menschen zur „Welt“ hingewiesen werden. Dietrich von Hildebrand hat sich während der dreißiger Jahre – vor allem durch seinen Widerstand gegen die Nationalsozialisten – häufig mit der staatspolitischen Verantwortung des Christen auseinandergesetzt, so auch in zahlreichen Aufsätzen der Zeitschrift „Der christliche Ständestaat“. Als er vor den Nationalsozialisten zunächst nach Österreich fliehen mußte, fand er im österreichischen Kanzler Engelbert Dollfuß einen Geistesverwandten.[92]

Nach der Ermordung des Politikers durch die Nationalsozialisten verfaßte der Philosoph ein Gedenkbuch, aus dem sich die Stellung des Katholiken zu Staat und Politik ablesen läßt.[93]

Fünf Aspekte betonte der Denker: Der Katholik dürfe nie seinen „sensus catholicus“ verlieren, d. h. er müsse mit sicherem und intuitivem Blick erkennen, was mit dem Geist Christi verträglich sei und was nicht.[94] Ferner müsse der katholische Staatsmann die falschen Alternativen in Frage stellen, wie z. B. Nationalsozialismus oder Bolschewismus, die damals im Deutschen Reich gängige Alternative.[95]

Drittens müsse der Katholik in seiner politischen Arbeit zuerst das Reich Gottes und dessen Ausbreitung vor Augen haben.[96] Ebenso müsse er davon überzeugt sein, daß staatliche Maßnahmen alleine nichts nützen könnten. Vielmehr müsse sich der einzelne Mensch immer der Gnade öffnen und sich der Nachfolge Christi zuwenden.[97]

Ferner könne er nicht alleine seine Karte auf die Arbeit setzen. Das „Aufgefressenwerden“ von der Arbeit sei echt antikatholisch. Arbeit ohne Muße sei die „gemeinsame Wurzel von Kapitalismus und Sozialismus“.[98]

Fassen wir zusammen: Dietrich von Hildebrand sah in der Kirche zuerst das „Corpus Christi mysticum“. Der gute Katholik muß nach seiner Sicht in dieser übernatürlichen Gemeinschaft seine Heimat haben. Je mehr aber der Katholik in dieser Kirche beheimatet ist, desto mehr wird er in allen Bereichen, in Kultur, Politik und den übrigen Lebensbereichen mitarbeiten, damit alle zur „Umgestaltung in Christus“ finden.

*

In Dietrich von Hildebrand ist uns ein unerschrockener Verfechter eines Katholizismus begegnet, der bei aller Sicht der positiven Werte dennoch nicht für die Gefahren der „Welt“ im Sinne des Johannesevangeliums blind war. Des Denkers Sicht von Kirche und Katholizismus hat sich bewährt. Dies zeigte sein mutiges Auftreten gegen den Nationalsozialismus – als kaum jemand die Gefahr schon erkennen konnte; dies zeigt seine vehemente Ablehnung der Situationsethik in den fünfziger Jahren; dies zeigte nicht zuletzt seine fundierte und im Einklang mit dem II. Vatikanischen Konzil stehende Kritik am theologischen Progressismus unserer Tage.

Anmerkungen:

1 Bonn 1957[13]; Leo Scheffczyk sagt über dieses Werk, es habe versucht, „die dogmatische Theologie dem modernen Lebensgefühl anzunähern . . . das unter Zugrundelegung der phänomenologischen Wesensschau, der Religionspsychologie und der biblischen Leib-Christi-Vorstellung ein mystisches Wesensverständnis des katholischen Christentums und der Kirche erschloß." in: Grundzüge der Entwicklung der Theologie zwischen dem Ersten Weltkrieg und dem Zweiten Vatikanischen Konzil, in: Jedin, Hubert/Repgen, Konrad (Hrsg.): Die Weltkirche im 20. Jahrhundert (= Handbuch der Kirchengeschichte Bd. VII). Freiburg 1979, 268.

2 dt. Ausgabe: Glauben aus der Liebe. Übertragen und eingeleitet von Hans Urs von Balthasar. Einsiedeln 1970.

3 Um das dritte Kirchenattribut. 2 Bde. Essen 1964.

4 Katholische Glaubenswelt. Wahrheit und Gestalt. Aschaffenburg 1977.

5 Katholisch. Aspekte eines Mysteriums. Einsiedeln 1975.

6 Was ist Philosophie? (= Gesammelte Werke I). Stuttgart/Regensburg 1976, 218: „Der wahre Philosoph ist wie Platon . . . Erzieher zu Christus hin".

7 Vom Sinn der Kirche. Fünf Vorträge. Mainz 1932, 1 ff.

8 Ebd. 13.

9 Wegman, Hermann A. J.: Geschichte der Liturgie im Westen und Osten. Regensburg 1979, 267 ff.

10 Guardini 15.

11 ebd. 33.

12 ebd. 50.

13 Salzburg 1934[2], 150.

14 Bereits in „Liturgie und Persönlichkeit", das ja die sogenannte Tridentinische Liturgie voraussetzt, hatte Hildebrand an vielen Stellen auf die Bedeutung des Gregorianischen Chorals hingewiesen. Aber auch später – z. B. 1974 – hob er dessen Wert hervor in einem Vortrag „Die Mission der Musik in der Liturgie" auf dem Salzburger Kongreß für Kirchenmusik. Vgl. meinen Ausatz: Der katholische Philosoph Dietrich von Hildebrand als Kritiker der Liturgiereform, in: *Theologie und Glaube* 69 (1979), 415–431.

15 Einsiedeln/Köln 1940, 28. Der Philosoph mußte wegen der Verfolgung durch die Nationalsozialisten unter einem Pseudonym schreiben.

16 Vgl. die Presseurteile über das Buch „Liturgie und Persönlichkeit" in der 2. Auflage von 1934.

17 München 1939.

18 ebd. 60.

19 München 1924; vgl. Focke, Alfred: Gertrud von le Fort. Gesamtschau und Grundlagen ihrer Dichtung. Graz/Wien/Köln 1960, 39–133, ausführliche Analyse der „Hymnen an die Kirche"; Heinen, Nicolas: Gertrud von le Fort. Einführung in Leben, Kunst und Gedankenwelt der Dichterin, Luxemburg 1960, 63–74.

20 Hymnen 34.

21 Reinheit und Jungfräulichkeit. München 1927[2]. Der „Katholische Akademikerverband" war 1913 gegründet worden und erlebte nach dem 1. Weltkrieg eine Blüte.

22 in: Die Menschheit am Scheideweg. Gesammelte Abhandlungen und Vorträge. Regensburg 1955, 534 ff.

23 Düsseldorf 1959; das Werk erschien in den Gesammelten Werken als Bd. III unter dem Titel „Ethik". Dort ist auch das Vorwort weggelassen.

24 München 1927[2]; die 4. Auflage erschien 1981 ohne dieses Vorwort.

25 Vgl. Iserloh, Erwin: Innerkirchliche Bewegungen und ihre Spiritualität (Handbuch der Kirchengeschichte, wie Anm. 1), 218 ff. Iserloh übergeht das Schrifttum D. v. Hildebrands vollständig.

26 Regensburg 1967, 9.

27 Mertens, Karla: Dietrich von Hildebrands Persönlichkeit, in: Schwarz, Balduin (Hrsg.): Wahrheit, Wert und Sein. Festgabe für Dietrich von Hildebrand zum 80. Geburtstag. Regensburg 1970, 335; eine ausführliche Wertung des Philosophen leistete Josef Seifert: Dietrich von Hildebrand und seine Schule, in: Coreth, Emerich, Neidl, Walter M., Pfligersdorfer, Georg (Hrsg.): Christliche Philosophie im katholischen Denken des 19. und 20. Jahrhunderts. Band 3: Moderne Strömungen im 20. Jahrhundert. Graz/Wien/Köln 1990, 172–200; auch meine Hildebrandanthologie „Diktat der Wahrheit" (mit einer „Hinführung" von Josef Seifert), Abensberg 1992.

28 Scheffczyk, Leo: Vom Wesen des Katholischen, in: ders.: Glaube als Lebensinspiration. Gesammelte Schriften zur Theologie. Einsiedeln 1980, 430.

29 Regensburg 1968[2], 199 ff. „Die falsche Vorstellung von der Homogenität historischer Epochen".

30 Regensburg 1970.

31 Trojanisches Pferd 207.

32 Vom Wesen des Katholischen 429–430.

33 Glauben aus der Liebe (wie Anm. 2), 69.

34 in: Die Menschheit am Scheideweg (wie Anm. 22), 481 ff.

35 ebd. 482.

36 ebd. 489.

37 Trojanisches Pferd 320.

38 ebd. 321.

39 Untersuchungen über Wesen und Wert der Gemeinschaft (= Gesammelte Werke Bd. IV). Regensburg 1975[3], 287 ff.

40 ebd. 289.

41 de Lubac, Henri: Die Kirche. Eine Betrachtung. Einsiedeln 1968, 109.

42 DS 3800–3822; Papst Paul VI. beschrieb in seinem „Credo des Gottesvolkes" die Kirche ebenfalls als den mystischen Leib Christi: „Wir glauben an die eine, heilige, katholische und apostolische Kirche, die von Jesus Christus auf den Felsen gegründet wurde, der Petrus ist. Sie ist der mystische Leib Jesu Christi . . ." (Das Credo des Gottesvolkes. Leutesdorf 1973[8], 16–17). In seiner Schrift „Die Enzyklika 'Humanae vitae' – ein Zeichen des Widerspruchs" (Regensburg 1968) ordnete Hildebrand dieses Glaubensbekenntnis der umstrittenen Enzyklika 'Humanae vitae' zu: „Vor allem aber muß man sich darüber klar sein, daß die Enzyklika 'Humanae vitae' nur auf dem Hintergrund des herrlichen Credo des Heiligen Vaters verstanden werden kann. Es ist kein Zufall, daß kurz vor 'Humanae vitae' der Heilige Vater zum Abschluß des Glaubensjahres feierlich an die Grundwahrheiten der christlichen Offenbarung erinnerte, an die zu glauben das entscheidende Kriterium dafür ist, ob jemand sich noch sinnvoller und ehrlicher Weise einen Katholiken nennen kann. In der Stellung zu diesem Credo liegt die wahre Scheidung der Geister . . . Was deshalb Theologen, Priester oder Laien, die nicht mehr eindeutig auf dem Boden des vom Papste verkündeten Credo stehen, über 'Humanae vitae' sagen, kann für den gläubigen Katholiken von keinerlei Gewicht sein" (34–35).

43 Metaphysik der Gemeinschaft 287; zur Wertphilosophie Hildebrands vgl. Schwarz, Balduin: Die Wertphilosophie Dietrich von Hildebrands, in: Kuhn, Helmut, Avè–Lalle-

mant, Eberhard, Gladiator, Reinold (Hrsg.): Die Münchener Phänomenologie (= Phaenomenologica Bd. 65). Den Haag 1975, 125–138.

44 Metaphysik der Gemeinschaft 290.

45 ebd. 291.

46 ebd. 292; im Vorwort des Buches (13–14) hatte der Philosoph sich mit dem Vorwurf auseinandergesetzt, man dürfe Jesus Christus oder die Begriffe der Offenbarung nicht in einer philosophischen Analyse bearbeiten; das sei unwissenschaftlich. Hildebrand sah klar den Unterschied von natürlicher Einsicht und biblischer Offenbarung.

47 ebd. 293.

48 ebd. 293.

49 Artikel „Mystici Corporis Christi", in: LThK Bd. 7, 731.

50 vgl. Ebneth, Rudolf: Die österreichische Wochenschrift „Der christliche Ständestaat". Mainz 1976; Stöcklein, Paul: Zeitige Aufklärung über Hitler. Das mutige Wirken Dietrich von Hildebrands in Österreich 1933–1938, Erinnerungen und Zeugnisse, in: *Internationale Katholische Zeitschrift* 16 (1987), 553–574; die Parallelen von Kommunismus und Nationalsozialismus aus der Sicht Hildebrands habe ich dargestellt in: Weder auf dem rechten noch auf dem linken Auge blind! Die Rundschreiben Papst Pius XI. über Nationalsozialismus und Kommunismus aus dem Jahre 1937, in: Overath, Joseph: Mehr als nur Jahreszahlen. Vom Wert der Kirchengeschichte für die Seelsorge. Abensberg 1991, 121 ff.

51 Der verwüstete Weinberg. Regensburg 1973, 189.

52 ebd. 189; Hildebrand hatte sich schon früh mit der unsterblichen Seele des Menschen befaßt: Die Unsterblichkeit der Seele, in: ders.: Zeitliches im Lichte des Ewigen. Gesammelte Abhandlungen und Vorträge. Regensburg 1932, 11–22; auch noch in seiner nachgelassenen Schrift „Über den Tod" (St. Ottilien 1980) denkt er über das Problem der unsterblichen Seele nach. Vgl. zum Problem auch die Schriften seines Schülers Josef Seifert: Leib und Seele. Ein Beitrg zur philosophischen Anthropologie. Salzburg/München 1973, sowie: Das Leib-Seele-Problem und die gegenwärtige philosophische Diskussion. Eine systematisch-kritische Analyse. Darmstadt 1989², dort das Kapitel: Tod und die Frage nach Unsterblichkeit: Philosophische Kritik der Ganztodthese (256 ff).

53 Trojanisches Pferd 337; vgl. auch „Zölibat und Glaubenskrise" 75, Anm.1.

54 Zölibat und Glaubenskrise 69 ff. „Das Amt des Priesters."

55 ebd. 74.

56 Metaphysik der Gemeinschaft 330.

57 Adam (wie Anm. 1) 338.

58 ebd. 315.

59 ebd. 23.

60 (= Gesammelte Werke Bd. VIII). Stuttgart/Berlin/Köln/Mainz o. J., 7–164.

61 ebd. 12.

62 Im „Trojanischen Pferd" hat der Denker im Kapitel „Kairos" (110 ff.) über den Ruf der historischen Stunde und die Antwort des Christen ausführlich gehandelt. Dort (112) kritisiert er, daß die Deutschen Bischöfe 1933 nicht klar genug den Nationalsozialismus verurteilt haben.

63 Die Idee einer katholischen Universität, in: Gesammelte Werke Bd. VII, 356.

64 ebd. 356–357.

65 ebd. 359.

66 ebd. 358.

67 Liturgie und Persönlichkeit (wie Anm. 13) 56.

68 Die Lambeth-Botschaft, in: Die Menschheit am Scheideweg (Anm. 22) 146: „Die ehrfürchtige Stellung gegenüber der Sphäre des Geschlechtlichen in der Ehe, gegenüber dem Geheimnis der Fortpflanzung berührt uns als katholisches Erbgut."

69 Mit seiner Schrift „Die Enzyklika ‚Humanae vitae' - ein Zeichen des Widerspruchs" (Regensburg 1968) gehört Hildebrand zu den ersten Verteidigern der Lehre des Papstes über die rechte Weitergabe des menschlichen Lebens in der Ehe. Vgl. Laun, Andreas: Liebe, Ehe, Sexualität – Durchbruch im 20. Jahrhundert, in: ders.: Aktuelle Probleme der Moraltheologie. Wien 1991, 65 ff.

70 Gibt es eine Eigengesetzlichkeit der Pädagogik? in: Gesammelte Werke Bd. VII, 375–397, hier 385.

71 Max Schelers Stellung zur katholischen Gedankenwelt, in: Zeitliches im Lichte des Ewigen (wie Anm. 52), 354 ff.

72 Die Weltkrise und die menschliche Person, in: Die Menschheit am Scheideweg, 250.

73 Zur Begrenzung des Staates, in: Die Menschheit am Scheideweg, 292.

74 Die Ehe. München 1929.

75 Trojanisches Pferd 81.

76 ebd. 81.

77 Zölibat und Glaubenskrise 39 ff.

78 ebd. 40.

79 Trojanisches Pferd 317.

80 Substitute für wahre Sittlichkeit (= Gesammelte Werke Bd. VII). Regensburg 1974, 111–112.

81 Mozart, Beethoven, Schubert. Regensburg 1964, 37 und 39.

82 Ästhetik 2. Teil (= Gesammelte Werke Bd. VI). Stuttgart/Berlin/Köln/Mainz 1984, 109.

83 Das Wesen der Liebe (= Gesammelte Werke, Bd. III). Regensburg 1971, 254.

84 Die neue Sachlichkeit und das katholische Ethos, in: Zeitliches im Lichte des Ewigen, 95.

85 (= Gesammelte Werke Bd. II). Stuttgart/Berlin/Köln/Mainz o. J. 163 ff.

86 Neue Sachlichkeit 95.

87 Eigengesetzlichkeit 396.

88 Die Unsterblichkeit der Seele, in: Zeitliches im Lichte des Ewigen, 9 ff.

89 Vgl. u. a. Cullmann, Oskar: Unsterblichkeit der Seele oder Auferstehung der Toten? Stuttgart 1962; Ratzinger, Joseph: Eschatologie – Tod und ewiges Leben (= Kleine Katholische Dogmatik, Bd. IX). Regensburg 1977, 91 ff.; Scheffczyk, Leo: „Unsterblichkeit" bei Thomas von Aquin auf dem Hintergrund der neueren Diskussion. München 1989; Seifert, Josef: Gibt es ein Leben nach dem Tod? Philosophische Gedanken zur Unsterblichkeit, in: *FKTh* 5 (1989), 241–254.

90 Unsterblichkeit 21–22.

91 Eigengesetzlichkeit 396.

92 Vgl. Volk, Ludwig: Die Kirche in den deutschsprachigen Ländern (Deutschland, Österreich, Schweiz), in: Handbuch der Kirchengeschichte Bd. VII (wie Anm. 1), 555 ff.

93 Engelbert Dollfuß. Ein katholischer Staatsmann. Salzburg 1934.

94 ebd. 58.

95 ebd. 59.

96 ebd. 62.

97 ebd. 63.

98 ebd. 104.

5. Respekt vor der Würde des kranken Menschen

I. Person und Personwürde

Die Diskussion um die Würde des kranken Menschen ist in unseren Tagen neu entbrannt. Mitte Februar 1993 wurde z. B. in den Niederlanden ein neues Gesetz zur Sterbehilfe verabschiedet. Neu ist an diesem Gesetz, daß auch bei Nichteinwilligung des Patienten nach einem Verfahren aktive Sterbehilfe straffrei sein soll.

Kardinal Fiorenzo Angelini, der Präsident des Päpstlichen Rates für die Pastoral an den Kranken, nannte diese Regelung eine schwerwiegende Beleidigung der Menschenwürde.[1]

Nicht nur auf dem Gebiet der Sterbehilfe wird kontrovers diskutiert. Ähnliches stellen wir für die Gentechnik, die Abtreibung oder die Frage nach medizinischen Versuchen fest.[2]

Die heutigen Auseinandersetzungen lassen sich im Kern auf die Frage nach dem Verständnis der menschlichen Person zurückführen: Ist der Mensch eine Person? Ist er einmalig? Wie bestimmt sich seine Personalität? Auf der einen Seite spricht man oft von der agierenden Person. Man teilt dabei die Menschheit in zwei Klassen ein: die eine Hälfte besteht aus den Personen, d. h. aus Wesen, die sich als Personen verhalten; die andere Hälfte sind bloße Menschen, also Nichtpersonen.

So vertritt der amerikanische Philosoph Joseph Fletcher die These, eine Person müsse mindestens einen IQ von 20 haben; und sie müsse ein Zeitgefühl und Selbstwahrnehmung haben.[3] Der ebenso bekannte und einflußreiche Philosoph Peter Singer verlangt von der Person Vernunft und Bewußtsein ihrer selbst.

Anne Warren geht in der Bestimmung der Person einen Schritt weiter. Eine Person müsse Bewußtsein, Denkfähigkeit, selbstmotivierte Handlung, Fähigkeit der Mitteilung und Selbstwahrnehmung haben.[4] Hier scheint eine klare Unterscheidung der Begriffe „Person“ und „Persönlichkeit“ wichtig zu sein.

Wir sehen, daß man einen Personenbegriff nicht von rein biologischen Kriterien entwickeln kann und ebenso wenig kann das „Agieren“ oder gar die Leistung ausschlaggebend für den Personenbegriff werden.

Erich Blechschmidt hat in diesem Zusammenhang gesagt: „Insbesondere Menschsein ist mehr als nur materielle oder auch nur vegetative oder animale Realität – es ist geistig charakterisierte Existenz, Personalität.“[5] Und er weist ebenso auf eine „psychische Komponente“ hin, die man zwar nicht naturwissenschaftlich beweisen, die man aber folgern könne.[6]

Der Humanembryologe Blechschmidt verwirft aus der Sicht seiner Wissenschaft die These von der werdenden oder agierenden Person, wenn er sagt: „Dem Wesen des Menschen, seiner Personalität, kann kein Mehr hinzugefügt werden. Es ist immer vollkommen im Sinne von ganzheitlich existent, wenn auch zunächst nicht voll funktionsfähig. Es gibt keine halbe Person und keine prozentuale Individualität.“[7]

Es geht jetzt um die Frage, wie denn Person und somit die Würde eines jeden Menschen zu bestimmen ist.

Das Mittelalter[8] hatte die knappe und kurze Definition des Philosophen Boethius übernommen, nach der die Person eine individuelle Substanz geistig–rationaler Natur ist. Was ist damit gesagt?

Wenn es heißt, daß die Person eine Substanz ist, dann wird damit der Selbststand der Person ausgedrückt. Jede Person ist vollkommen einmalig und somit nicht wiederholbar. Die Person besteht nicht etwa abstrakt, sondern immer verwirklicht in der individuellen Substanz.

Wenn es weiter heißt, die Person sei ein geistig-rationales Wesen, dann wollte das Mittelalter ausdrücken, daß jede Person mit Erkenntnis und mit einem Willen ausgestattet sowie auch mit geistiger Affektivität begabt ist. Jede Person kann erkennen, kann mit Freiheit zwischen Ja und Nein wählen, und sie kann affektiv tätig werden, d. h. sie ist fähig zum Glück und zur Liebe.

Indem wir sagen, daß jede Person mit geistiger Affektivität begabt ist, deutet sich deren Offenheit oder Transzendenz an. Person ist ein Wesen, das über sich hinaus ist, d. h. sie ist ein metaphysisches Lebewesen. Karol Wojtyla drückt diesen Aspekt der Person so aus: „Die Person ist . . . ein objektives Wesen, das als bestimmtes Subjekt mit der ganzen (äußeren) Welt eng in Verbindung steht und dank seiner Innerlichkeit und seinem Innenleben darin von Grund auf wurzelt. Dazu kommt, daß die Person so nicht nur mit der sichtbaren Welt in Verbindung steht, sondern auch mit der unsichtbaren Welt und vor allem mit Gott.“[9]

Die Beziehung der Person zu Gott, ihrem Schöpfer, ist so stark, daß nur eine Person das „mögliche Fundament des übernatürlichen Lebens“ werden kann.[10] So ist die Person gerufen, Werte zu realisieren. Dabei kann nur eine Person Stellungnahmen gegenüber Gott abgeben, so z. B. im Akt der Anbetung, und sie kann auch als Person nur bestimmte Haltungen gegenüber anderen Personen abgeben, wie z. B. die Liebe. Dietrich von Hildebrand ist in seinem Werk „Das Wesen der Liebe“ auf diesen Zusammenhang eingegangen und sagt dort: „Es gibt Stellungnahmen, die nur Personen gegenüber möglich sind, z. B. Verehrung, Verachtung, Neid, Eifersucht, Verzeihen, Rache, Liebe und Haß im eigentlichen Sinne des Wortes.“[11]

All diese Unterscheidungsmerkmale zeigen, daß die Person sich von allen übrigen Wesen unterscheidet. Aufgrund dieser Fähigkeiten steht sie aber auch höher als alle anderen Wesen und kann für sich selbst einen Wert beanspruchen, der nur der Person zukommt.

„Diese personale Würde macht jede Person zu etwas in sich selbst unaussprechlich Kostbarem, das gebieterisch fordert, daß die Person als solche um ihrer selbst willen bejaht, ja in Liebe affirmiert werde.“[12]

Diese Sicht der Person, die eine Weiterentwicklung der Definition des Boethius ist und vom Personalismus unseres Jahrhunderts vertreten wird, schließt kategorisch aus, daß eine Person je verzweckt werden könnte. Wir können diesen Aspekt gegen jede Form der Verzweckung so ausdrücken: Person ist Person und niemals Sache oder Zweck.

Hier zeigt sich auch, daß jeder Mißbrauch der Person gegen die Würde und gegen den Wert der Person verstößt. Im Gegensatz zur Personwürde stehen immer Akte wie die absichtliche Tötung eines Unschuldigen, die Verleumdung als seelische Verletzung oder ein bewußtes Unrecht in der Verurteilung eines Unschuldigen, um nur einige Punkte zu nennen.

Wir können mit Josef Seifert zusammenfassen, was wir unter Person verstehen: „Mit Person meinen wir . . . im Menschen jene grundlegende und umfassende Wirklichkeit, die sowohl Geist und Seele ‚besitzt‘ als sie auch bewußter, freier Akte fähig ist. Ein Seiendes, das nicht nur erkenntnisfähig und frei, sondern auch intentionaler affektiver Erlebnisse fähig ist und einen bewußten Bezug zu allen Seienden bis hin zum Absoluten haben kann, das nennen wir Person.“[13]

Menschen- oder Personwürde meint, daß jede Person nie und nimmer als Sache gesehen werden kann und daß jeder Person ein letzter Wert zukommt von sich selbst her und nicht von der Gesellschaft her. Jede Person steht unendlich höher als die natürlichen Gemeinschaften wie Staat, Nation und Familie. Und jede Person steht über den Zwecken, die zur Verwirklichung dieser Gemeinschaften führen.[14]

II. Elemente eines verbreiteten Antipersonalismus

Nun zeigt ein Blick in unser Jahrhundert, daß die menschliche Person immer wieder ihrer Würde beraubt wird. Zu erinnern ist an die falsche Sicht des Menschen in den großen Irrwegen des 20. Jahrhunderts, an den *Nationalsozialismus und an den marxistischen Kommunismus.*[15] Beide Ideologien sind als antipersonalistisch zu beschreiben.

Wir wollen jetzt fragen, wo im Bereich der Medizin und des Krankenhauses sich falsche Ansätze der Person finden und einige antipersonalistische Strömungen nennen, die wir heute finden können.

Auf dem Hintergrund der Ausführungen über die Personenwürde können wir den Antipersonalismus so beschreiben:

Der Antipersonalismus versteht die Person als nicht von Gott erschaffen und kann deswegen auch nicht den Menschen als Ebenbild Gottes erkennen. Er leugnet die Seele und vor allem deren Unsterblichkeit und sieht den Menschen rein diesseitig. Ferner leugnet er die Willensfreiheit und als Folge auch die Verantwortung der Person sowie die Sittlichkeit.

Zum Antipersonalismus gehört auch immer die Ablehnung einer objektiven Erkenntnis der Wahrheit. Es findet sich ein Relativismus im Denken und Handeln. Und schließlich kann der antipersonalistische Denkansatz den Unterschied von menschlicher Person und Tier nicht würdigen.

– Schöpfer wird nicht anerkannt

Wenn der Zusammenhang von Schöpfer und Geschöpf, von Gott und dem Menschen geleugnet wird, dann kann die Würde der Person nicht mehr gesehen werden.

Es gehört zur menschlichen Person, auf die absolute Person, auf Gott, hingeordnet zu sein. Übersieht der Mensch diesen Zusammenhang, dann spielt er sich als Herr der Schöpfung auf.

Das ist in unseren Krankenhäusern dann der Fall, wenn es zu Abtreibungen kommt. Bei der Abtreibung übersehen Eltern und Arzt, daß die menschliche Person, die getötet werden soll, alleine vom Herrn über Leben und Tod ins Leben gerufen wurde, d. h. daß dieses Kind einen einmaligen Bezug zur absoluten Person besitzt.

Lockert sich die Bindung zwischen menschlicher Person und Gott, dann maßt sich der Mensch das Recht an, über ein anderes personales Leben zu verfügen.

Wir müssen jede Person als Geschöpf Gottes betrachten und sie somit schützen, sonst enden wir leicht in einem menschenunwürdigen Antipersonalismus.

– Seele wird abgelehnt

Auch die Leugnung der Seele und deren Unsterblichkeit führt zu einer Haltung, die sich gegen die menschliche Person und deren Würde richtet. Das II. Vatikanische Konzil hat eigens die Unsterblichkeit der Seele betont im ersten Kapitel der Pastoralkonstitution, die von der Würde der menschlichen Person handelt.[16]

Mit der Leugnung der unsterblichen Seele wird nämlich das Sterben des Menschen anders bewertet. Papst Johannes Paul II. sagt in seinem Schreiben über das Leiden folgendes: „Die Seele überlebt und existiert getrennt vom Leib weiter, während der Leib einer allmählichen Zersetzung verfällt, wie Gott, der Herr, es nach der vom Menschen am Beginn seiner irdischen Geschichte begangenen Sünde gesagt hatte: „Staub bist du, zum Staube mußt du zurück.“[17]

Das Sterben des Menschen ist etwas Echtes und Tiefes, ja die Würde der Person zeigt sich beim Sterben in besonderer Weise.

Auf der einen Seite erleben wir den Tod als etwas, was uns ernst und nachdenklich macht. Wir erschauern beim Gedanken, daß nun etwas Endgültiges geschieht und erahnen die Ewigkeit.

Andererseits ist es aber auch etwas Großes, wenn das Leben eines Menschen zu Ende geht und wenn wir diesen Vorgang mit der Kirche als „Transitus“, als Übergang zum ewigen Leben beschreiben.

Unter dem Aspekt der Ewigkeit und der Unsterblichkeit der Seele hat das Sterben eines Menschen eine große Würde. Der Tod muß als „ganz menschliches Ereignis verstanden werden, als der letzte personale Akt, den der Mensch absolut allein vollziehen muß. Jemand kann für uns sein Leben hingeben, jedoch sterben muß jeder von uns allein. In diesem letzten personalen Akt gibt es keine Vertretung“.[18]

Wenn nun die Existenz der Seele geleugnet wird, dann wird das Sterben des Menschen zu einem Exitus. Ohne hier auf die philosophischen Aufweise für das Leben nach dem Tod eingehen zu können, erkennen wir, daß die Unsterblichkeit der Seele das Sterben eines Menschen in einem neuen Licht erscheinen läßt.

Nicht von ungefähr haben die weitverbreiteten menschenverachtenden und antipersonalistischen Denkformen wie der Kommunismus und der Nationalsozialismus die Unsterblichkeit der Seele entweder ganz geleugnet oder aber als Überleben in der Nation mißdeutet.

Die Leugnung der Seele und deren Unsterblichkeit ist ein erster Schritt zum Antipersonalismus. Es bleibt zu fragen, ob hier eine der Quellen für die heutige Euthanasiediskussion zu suchen ist.

Denn es wird suggeriert, der Tod sei in jedem Fall die Erlösung und Lösung aller Probleme. Die Seele und deren Gericht nach dem Tod wird vollkommen übersehen.

– Willensfreiheit wird abgelehnt

Wir haben gesehen, daß zur Person die Willensfreiheit gehört. Wenn nun der Antipersonalismus die Freiheit des Willens leugnet, braucht er letztlich auch keinen Unterschied von Gut und Böse.

Was heißt das für unseren Bereich?

Ein Wissenschaftler kann an die Erforschung der Wirklichkeit gehen und dabei berücksichtigen, daß nicht alles, was technisch machbar, auch sittlich erlaubt ist.

Leugnet er aber den Unterschied von Gut und Böse, so fragt er nur noch nach seinem vordergründigem Nutzen oder nach dem Kommerz. In dem Moment, wo man die Kategorien von Gut und Böse ausschaltet, erscheint die Welt neutral, ohne Werte.

Dann kann sich schnell eine „Laboratoriumsmentalität“[19] einstellen, die nicht mehr die Folgen für den Menschen berücksichtigt, sondern lediglich nach dem Nutzen, nach der „Wissenschaft“, fragt.

Kommen nicht viele Probleme in Medizin und Naturwissenschaft aus dieser Quelle? Endet Wissenschaft nicht zwangsläufig im Antipersonalismus, wenn sie nur noch nach dem Nutzen fragt und die Sittlichkeit einfach übergeht?

Man kann heute technisch *in vitro* eine Befruchtung tätigen. Aber wenn man bereit ist, dem Menschen Würde von der Befruchtung an zuzugestehen, wird dann dieses technische Können nicht zum Nachteil?

Denn gerade die künstliche Befruchtung hat ja den klaren und durch nichts von der Hand zu weisenden Beweis erbracht, daß die menschliche Person exakt mit der Befruchtung beginnt.[20] Es gibt nur zwei Grundpositionen: Auf der einen Seite erkenne ich an, daß die Person die Willensfreiheit hat zwischen Gut und Böse zu wählen. Für unseren Fall meint dies, daß ich keine befruchtete Zelle töten darf, weil auch sie bereits Person ist. Die andere Position lautet: Es handelt sich noch nicht um eine Person, also kann ich frei wählen und nehme eine Korrektur meines Laboratoriumsexperimentes vor.

Bei der ersten Position steht die menschliche Person im Mittelpunkt; bei der zweiten Fragestellung mein Labor und somit der Antipersonalismus.

– Versuchskaninchen

Wir sagten, daß der Antipersonalismus auch immer die Wahrheitserkenntnis leugnet und sich so Relativismus und Utilitarismus in dessen Ethik mischen.[21]

Erlaubt ist, was mir nützlich ist! – So das Motto des Utilitarismus. Wenn es auch nicht immer beabsichtigt sein mag, so schiebt sich aber bei jeder Leugnung der objektiven Wahrheit langsam der Grundsatz „Der Zweck heiligt die Mittel“ in den Vordergrund.

Es wäre höchst menschenunwürdig, wenn bei den Patienten eines Krankenhauses der Eindruck entstehen könnte, sie seien Mittel zum Zweck, kleines Rädchen in der großen Medizin.

Deswegen müssen die Ängste der Patienten, Versuchskaninchen zu sein, also nicht um ihrer selbst willen behandelt zu werden, ernstgenommen werden. Sicher mag diese Angst oft aus einem falschen Verständnis der Medizin und des Arztes genährt werden.

Aber es scheint, daß hinter dieser Angst auch ein realer Hintergrund steht. Medizin ist eine empirische Wissenschaft. Deren Erfahrungen werden bei jeder Anwendung gemacht. Die Mediziner können ja nicht anders als zu fragen, welches Medikament in welchem Fall hilft.

Und man merkt, daß jeder Kranke anders auf ein Medikament reagiert. Der eine Patient schwört auf das Medikament, der andere wird sich als Versuchskaninchen mißhandelt fühlen.

Es gibt auch andere Fälle. Ein Arzt verabreicht z. B. nicht mehr das bewährte Präparat, sondern er möchte aus rein wissenschaftlichen Zwecken einen Schritt weitergehen, weil er gerade seine Promotionsarbeit über diese Krankheit schreiben muß.

Wäre jetzt die Zustimmung des Patienten erforderlich? Heiligt in diesem Fall der Zweck (d. h. die Promotion) die Mittel?

Man darf sicher bei einem todkranken Menschen ein Mittel einsetzen, das viele Nebenwirkungen hat, aber durch dessen Verabreichen der Kranke eine kleine Hoffnung auf Erfolg bekommen kann.

Menschenunwürdig und gegen die Person gerichtet würde die Erprobung dann, wenn der Mensch nur noch als Mittel gesehen würde. Es geht zunächst um den kranken Menschen, den homo dolens, mit seiner Würde und dann erst um den zu erhoffenden Fortschritt der Medizin.

Übelste Form des Utilitarismus in unserem Jahrhundert sind zweifelslos die Menschenversuche in den nationalsozialistischen KZs gewesen. Hier handelte es sich um antipersonalistische Handlungen, die den einzelnen Menschen geradezu zum Mittel erniedrigten. Daß Ärzte an diesen Untaten beteiligt waren, macht dieses verbrecherische Tun nur schlimmer.

Ähnlich menschenunwürdig sind Experimente an Embryonen. Es steht ja fest, daß es sich um Personen handelt; sie werden nicht erst Menschen, sondern sie sind es, weil sich im vorgeburtlichen Ablauf keine Zäsur erkennen läßt, die auf eine Entstehung des Menschen ab einem bestimmten Augenblick hinweisen würde.[22]

– Unterscheidung von Mensch und Tier

Der Antipersonalismus krankt auch daran, daß er den Wesensunterschied von Mensch und Tier nicht erkennt. Die Menschenwürde gerät in große Gefahr, wenn man den Menschen vorschnell als hochentwickeltes Tier wertet. Im therapeutischen Bereich könnte der Unterschied von Mensch und Tier verwischt werden, wenn nicht ständig deutlich gesehen wird, daß das Leiden viel umfassender ist als die Krankheit selbst.

Darum sind Versuche, Tierverhaltensformen auf den Menschen zu übertragen und aus ihnen bestimmte Rückschlüsse zu ziehen, nicht geeignet, der Person des Menschen gerecht zu werden. Beim menschlichem Leid gibt es eine „doppelte Dimension": eine körperliche und eine geistig-seelische. „Natürlich ist der Schmerz, besonders der körperliche, auch in der Tierwelt weit verbreitet. Doch nur der Mensch weiß im Leiden, daß er leidet und fragt sich: Warum? Und er leidet auf eine für ihn als Menschen noch tiefere Weise, wenn er darauf keine befriedigende Antwort findet."[23]

Will man im therapeutischen Geschehen der Person wirklich gerecht werden, dann muß der Patient auch gerade unter dem Blickwinkel des moralischen Leidens gesehen werden. Erst dann wird Behandlung zu einer voll menschenwürdigen Tat.

Papst Johannes Paul II. sagt: „Die Weite und Vielfalt des moralischen Leidens sind gewiß nicht geringer als beim körperlichen Leiden; wohl scheint es weniger klar bestimmt und von der Therapie weniger leicht erreichbar zu sein."[24]

Die wahrhaft menschenwürdige Behandlung eines kranken Menschen schließt ein, daß der Therapeut den Kranken als Menschen sieht und nicht mit Theorien, die den Wesensunterschied von Mensch und Tier verwischen, an die Arbeit geht.

Das wäre der Fall, wenn er sich falsche Theorien z. B. über den Trieb der Tiere und deren Übertragung auf den Menschen zu eigen machen würde. Überhaupt ist die voreilige Psychologisierung nicht selten ungeeignet, den Menschen als Menschen zu sehen, zumal wenn sie Ergebnisse der Tierpsychologie auf den Menschen projeziert.[25]

Ich habe bewußt die verschiedenen Gefahren, die im therapeutischen Ablauf von Seiten des Antipersonalismus drohen, aufgezeigt.

Menschenwürde ist nicht teilbar: Entweder steht eine Gesellschaft zur Würde des Menschen, oder sie handelt nach dem Dammbruchprinzip: ein bißchen undicht, aber der Damm wird schon halten.

Um des Menschen willen sind wir verpflichtet, hellhörig zu werden.

III. Die Menschenwürde im Licht der Offenbarung

Die Frage nach der Würde der menschlichen Person versuchen wir nun im Licht der göttlichen Offenbarung zu betrachten, nachdem bislang mehr philosophische Aspekte benannt wurden.

Dazu blicken wir in das erste Buch der Heiligen Schrift und ebenso in das letzte Buch der Bibel.

1. Genesis 1,27

„Da schuf Gott den Menschen in seinem Ebenbild, im Ebenbild Gottes erschuf er ihn, männlich und weiblich erschuf er sie."

Die Genesis spricht keineswegs von der Personalität des Menschen, sondern von der Gottebenbildlichkeit. Man sollte beide Begriffe deswegen nicht einfach gleichsetzen, sondern man muß fragen, ob sich der Begriff der Person, wie wir ihn bislang brauchten, mit dem Begriff der Gottebenbildlichkeit vergleichen läßt.

Zweierlei läßt sich feststellen: Auf der einen Seite ist der Mensch von Gott ins Leben gerufen, d. h. er wird eine Substanz, ein Selbststand, wie die Philosophie das nennen würde.

Zum anderen begründet das schöpferische Wort Gottes eine Beziehung des Menschen zu Gott. Der Mensch ist offen auf Gott hin.

Der Mensch darf als Ebenbild oder Spiegel Gottes das strahlende Licht Gottes widerspiegeln. Im Gegensatz zu den übrigen Geschöpfen ist aber der Mensch Bild Gottes und steht in einem antwortenden Verhältnis zu seinem Schöpfer.

„Darum kann der Mensch, an die Spitze der Schöpfung gestellt, diese ganze Welt vor Gott auch vertreten, er kann Anwalt und Mandatar der Schöpfung vor Gott sein, welcher der stummen Schöpfung gleichsam Wort und Stimme leiht."[26]

So verstanden ist jeder Mensch einzigartig, unaustauschbar und unauswechselbar. Der Mensch als Ebenbild Gottes aber wird nicht erst Gott gegenüber in diese Würde gesetzt durch sein Tun und Handeln, sondern der Mensch ist so von Gott aus da.

2. Die Johannesapokalypse

Ebenso wie die übrige Hl. Schrift geht auch die Offenbarung des Johannes davon aus, daß dem einzelnen Menschen als Geschöpf und Ebenbild Gottes eine einmalige Würde zukommt. Da dieses Buch endzeitlich gedeutet werden muß, stellt sich die Frage nach der Menschenwürde vom endzeitlichen Geschehen her.

Gott hat dem einzelnen Menschen eine neue, endgültige Gemeinschaft bereitet, in die der Mensch im „überhöhten Sinn Person" ist.[27] Die Offenbarung beschreibt dies mit tiefen Bildern. Umfassende Aussage ist das himmlische Jerusalem (Kap. 21). Die heilige Stadt wird ganz erfüllt sein mit der Herrlichkeit Gottes, und der Mensch als Ebenbild Gottes erhält seine tiefste Erfüllung bei der Hochzeit des Lammes und in der ewigen Mahlgemeinschaft.

Doch auch schon in der Zwischenzeit besteht das Volk Gottes, zu denen die zählen, die von Gott berufen sind. Aber es wird nicht nur der Gemeinschaftsaspekt gesehen.

Vielmehr wird der einzelne Mensch sich ganz selbst finden in der personalen Zugehörigkeit zum Lamm. Der Mensch wird bei-ihm-sein. Das wird u. a. sehr deutlich in Kap. 20,6: „Selig und heilig der Teilhabende an der ersten Auferstehung: über diese hat der zweite Tod nicht Vollmacht, sondern sie werden sein Priester Gottes und des Christos, und sie werden herrschen mit ihm die tausend Jahre."

Die Apokalypse nennt auf dem Hintergrund des grausamen und menschenverachtenden Reiches des Antichristen denn auch menschliche Grundrechte.

– Das Recht auf Leben

Für das Reich des Antichristen ist die Verweigerung des Rechtes auf Leben das Normale. Gefangenschaft und Tod sind allgegenwärtig, wie in Kap. 13, 9 ausgeführt wird. Zumal, wer nicht dem Tier huldigt, dessen Leben ist nichts mehr wert.

Demgegenüber steht im himmlischen Jerusalem das Lebensrecht jedem zu. Dort gibt es Lebenswasser (21,6), und alle dürfen aus dieser Quelle trinken. Und die Namen derer, die im Lebensbuch aufgeschrieben wurden, werden nie mehr gestrichen (3,5).

– Lebensunterhalt

Das Reich des Antichristen verweigert den „Heiligen“ das Recht auf einen Lebensunterhalt. Während die Menschen Babylons in Saus und Braus leben können und bitter klagen, als ihnen die Macht und der Handel genommen werden, leben die Christen in Verfolgung.

Doch das Recht auf Lebensunterhalt und Nahrung wird dann im neuen Jerusalem zugestanden. In 22,2 heißt es, daß der Baum in der Stadt Gottes jeden Monat Früchte bringt und dessen Blätter den Menschen Heilung bringt. Das Recht auf Nahrung findet seinen Abschluß im Mahl des Lammes: „Selig, die zum Mahl der Hochzeit des Lammes gerufen sind.“(19,6)

– Recht auf Verehrung des wahren Gottes

Während das Reich des Antichristen einen staatlich verordneten Kult hat, in dessen Mittelpunkt die „Hure Babylon“ steht, findet sich die wahre Gottesverehrung im himmlischen Jerusalem. Dazu müssen die Gläubigen die priesterliche und königliche Würde besitzen.

Sie dürfen bei der Verehrung Gottes ihm näher sein als der Hohepriester des Alten Bundes. Den Gläubigen wird Gewissensfreiheit versichert gegenüber allen Mächten Babylons. Nur die Auserwählten können den Gottesdienst richtig mitfeiern, da sie das Lied singen können, das den anderen verborgen ist (vgl. 14,3).

– Recht auf Eigenverantwortung

Das Reich des Antichristen ist durch die Lügenpropheten charakterisiert. Die Rechte des einzelnen Menschen sind durch den Totalitarismus des Reiches Babylon vollkommen eingeschränkt.

Die Offenbarung des Johannes betont demgegenüber die Rechte des einzelnen Menschen. Diese Rechte des einzelnen Menschen finden ihre Erfüllung in der königlichen Würde, die Christus seinen Getreuen verliehen hat (vgl. 1,6).

Nichts, was einen wahren menschlichen Wert darstellt, wird im himmlischen Jerusalem verlorengehen: „Und sie bringen die Herrlichkeit und die Ehre der Völker in sie.“(21,26)

Es zeigt sich, daß die Hl. Schrift auch das kennt, was wir Würde der Person nennen. Im Licht der göttlichen Offenbarung ist der Mensch in dreifacher Weise unmittelbar auf seinen Schöpfer hingeordnet:

– als Gottes Ebenbild;
– als Bruder und Schwester des menschgewordenen Gottes;
– als neuer Mensch bei der Vollendung durch Gott.[28]

IV. Wer ist der Kranke für mich?

Nachdem wir nun die theoretischen Grundlagen behandelt haben, können wir jetzt fragen, wer der kranke Mensch für mich ist, und was es bedeutet, daß jeder Kranke seine vollständige Personenwürde besitzt.

In fünf Schritten ziehen wir die Konsequenzen aus dem oben gewonnenen Begriff der Person und deren Würde.

1. Person, nicht Sache

Jeder Mensch ist Person. Und wir haben gesehen, daß der Antipersonalismus den Menschen als Mittel zum Zweck erniedrigen möchte. Jeder Kranke ist zuerst und vor allem Person und nicht Sache. Das schließt immer und in allen Fällen aus, daß der Kranke zum medizinischen „Fall" oder zur „Nummer" wird.

Sicher werden wir nicht immer den Namen eines jeden Patienten gegenwärtig haben können; es mag vorkommen, daß wir uns die Krankheit des Patienten leichter merken als dessen Namen.

Es geht aber immer darum, daß wir den Unterschied von „lieben" und „gebrauchen" vor Augen haben, wenn wir auf kranke Menschen zugehen. Denn „lieben" kann man nur Personen, während wir Sachen gebrauchen können. Diesen Unterschied von „lieben" und „gebrauchen" hat Karol Wojtyla in seinem Buch „Liebe und Verantwortung" herausgearbeitet. Er betont, daß „die Liebe sich als die einzige Alternative zur Verwendung der Person als Mittel oder Werkzeug unseres Handelns abzeichnet".[29] Diese Fähigkeit zur Liebe hängt mit dem freien Willen des Menschen zusammen und ist bei Tieren nicht vorhanden.

„Was die Liebesfähigkeit bestimmt, ist dies, daß der Mensch bereit ist, bewußt nach dem Guten zu suchen, im Einklang mit anderen Menschen, und daß er bereit ist, sich diesem Gut in Rücksicht auf den anderen und an anderen in Rücksicht auf dieses Gut unterzuordnen. Nur Personen haben an der Liebe teil."[30]

So wird die Person nur richtig gewürdigt, wenn wir ihr gegenüber mit der Liebe antworten, was bezüglich des Kranken heißt, daß wir ihn als Person lieben müssen mit der Nächstenliebe. Denn gerade der kranke Mensch ist ganz auf unsere Liebe angewiesen. Solange wir gesund sind, mag mehr die „Sache" oder der Beruf im Mittelpunkt stehen.

Aber der kranke Mensch kann nur verstanden werden, wenn wir ihn als Person erkennen und ihn infolgedessen lieben.

2. Person, die Hilfe erwartet und Hoffnungen in mich setzt

Hilfsbedürftigkeit und Hoffnung begleiten schon den gesunden Menschen. Jeder ist jeden Tag auf vielerlei Hilfe angewiesen, und jeder von uns hat seine kleinen und großen Hoffnungen.

Der kranke Mensch wird zum Prototyp des hilfsbedürftigen Menschen. Aber er ist ebenso der hoffende Mensch. Patientsein heißt geradezu Hoffnung auf Hilfe setzen.

Und der Träger der Hoffnung ist jeder, der an das Bett des Kranken tritt. Der Kranke erhofft sich immer etwas: eine schmerzstillende Tablette, ein gutes Wort, eine gute Nachricht über Laborwerte usw.

Hoffnung gehört zur Person. Die Römer kannten das Sprichwort „Dum spiro, spero" (Solange ich atme, hoffe ich). Und der hl. Paulus spricht gar von einem Hoffen gegen alle Hoffnung (vgl. Röm 4,18).

Diese Hoffnung geht weit über die Erwartung hinaus: „Die Hoffnung hat vieles mit der Erwartung gemeinsam, aber sie unterscheidet sich dadurch deutlich von ihr, daß sie immer Gott und die Vorsehung voraussetzt, während sich die Erwartung auf rein natürliche Chancen stützt und die Vorsehung nicht voraussetzt."[31]

Der kranke Mensch ist jemand, dessen Hoffnung ich zu entfachen habe. Dann erst kann er sich angenommen fühlen. Das darf indessen nicht verwechselt werden mit „Hoffnung machen".

Schon der Begriff „machen" würde die Person des Kranken nicht ernstnehmen. Hoffnung kann nur wachsen, indem sie gemeinsam gesucht und schließlich von Gott geschenkt wird.

3. Person, die krank und leidend ist

Der Kranke kommt als Person ins Krankenhaus und muß als solche aufgenommen werden. Er kommt ja oft von Hier auf Jetzt ins Krankenhaus, ist oft unvorbereitet dem neuen Tagesablauf unterworfen und hat sich den Anweisungen des Personals zu fügen.

Der Patient hat als Person ein Recht darauf, mehr zu sein als das Krankenhaus und dessen Organisation. Die Jerusalemer Spitalordnung des frühen 12. Jahrhunderts betont eigens, der Kranke solle ins Bett getragen werden und wie ein Herr, quasi dominus, nach des Hauses Möglichkeiten liebevoll gepflegt werden.[32]

Der hl. Vinzenz von Paul unterstreicht viele Jahrhunderte später diesen Gedanken, wenn er sagt: „Die Armen sind unsere Herren, sie sind unsere Könige. Man muß ihnen gehorchen. Es ist keine Übertreibung, sie so zu bezeichnen: denn in den Armen ist unser Herr gegenwärtig."[33]

Die personale Würde des kranken und armen Menschen fordert diese Behandlung wie der Herr, quasi dominus, bedient zu werden.

Denn erst, wenn wir den Kranken so lieben wie wir Christus selbst lieben, geben wir ihm die größte Wertschätzung, derer wir fähig sind.

4. Person, die ihren Wert in sich hat

Die Person des Kranken vermag uns auch zu zeigen, daß sie einen Wert in sich hat, unabhängig von den Werten unserer Gesellschaft.

Krankheit disqualifiziert den Menschen in keiner Weise. Das, was wir mit dem Begriff „Lebensqualität" bezeichnen, ist nicht gleichbedeutend mit dem Wert des Lebens.

Der Wert des Lebens schließt mit ein, daß auch meine Krankheit einen Wert und einen Sinn hat.[34] Angesichts der Krankheit werden die gängigen Wertvorstellungen wie Gesundheit, Schönheit, Jugend oder Leistungskraft für ungültig erklärt.

Sobald jemand erkrankt, wird ja gerne in unserer Zeit, die sich als so aufgeklärt gibt, nach moralischen Gründen gesucht: Kommt ein

Mitarbeiter des eigenen Krankenhauses als Patient, dann weiß jeder gleich den Grund seines Aufenthaltes. Es kommen Gerüchte auf. Er habe zuviel geraucht oder zu oft getrunken. Wird hier nicht der Gedanke verdrängt, daß es kranke Menschen gibt und daß sie ihren Wert in sich haben?

Der kranke Mitarbeiter wird zur Anfrage an den Begriff „Lebensqualität", den ich mir zurechtgelegt habe. Er stellt mein Konzept des Lebens in Frage.

Und nur, wenn ich mein Konzept in Frage stellen lassen kann, dann kann ich den kranken Mitarbeiter als Person sehen. Ich vermag jetzt zu erfassen, daß er einmalig ist, daß er einen Wert in sich hat – gerade in seiner Krankheit, in seiner jetzigen Kraftlosigkeit.

Und dieser Wert der Person ist unabhängig von seinen beruflichen Kompetenzen, die ich bislang von ihm kannte und bewunderte.

Bereits 1940 hat das kirchliche Lehramt diesen Wert des kranken Menschen betont, als das damalige Hl. Offizium Protest gegen die direkte Tötung Unschuldiger einlegte.[35] Aufgrund psychischer oder physischer Fehler dürfe kein Mensch als nutzlos eingestuft werden. Das Lehramt sieht also hier den Wert der menschlichen Person in sich, unabhängig von gesellschaftlichen Wertvorstellungen.

5. Person, die um Christi willen geliebt werden muß

Wir haben bereits gesehen, daß jede Person von jeder anderen Person die Stellungnahme der Liebe verlangt. Damit wird ausgeschlossen, daß die Person als Sache oder Mittel zum Zweck mißbraucht wird.

Indem nun Jesus Christus als die zweite Person der Dreifaltigkeit Mensch wurde, hat er jeden Menschen in einen neuen Zusammenhang gerückt: Jeder Mensch ist seit der Menschwerdung Gottes ein Bruder oder eine Schwester Jesu Christi.

Wenn wir uns nun der menschlichen Person in Liebe zuwenden, dann geschieht dies schon immer im Licht der Liebe, die Jesus Christus zu jedem Menschen hat. Das Tagesgebet des Weihnachtsfestes faßt diesen Gedanken zusammen: „Allmächtiger Gott, du hast den Menschen in seiner Würde wunderbar erschaffen und noch wunderbarer wiederhergestellt."

Jeder Mensch, und gerade auch der kranke und leidende Mensch, ist in Jesus Christus noch liebenswürdiger geworden als er es ohnehin schon als Ebenbild Gottes ist.

Jesus von Nazareth zeigt in seinem Leben, daß das Leiden, ja selbst der Tod eine fruchtbringende Komponente hat. „Christus ist dem Leiden nicht ausgewichen, wie der Mensch es immer wieder tut. Er hat es nicht übersehen. Er hat sich nicht davor geschützt. Er hat es in sein Herz aufgenommen. Als Leidende hat Er die Menschen so aufgenommen, wie sie wirklich sind; in ihrem eigentlichen Zustand. Er hat sich in die Bedrängnis der Menschen, in ihre Schuld und ihre Not hineingestellt. Das ist etwas unendlich Großes. Eine Liebe von heiligem Ernst: ohne alle Illusionen . . .", sagt Romano Guardini.[36]

Wenn wir den Kranken als Mensch ganz ernstnehmen, dann müssen wir dies im Licht der Liebe Christi tun. Die Kirche hat in ihrem Ritus des Versehganges im Rahmen der Fürbitten diesen Gedanken unterstrichen, wenn es heißt: „Herr, wir bitten dich, blicke auf ihn (sie) und erkenne in ihm (ihr) das Angesicht deines leidenden Sohnes."[37]

Wer ist der Kranke für mich?

Eine einmalige Person, die ihren Wert in sich hat. Der Kranke muß geliebt werden wie Christus selbst[38].

V. Aspekte eines menschenwürdigen Krankenhauses

Nachdem wir nun Klarheit gefunden haben über den Begriff der Person im Licht der Vernunft und des Glaubens und Aspekte genannt haben, wer der Kranke für uns ist, stellen wir nun die Frage nach einem Krankenhaus, das der Personenwürde des Menschen gerecht wird.

Ein Blick in die Geschichte des Krankenhauses zeigt uns, daß erst mit der Menschwerdung Christi die Idee eines Hospitales aufkam. Wir erkennen dies daran, daß die römische Antike lediglich sogenannte Valedudinarien kannte, Häuser für kranke Soldaten und Sklaven zur Wiederherstellung der Arbeitskraft bzw. der Einsatzfähigkeit.[39]

Die sich bald nach dem Aufhören der Christenverfolgungen entwickelnden Hospitäler gingen von einem anderen Grundgedanken aus: Im Kranken und Armen wurde Christus selbst gesehen und Ihm war zu helfen.[40]

Der Mensch wird jetzt als Individuum erkannt und die „einmalige Individualität kommt aus der eingeflößten Seele“.[41] Da es immer auch um das Seelenheil des Menschen geht, entwickelt sich bald eine Hospitalform, die bereits an der Architektur erkennen läßt, daß der Kranke ganz nahe dem leidenden Christus sein soll. Der Krankensaal schließt ab mit dem Chorraum einer Kirche, d. h. Krankheit wird gesehen im Licht Jesu Christi. Wir nennen nun einige Aspekte eines menschenwürdigen Krankenhauses in unserer Zeit:

1. Person und nicht „Nummer“

Ein menschenwürdiges Krankenhaus sieht im Patienten den kranken Menschen und nicht eine „Nummer“.

Krankheit wird nicht selten als „Störung der normalen Funktionen der Organe und Organsysteme eines Körpers“ bestimmt.[42]

Der Arzt fragt in der Anamnese nach dem Entstehen der Krankheit, nach Disposition, Exposition und Konstitution. Das trifft zwar auf den Körper des Patienten zu, aber nicht auf die Person. Denn es gibt keine Krankheiten an sich, sondern nur kranke Menschen, die leiblich-seelisch leiden.

Wenn ein Mensch erkrankt, dann ist er vierfach getroffen:

– Er ist somatisch betroffen, d. h. er hat Schmerzen und leidet unter den Schmerzen.

– Ebenso ist er psychisch betroffen. Er macht sich Sorgen um das Morgen, um die Zukunft und die Zeit nach seinem Krankenhausaufenthalt.

– Er erlebt auch soziale Spannungen. Belaste ich die anderen?

– Und schließlich steht er in einer religiösen Betroffenheit, die ihn nach dem Sinn seines Leidens und des Lebens fragen läßt.[43]

Ein menschenwürdiges Krankenhaus darf keinen dieser vier Aspekte ausschließen. Aber das heißt nicht, daß die vier Ebenen aufgeteilt würden auf die einzelnen Fachleute.

Vielmehr muß jeder, der dem Patienten begegnet, die ganze Breite der Krankheit erkennen und somit der kranken Person gerecht werden.

Ein Gedicht über „Patienten-Wirklichkeit“ zeigt auf, wie der Patient sich fühlt, wenn die vier Ebenen nicht als Einheit gesehen werden:

Man spricht
über
ihn
an seinem Bett,
in seiner Gegenwart.
Er wird Patient genannt,
denn sein Name,
seine Individualität
spielen medizinisch
keine Rolle.

Seine Perspektive
ist identisch
mit der eines Toten,
der in die Grube
hinabgelassen wird
und ein letztes Mal sieht,
wie man beherrscht
zu ihm hinabschaut.

Außer
ein paar
höflichen,
trivialen Fragen
wollten sie nichts
von ihm wissen,
und
zu sagen
hatten sie mir
schon gar nichts
in aller Öffentlichkeit.

Nicht
ein einziges

persönliches
Wort –
nicht eines.[44]

Menschenwürdiges Krankenhaus wird wissen, daß zwar jeder im therapeutischen Team vorrangig seinen Gesichtspunkt fachlich bearbeiten muß, aber eben so, daß die anderen Aspekte durchscheinen.

Wenn das gelingt, erlebt der Patient ein Krankenhaus, in dem er sich nicht als „Nummer" fühlt.

2. Einheitliche Sicht des Menschen

Der Leib des Menschen ist der Ausdruck der Person. Nichts liegt uns Christen ferner als eine Leibfeindlichkeit. Der Mensch, besonders der kranke Mensch, erlebt seinen Leib und stellt fest, daß der Leib „etwas anderes ist als der Organismus", wie Hans-Eduard Hengstenberg betont.[45] Der Leib des Menschen wird von der „Sachlichkeit" bestimmt; er ist als Leib so organisiert, daß er sachgemäß auf die Welt eingehen kann und somit Ausdruck des Geistes wird.

Daß der Leib das geistige Wirken ausdrückt, zeigt sich u. a. am Aufrechtstehen des Menschen. Auch das Vorwärtsgehen und das Gesicht eines Menschen drücken geistige Wirklichkeiten aus. Wir können diesen Gedanken verdeutlichen, wenn wir fragen:

„Warum sehen Menschen nicht wie Computer, wie riesige technische Apparate aus? Warum sehen sie nicht wie Tiere aus? Warum ist der menschliche Leib so gestaltet, daß er ‚Ausdruck' der menschlichen Geistseele ist?"[46]

Jeder kranke Mensch drückt bereits am Leib aus, wie es um seine Person, um ihn im Ganzen steht. Behinderungen leiblicher Art, Defekte und Verstümmelungen verweisen auf einen größeren Zusammenhang des Leidens und nicht nur auf ein körperliches Gebrechen.

Die je eigene Leiberfahrung des kranken Menschen gilt es zu verstehen und zu achten, wenn wir zu einer menschenwürdigen Behandlung kommen möchten. Wenn der Leib Ausdruck der Person ist, dann können wir über ihn die Person selbst erreichen.

Ein menschenwürdiges Krankenhaus weiß um diesen Zusammenhang von Leib und Person. Je mehr die einheitliche Sicht des Menschen im Vordergrund steht, desto mehr kann der Kranke als

Person angenommen werden. Man muß einen falschen Dualismus überwinden, um die wahre Dualität von Leib und Seele zu erkennen.[47] Denn der Mensch ist die wunderbare und geheimnisvolle Verknüpfung von Leib und Seele. Der Leib des Menschen aber drückt auf schönste Weise die Würde der menschlichen Person aus.

Wer so den Leib des kranken Menschen sehen kann, wird der Person gerecht und vollzieht eine menschenwürdige Behandlung.

3. Qualität im menschlichen Bereich geht vor Maximierung

Viele Menschen klagen darüber, daß die sogenannten „Wasserköpfe“ der Verwaltungen immer größer werden. Um es mit der Militärsprache zu sagen: Der Nachschub ist weitaus größer als die kämpfende Truppe.

In vielen Krankenhäusern erleben wir eine Aufstockung des Personals im technischen Bereich und in der Verwaltung.

Demgegenüber würde Humanisierung der Krankenhäuser bedeuten, daß zunächst das Personal aufgestockt wird, das auch wirklich mit den kranken Menschen umgeht. Doch hier wird gerne gespart – auch in kirchlichen Einrichtungen! Was bringt ein Verwaltungsmitarbeiter für die menschenwürdige Behandlung des einzelnen Patienten? Die Verwaltungsleute kennen kaum den Ablauf einer Station und betrachten den Patienten aus ihrer Sicht doch als „Nummer“, die abgerechnet werden muß.

Wie könnte hier zugunsten der menschlichen Qualität etwas verbessert werden bei der Kostenexplosion im Gesundheitswesen?

Viele Krankenhäuser sind in der Trägerschaft von Pfarrgemeinden. Eine Pfarrei trägt wörtlich ein Krankenhaus oder ein Altenheim, wenn möglichst Jugendliche und ehrenamtliche Helfer sich in den Dienst des Hauses stellen. Ist lediglich der Pfarrer Mitglied im Direktorium des Krankenhauses, und sonst geschieht nichts, dann kann menschliche Qualität nicht verbessert werden.

Qualität im menschlichen Bereich muß getragen werden vom Träger, d. h. wenn es finanziell nicht anders geht über ehrenamtliche Helferinnen und Helfer.

In diesem Punkt spiegelt sich die Humanität einer Pfarrei im Krankenhaus wider.

4. Überschaubare Häuser – „Unser Haus hat ein Gesicht“

Viele Gesichter muß ein kranker Mensch sich merken, wenn er ins Krankenhaus eingeliefert wird. Einmal eingeliefert, ist er dem Team ausgeliefert, das seinerseits im Schichtdienst arbeitet. Dreimal pro 24 Stunden sind es andere Gesichter, die ein Patient zu sehen bekommt.

Dazu kommen noch die anderen Dienste, die Sozialarbeiterin, mit der er vielleicht über den schwierigen Schritt ins Altenheim verhandeln muß, der Seelsorger oder der Psychologe.

Aber ist es nicht so, daß erst ein uns vertrautes Gesicht auch Vertrauen vermitteln kann? Vertrauen, sich jemanden anvertrauen, setzt voraus, daß ich mit dem Gegenüber vertraut bin, daß ich sein Gesicht kenne, den Menschen schätzen gelernt habe.

Ein menschenwürdiges Krankenhaus hat ein Gesicht, d. h. jeder Patient muß seine Vertrauenspersonen haben. Dann wird ein Haus überschaubar. Erst wo Vertrauen entsteht in eine Person, schwinden Ängste. Nur so wird ein Fundament für Gesundung und Heilung gelegt werden können.

Dabei kann sich die Vertrauenspeson aus Zufall ergeben. Bei dem einen ist es der Seelsorger, manchmal auch bei kirchlich nicht gebundenen Patienten. Es kann aber auch der Kioskbesitzer sein, wo der Patient sich menschlich angenommen erlebt.

Das Krankenhaus muß so strukturiert sein, daß den einzelnen Diensten, die mit den kranken Menschen umgehen, Zeit bleibt. Es wäre kritisch zu fragen, wieviel Geld der Kirchensteuer die Kirche genau für diesen entscheidenden Punkt ausgibt.

Ein menschenwürdiges Krankenhaus hat ein Gesicht. Das ist keine Nebensächlichkeit, sondern wir haben gesehen, daß Person auch immer „Wesen über sich hinaus“ ist. Der Mensch braucht das Gesicht, den Kontakt – gerade in seiner Krankheit, die oft als Isolierung gefühlt wird.

5. Hightec an zweiter Stelle

Der Mensch bedarf des Menschen, um Gesundheit wiederzuerlangen. Betrachten wir das Wort „Be-Handlung“! Der Arzt soll ein gutes Händchen haben für meine Krankheit. Er soll mich be-handeln; seine Hände soll er einsetzen als Zeichen seines Heilwissens, damit ich gesund werde. Zwischen die Hände des Arztes und den kranken Menschen ist längst der Apparat getreten. Längst ist es höchstentwickelte Technik, die zugunsten des Patienten eingesetzt wird.

Aber es stellt sich die Frage, ob unsere Krankenhäuser nicht menschenwürdiger, patientenorientierter würden, wenn mehr Geld in die Ausbildung von Menschen gesteckt würde und weniger Geld in die Apparate.

Wir alle wissen um die Gratwanderung: Ein Haus muß sich finanziell tragen, sonst ist es nicht zu halten. Aber auf der anderen Seite wird der Ruf nach menschenwürdigen Krankenhäusern lauter.

Man sollte erkennen, daß das Kapital eines Krankenhauses in einem zufriedenem und motiviertem Personal besteht. Wir alle kennen Patienten, die gerne wiederkommen in ein weniger modernes Haus, dessen Personal sie aber schätzen. Auch hier muß die Frage gestellt werden: Was tut der Träger für das Personal, das oft überlastet ist, körperlich und seelisch?

Auch im Wort „Personal" sollten wir das Wort „Person" hören und nicht überhören. Das Personal ist keine „Sache", sondern besteht aus einzelnen Personen, die ebenfalls Personenwürde haben.

Vor allen „Sachen" und „Zwecken" eines Krankenhauses muß das Personal stehen, weil es sich hier um eine Gemeinschaft von Personen handelt, von denen menschenwürdiges Verhalten verlangt wird. Aber was der Mensch abgeben soll und muß, das darf er zuvor auch erhalten und sich motivieren.

6. Bauliche Voraussetzungen

Ein letzter Aspekt des menschenwürdigen Krankenhauses sei genannt: Es geht um die Architektur als Bedeutungsträger. Bauten können sprechen; Steine können reden und ein Programm verraten.

Die Architektur eines Krankenhauses ist zunächst human in dem Sinne, daß der Bau im Gegensatz zur Natur den kranken Menschen umfängt und schirmt. Der praktische Zweck eines Krankenhauses mag sein, daß die Kranken ein Dach über dem Kopf haben. Doch es gibt auch einen geistigen Zweck des Krankenhauses. Er besteht darin, daß der Kranke sich wohlfühlt, Heimat erlebt, soweit das zu machen ist.[48] Dazu muß ein Bauwerk auch schön sein; Schönheit erhebt die Seele, macht menschlich.

Wenn wir ohne Vorurteil auf die Kliniken und Krankenhäuser schauen, dann stellen wir oft eine Abwesenheit der Schönheit und der Heimat fest. Öde sind die Fassaden; zweckgebunden reihen sich die Fenster nebeneinander, gerade so wie bei Gefängnissen.

Dazu stellt man fest, daß kirchliche Bauten sich oft durch nichts von staatlichen Häusern unterscheiden. Eine Betrachtung über den Stellenwert der Krankenhauskapelle zeigt, daß die Kapellen weit außen angebracht sind oder aber als „Klosterkirche“ fungieren, jedoch nicht als Bedeutungsträger.[49] Es sind Krankenhäuser in kirchlicher Trägerschaft bekannt, die keinen Raum für den Gottesdienst hatten. Oft wurde nach Fertigstellung ein Raum zur Kapelle bestimmt, abgetrennt durch eine Trennwand vom Gymnastikraum. Wir haben gesehen, daß menschenwürdige Pflege auch heißt, den leib-seelisch-geistigen Bereich nicht zu übersehen.

Für ein menschenwürdiges Krankenhaus sollte viel Platz beim Neubau zur Verfügung stehen. Nicht so sehr in die Höhe sollte gebaut werden, sondern in die Breite mit Grünanlagen. Die Stationen könnten Essensräume haben, damit die nichtbettlägerigen Patienten dort Gemeinschaft erleben könnten. Auch müßte es Räume geben, in die sich ein Patient mit seinen Besuchern zurückziehen könnte, damit angesichts der Mehrbettzimmer wenigstens der Versuch einer Privatsphäre gemacht werden könnte.

Das alles gehört zu einem menschenwürdigen Krankenhaus. Aber eines soll am Schluß noch betont werden. In der Goslarer Marktkirche gibt es einen romanischen Bilderzyklus über die heiligen Ärzte Kosmas und Damian. Dort lesen wir „Omnis sanitas in Deo consistit“ (Alle Gesundheit gründet allein in Gott).[50]

Für die Architektur des Krankenhauses in kirchlicher Trägerschaft muß das heißen, daß die Kapelle als Mittelpunkt des Hauses zu bauen ist; denn dort finden wir den, der den Menschen wunderbar erschaffen und noch wunderbarer erneuert hat. Über ihn hat der hl. Ignatius von Antiochien gesagt:

Einer nur ist Arzt
aus dem Fleisch zugleich und aus Geist
gezeugt und ungezeugt

im Fleisch geborener Gott
im Tode wirkliches Leben
aus Maria sowohl als aus Gott
erst Leiden unterworfen, dann Leidens unfähig
Jesus Christus, unser Herr.[51]

Anmerkungen:

1 Deutsche Tagespost Nr. 19, 13. Februar 1993, S. 4 „Kritik am Euthanasiegesetz".
2 Johannes Reiter: Menschliche Würde und christliche Verantwortung. Bedenkliches zu Technik, Ethik, Politik. Kevelaer 1989; Andreas Laun: Aktuelle Probleme der Moraltheologie. Wien 1991; Paul Hoffacker/Benedikt Steinschulte/Paul-Johannes Fietz/Martin Brinsa (Hrsg.): Auf Leben und Tod. Abtreibung in der Diskussion. Bergisch-Gladbach 1991[5].
3 Stephen Schwarz: Die verratene Menschenwürde. Abtreibung als philosophisches Problem. Köln 1992, 128.
4 Schwarz 128.
5 Erich Blechschmidt: Daten der menschlichen Frühentwicklung – Menschliches Leben beginnt im Augenblick der Befruchtung, in: Hoffacker (Anm. 2) 26–47, hier 39; vgl. auch Blechschmidts Buch: Wie beginnt das menschliche Leben. Stein am Rhein 1976[4].
6 Blechschmidt 43.
7 Blechschmidt 43.
8 Zu den folgenden Ausführungen über die menschliche Person hat Josef Seifert wertvolle Anregungen gegeben: Menschenwürde und unbedingte Achtung menschlichen Lebens: Einige Fragen der Bioethik und die Grundlagen der Moral, in: Heiner Marré/Johannes Stüting (Hrsg.): Der Schutz des menschlichen Lebens (= Essener Gespräche zum Thema Staat und Kirche 22). Münster 1988, 57–78; vgl. auch meinen Aufsatz: Antipersonalismus und Menschenwürde in der Sicht Dietrich von Hildebrands, in: *Theologisches* 23 (1993), 65–73.
9 Karol Wojtyla: Liebe und Verantwortung. Eine ethische Studie. München 1979, 21.
10 Dietrich von Hildebrand: Die Weltkrise und die menschliche Person, in: ders.: Die Menschheit am Scheideweg. Gesammelte Abhandlungen und Vorträge (hrsg. von Karla Mertens). Regensburg 1955, 238.
11 ders.: Das Wesen der Liebe (= Gesammelte Werke III). Regensburg 1971, 146.
12 Seifert, Menschenwürde (Anm. 8) 62.
13 Josef Seifert: Das Leib-Seele-Problem und die gegenwärtige philosophische Diskussion. Eine systematisch-kritische Analyse. Darmstadt 1989[2], 302.
14 Vgl. hierzu Dietrich von Hildebrand: Metaphysik der Gemeinschaft. Untersuchungen über Wesen und Wert der Gemeinschaft (= Gesammelte Werke IV). Regensburg 1975[3].
15 Vgl. meinen Aufsatz: Weder auf dem rechten noch auf dem linken Auge blind! Die Rundschreiben Papst Pius XI. über Nationalsozialismus und Kommunismus aus dem Jahre 1937, in: Joseph Overath: Mehr als nur Jahreszahlen. Abensberg 1991, 122–144.
16 Gaudium et spes, luctus et angor, Art. 14.
17 Johannes Paul II.: Apostolisches Schreiben „Salvifici Doloris" (= Verlautbarungen des Apostolischen Stuhles 53). Bonn 1984, Art. 15.
18 Antoni J. Nowak: Die Theologie des Todes, in: Franz Breid (Hrsg.): Die Letzten Dinge. Steyr 1992, 21.
19 Vgl. Dietrich von Hildebrand: Das Trojanische Pferd in der Stadt Gottes. St. Ottilien 1992[4], 246 ff.
20 Jerome Lejeune: Die Spitze der Nadel – Über den Anfang menschlichen Lebens, in: Hoffacker (Anm. 2) 21: „Das Wichtige, was den Massenmedien entgangen zu sein scheint, liegt nämlich hierin: Man hatte endlich und beim Menschen erstmals den formalen und unbestreitbaren Beweis erbracht, daß das Leben eines menschlichen Wesens schon bei der Befruchtung beginnt!"

21 Vgl. Dietrich von Hildebrand: Ethik (= Gesammelte Werke II). Stuttgart/Berlin/Köln/Mainz 1973[2], 111 ff.: „Der Relativismus“, sowie Wojtyla (Anm. 9) 31 ff.: „Kritik des Utilitarismus“.

22 Blechschmidt (Anm. 5) 43: „Dem Wesen des Menschen, seiner Personalität, kann kein Mehr hinzugefügt werden. Es ist immer vollkommen im Sinne von ganzheitlich existent, wenn auch zunächst noch nicht voll funktionsfähig. Es gibt keine halbe Person und keine prozentuale Individualität.“

23 „Salvifici doloris“ Art. 9.

24 „Salvifici doloris“ Art. 5.

25 Vgl. Josef Seifert: Leib und Seele. Ein Beitrag zur philosophischen Anthropologie. Salzburg/München 1973, 95 ff., wo er den Unterschied von Trieb und intentionalen Akten herausarbeitet und damit den Unterschied von Tier und Mensch noch besser aufzeigt. Gegen eine einseitige Betonung der Psychologie bei Aussagen über den Menschen wendet sich Dietrich von Hildebrand mit seinem Aufsatz „Die Entthronung der Wahrheit“ in: ders.: Idolkult und Gotteskult (= Gesammelte Werke VII). Regensburg 1974, 238 ff.

26 Leo Scheffczyk: Ursprung und Sinn der Welt. Freiburg 1981, 10–11; ders.: Der Mensch als Person und Gottebenbild, in: Glaube in der Bewährung. Gesammelte Schriften zur Theologie III. St. Ottiien 1991, 190 ff.

27 Heinz Schürmann: Menschenwürde und Menschenrechte im Lichte der „Offenbarung Jesu Christi“, in: ders.: Studien zur neutestamentlichen Ethik (hrsg. von Thomas Söding). Stuttgart 1990, 272; die folgenden Ausführungen lehnen sich an Schürmann an.

28 Reiter (Anm. 2) 57.

29 Wojtyla 26.

30 Wojtyla 26–27.

31 Dietrich von Hildebrand: Über den Tod. Nachgelassene Schrift. St. Ottilien 1989[2], 74.

32 Gerhard Tonque Lagleder: Die Ordensregel der Johanniter/Malteser. Die geistlichen Grundlagen des Johanniter-/Malteserordens, mit einer Edition und Übersetzung der drei ältesten Regelhandschriften. St. Ottilien 1983, 149.

33 Vinzenz von Paul: Worte des Erbarmens. Freiburg/Basel/Wien 1980[2], 47.

34 Vgl. die Werke Viktor Frankls und dessen Schülerin Elisabeth Lukas zur Logotherapie, vor allem: Viktor E. Frankl: Im Anfang war der Sinn. Von der Psychoanalyse zur Logotherapie. Ein Gespräch mit Franz Kreuzer. München 1986.

35 DS 3790.

36 Romano Guardini: Der Herr. Betrachtungen über die Person und das Leben Jesu Christi. Würzburg 1964[13], 55.

37 Rituale Romanum: Ordo unctionis infirmorum eorumque pastoralis curae. Vatikanstadt 1975[2], 52.

38 Vgl. mein Buch: Dem Kranken dienen wie Christus selbst. Dokumente zum christlichen Verständnis von Krankheit und ihrer Pflege in Geschichte und Gegenwart (= Europäische Hochschulschriften XXIII, 206). Frankfurt am Main/Bern/New York 1983.

39 Eduard Seidler: Geschichte der Pflege des kranken Menschen. Stuttgart/Berlin/Köln/Mainz 1980[5], 61.

40 Dieter Jetter: Das europäische Hospital. Von der Spätantike bis 1800. Köln 1986; vgl. dazu meine Rezension in: *ThR* 83 (1987), 285–286.

41 John C. Eccles: Die Psyche des Menschen. Das Gehirn–Geist-Problem in neurologischer Sicht. München 1990, 287.

42 Willibald Pschyrembel: Klinisches Wörterbuch mit klinischen Syndromen und einem Anhang Nomina Anatomica. Berlin/New York 1977[253], 653.

43 Heinrich Pera/Bernd Weinert: Mit Leidenden unterwegs. Leipzig 1991, 64.

44 Text nach: Gerta Scharffenorth/A. M. Klaus Müller (Hrsg.): Patienten-Orientierung als Aufgabe. Kritische Analyse der Krankenhaussituation und notwendige Neuorientierungen. Heidelberg 1991², 131.

45 Hans-Eduard Hengstenberg: Philosophische Anthropologie. München/Salzburg 1984; 84.

46 Seifert: Leib und Seele (Anm. 25) 256.

47 Seifert: Leib und Seele (Anm. 25) 170 ff.; hier wird die Vieldeutigkeit des Begriffes „Dualismus“ aufgezeigt und geklärt.

48 Dietrich von Hildebrand: Ästhetik 2. Teil (= Gesammelte Werke VI). Stuttgart/Berlin/Köln/Mainz 1984. 53 ff.

49 Vgl. meine „Thesen über die Integration der Caritasgeschichte in die allgemeine Kirchengeschichte“, in: Mehr als nur Jahreszahlen (Anm. 15) 27. ff.

50 Hierzu und über die beiden hl. Ärzte vgl. mein Buch: Wahre Zeitgenossen. Marien- und Heiligenpredigten. Abensberg 1992, 175–177.

51 Text nach Overath: Dem Kranken dienen (Anm. 38) 14.

6. Paßt der Glaube in ein Buch?

Zum Erscheinen des „Katechismus der Katholischen Kirche“.

Lange bevor Papst Johannes Paul II. am 11. Oktober 1992 mit der Apostolischen Konstitution „Fidei Depositum“ den „Katechismus der Katholischen Kirche“ (KKK)[1] veröffentlichte, stand dieses Buch in der öffentlichen Kritik. So nahm z. B. das „Hamburger Tageblatt“ am 23. September 1992 zu dem Glaubensbuch negativ Stellung. Unter der Schlagzeile „Ein dicker Schlitten wird zur Todsünde“ wurde der „neue Katechismus des Papstes“ auf der Titelseite angekündigt. Auf der Titelseite fand sich auch die Nachricht „Hamburg katholischer Bischofssitz“. Der Bericht über den Katechismus wimmelte von Ungenauigkeiten. So datierte man den hl. Papst Pius X. (1903–1914) ins 16. Jahrhundert und versuchte überhaupt nicht, das Buch umfassend zu würdigen.

Die einseitige Tendenz der Berichterstattung zeigt sich auch in der Tatsache, daß dieser Beitrag über ein noch nicht amtlich eingeführtes Buch genau an dem Tag erschien, als Hamburg zur katholischen Bischofsstadt erklärt wurde.

Am 25. November dann wurde in der „Kölnischen Rundschau“ ein Leserbrief veröffentlicht. Die Schreiberin gab zwar zu, den Katechismus noch nicht zu kennen, aber sie richtete an „Herrn Ratzinger“ zwei Fragen: „Wohin gehst du und wie lange noch willst du unsere Geduld mißbrauchen?“

Die beiden Beispiele zeigen, daß man bemüht war und ist, gegen den KKK Stimmung zu machen. Auf dem Höhepunkt der Pressekampagne gegen das Glaubensbuch richtete der Präfekt der Glaubenskongregation, Kardinal Joseph Ratzinger, an die „Süddeutsche Zeitung“ am 30./31. Januar 1993 einen Leserbrief, in dem er sich kritisch mit den Ausführungen des Tübinger Theologen Norbert Greinacher auseinandersetzte.

Positive Stimmen zum KKK waren eher rar. So betonte Harald Vocke am 21. Januar 1993 in der „Deutschen Tagespost“: „Der Katechismus ist . . . in unserer Zeit für Katholiken das wichtigste katholische Buch, und wer die Kirche liebt, muß dieses Buch lesen und lieben. Denn was der Glaube der Kirche ist, und damit die Botschaft Christi, wird hier in verbindlicher Klarheit zusammengefaßt.“

Demgegenüber kritisierte Pater Hermann-Josef Lauter OFM in der vom Kölner Erzbischof herausgegebenen „Kirchenzeitung“ am 11. Juni 1993 das Buch. Er griff die Lehre über die Fruchtbarkeit der Ehe (KKK Nr. 2366–2373) an, betonte aber gleichzeitig, daß ein Katechismus die Sprache der Tradition sprechen müsse. Diese halbherzige Stellungnahme zu dem KKK ist um so verwunderlicher, als Papst Johannes Paul II. zum Gründonnerstag dieses Jahres an alle Priester der Kirche geschrieben hatte: „. . . Zugleich wird uns dieser Katechismus als sicherer Bezugspunkt geschenkt für die Erfüllung der uns im Weihesakrament übertragenen Sendung, im Namen Christi und der Kirche allen Menschen die ‚Frohe Botschaft‘ zu verkünden . . . In dieser zusammenfassenden Darstellung unseres Glaubensgutes können wir in der Tat eine wahre und sichere Richtlinie erblicken für die Unterweisung in der katholischen Lehre, für die Durchführung der Katechese beim christlichen Volk, für jene Neuevangelisierung, die die heutige Welt so notwendig braucht“ (Art.2).

Wir fragen zunächst nach, was ein Katechismus[2] ist. Ist er eine sture, leere Sammlung von weltfremden Dogmen, die weit von unserem Leben entfernt ist? Ist er ein Sündenregister?

Das Wort „Katechismus“ leitet sich ab vom griechischen Begriff „katechein“, d. h. „entgegentönen“. Im übertragenen Sinne bedeutet das Wort „belehren“ und allgemeiner auch „unterrichten“. Im Katechismus tönt mir entgegen, was Gott mir sagen möchte. Anders formuliert: Das Lehramt ist das Echo Jesu Christi, und dieses Echo tönt mir entgegen in diesem Katechismus. Man unterscheidet allgemein zwei Arten des Glaubens: den Glauben, der auf Gott vertraut (fides qua), und einen inhaltlichen Glauben (fides quae).

In einem verdeutlichenden Beispiel können wir sagen: Ich glaube Gott, und ich vertraue ihm mein Leben an. Dieser erste Satz beinhaltet eine zweite Aussage: Ich glaube, daß es Gott gibt. Diese inhaltliche Seite des Glaubensvorganges bringt der Katechismus zur Sprache.

Bereits das Neue Testament zeigt, daß nicht getrennt werden kann zwischen der inhaltlichen Seite des Glaubens und dem persönlichen Verhältnis zu Gott. Erinnert sei an die Worte des hl. Paulus aus dem Römerbrief: „Denn wenn du bekennst in deinem Mund als Herrn Jesus und glaubst in deinem Herzen, daß Gott ihn auferweckte aus den Toten, wirst du gerettet werden“ (Röm 10,9).

Das Subjekt dieses Satzes ist Gott.[3] Das Verb steht im Aorist, d. h. es wird ein einmaliges Heilsereignis, das in der Vergangenheit geschehen ist, als wichtig für die Gegenwart beschrieben. Die Auferstehung Jesu ist eine Auferstehung von den Toten; ein bloßes Lippenbekenntnis „Die Sache Jesu geht weiter" nützt nichts. Mund und Herz müssen zusammenklingen (fides qua und fides quae sind nicht zu trennen).

Hier zeigt sich die Berechtigung eines schriftlich fixierten „Glaubens": Der Glaube in seinen beiden Ebenen ist nur möglich, wenn er in Formeln fixiert ist, die uns zum persönlichen Verhältnis zu Jesus Christus führen.

Indessen: Jemand könnte den ganzen Katechismus auswendiglernen und es könnte ihm der Glaube fehlen. Im Sinne des hl. Paulus müssen wir sagen, daß das Sprechen und Bekennen der Glaubensformeln erst zum echten Begreifen führt, wenn der Schritt vom „Hirn" zum „Herzen" und dann zu den „Händen" vollzogen wird, wenn also die Botschaft für mein Leben fruchtbar wird.

Ein Katechismus möchte die Verkündigung systematisieren. Deswegen sind viele Katechismen, wie auch der KKK, so aufgebaut, daß sie das Credo, die Zehn Gebote, die Sakramente und das Herrengebet auslegen.

Der KKK ist somit eingespannt in den umfassenden Dienst der Kirche am Wort Gottes und somit am Wort Gottes, dem menschgewordenen Sohn Gottes, selbst. Der Dienst der Kirche am Wort läßt sich in zwei Arten unterteilen:

– Die Predigt führt den Menschen zur Entscheidung, indem sie das Wort Gottes vorstellt und ins Heute übersetzt;

– die Katechese durchdringt das Evangelium Christi und führt den Menschen zur Glaubensreife.

Um aber die Katechese einheitlich durchführen zu können, entstehen immer wieder Katechismen. Jeder Katechismus ist deswegen ein Produkt seiner Zeit; der Versuch, für eine bestimmte Zeit den Glauben ins Heute zu übertragen.

Aus der Geschichte der Kirche wissen wir um die vielfältigen Versuche, für jeweils jede Zeit ein Glaubensbuch zu entwerfen, das auf die Fragen der jeweiligen Epoche Antworten zu geben wußte.

Nur stichwortartig seien einige Katechismen erwähnt. 1555 veröffentlichte der hl. Petrus Canisius seinen Katechismus, eine Sammlung von Bibelworten mit den Auslegungen der Kirchenväter, um gegen die theologische Unklarheit seiner Zeit ein Hilfsmittel anzubieten. Das Konzil von Trient faßte den Glauben im „Catechismus Romanus“ zusammen. Die Pfarrer sollten anhand dieses Buches predigen.

War der „Catechismus Romanus“ ein offizielles Buch der Kirche, so hat es auch immer wieder mehr private Katechismen gegeben, die von interessierten Gläubigen oder von Bischöfen herausgegeben wurden. Solche Katechismen können sich gegen bestimmte Irrtümer richten, wie die unübertroffenen „Katechismuswahrheiten“ Josef Teuschs gegen das Neuheidentum des Nationalsozialismus. Für unsere Tage wäre zu erinnern an den „Katholischen Kurz-Katechismus“, der 1975 in Königstein erschienen ist.

All diese Bücher möchten keine leeren Formelsammlungen sein, sondern durchaus aufzeigen, daß der *Inhalt* der Glaubenswahrheiten die Voraussetzung ist für ein vertieftes *Verhältnis* zu Jesus Christus.

Die authentischen und ersten Verkündiger des katholischen Glaubens sind die Bischöfe. Das Dekret des Konzils über die „Hirtenaufgabe der Bischöfe“ legt deswegen den Bischöfen die Katechese ans Herz. Sie sollen das jeweilige Alter der Gläubigen berücksichtigen; Ziel sei es, die „volle Kenntnis der Glaubensgeheimnisse“[4] zu erreichen. Das Konzil weiß um die enge Verbindung von Lehre und Leben: „Die katechetische Unterweisung trachtet danach, daß in den Menschen der Glaube, durch die Lehre erleuchtet, lebendig wird, sich entfaltet und zu Taten führt.“[5]

Wie soll das geschehen?

Sicher führt der Glaube zu Taten, wenn die Hl. Schrift, die Überlieferung und die Liturgie ihn nähren. Ebenfalls gehört zur Vertiefung des Glaubens eine tiefe Kenntnis der Heiligen und der kirchlichen Lehrdokumente. Im Grunde haben wir nun die Elemente gefunden, die den KKK prägen. Im Rahmen der Durchführung der Konzilsbeschlüsse ist der Katechismus zur richtigen Zeit erschienen.

Zunächst galt es, eine verbindliche und auf den Stand heutiger Forschung gebrachte Fassung der Hl. Schrift herauszugeben. Diese erschien 1979 als „Nova Vulgata“[6] und löste die lateinische Übersetzung der „Vulgata“ ab.

1970 war das Missale Romanum erschienen; aus ihm und dem erneuerten Stundengebet[7] kann der Katechet das Leben der Heiligen für die Verkündigung fruchtbar werden lassen.[8]

Auch das erneuerte Kirchenrecht von 1983 übersetzt die Vorstellungen des Konzils in die Rechtswirklichkeit der Kirche.[9]

Neben diesen Kerntexten der Durchführungsgeschichte des Vatikanums II veröffentlichte die Kleruskongregation 1971 ein „Allgemeines Katechetisches Direktorium".[10] Dort wird über die Katechismen gesagt: „Ihre Aufgabe ist es, in einer Zusammenfassung und in praktischer Weise die Dokumente der Offenbarung und der christlichen Überlieferung sowie die Grundprinzipien darzubieten, die der katechetischen Tätigkeit, d. h. der Erziehung zum persönlichen Glauben dienen müssen.

Man muß die Dokumente der Überlieferung gebührend hochschätzen, und man muß mit größter Sorgfalt vermeiden, daß bestimmte Auslegungsversuche, die nichts anderes als Privatmeinungen oder Ansichten irgendeiner theologsichen Schule sind, als Glaubenslehre vorgetragen werden. Die Lehre der Kirche ist getreu wiederzugeben."[11]

Nach seiner inhaltlichen Konzeption war der verbindliche Katechismus der ganzen Kirche geboren. Es geht nach den Worten des „Allgemeinen Katechetischen Direktoriums" um ein Buch, das

– den persönlichen Glauben fördert und somit keine Sammlung von bloßen Glaubensformeln darstellt;

– die Lehre der Kirche zusammenfaßt und keineswegs theologische Lehrmeinungen anbietet;

– die Offenbarung und die Überlieferung als Erbe, Echo Christi, vorstellt.

Es dauerte indessen noch einige Zeit bis auch der allgemeine Wunsch nach einem solchen Kompendium laut wurde. 1975 – zehn Jahre nach Abschluß des Konzils – veröffentlichte Kardinal Felici ein Büchlein „Concilio vitam alere", das systematisch die Konzilstexte zusammenfaßte.[12] So entstand so etwas ähnliches wie ein Katechismus.

Erst die Bischofssynode von 1985 äußerte den Wunsch, es solle ein Katechismus erscheinen, der den Bischöfen als Leitbild bei Erstellung nationaler Glaubensbücher dienen solle.[13]

Nach sieben Jahren, am 8. Dezember 1992, konnte der Hl. Vater die französiche Ausgabe des KKK der Kirche vorstellen, nachdem der Text in neun Entwürfen und durch zahlreiche Veränderungen seitens der Bischofskonferenzen erstellt worden war.

Am 17. Mai 1993 wurde in Leipzig der deutsche Text des KKK vorgestellt; der verbindliche lateinische Text soll noch im Laufe des Jahres erscheinen und wird als die „Editio typica" gelten.

Hier können nur einige Beobachtungen theologischer Art vorgestellt werden, wobei grundsätzlich auf die Bewertung Leo Scheffczyks verwiesen sein soll[14].

Der KKK geht erfreulicherweise von einer heilsrealistischen Deutung des katholischen Glaubens aus. Er erteilt damit eine Absage an eine eher „psychologische" oder „symbolhafte" Deutung des Glaubens, wie sie von „Medientheologen" wie Eugen Drewermann und Hans Küng vertreten wird. Das kommt in Nr. 1015 sehr gut zum Ausdruck, wenn es heißt: „. . . Wir glauben an Gott, den Schöpfer des Fleisches; wir glauben an das Wort, das Fleisch geworden ist, um das Fleisch zu erlösen; wir glauben an die Auferstehung des Fleisches, in der sich die Schöpfung und die Erlösung des Fleisches vollenden."

Der KKK weiß darum, daß alles Nachdenken über den Glauben in der Anbetung enden muß. Hier verbindet er in schöner Weise den „Glauben" mit dem „Leben" und führt theologische Einwände ad absurdum, die einen tiefen Keil zwischen beide Größen treiben möchten. So heißt es in Nr. 563: „Ob einer nun Hirte oder Sterndeuter ist, er kann auf Erden nicht zu Gott kommen, es sei denn, er kniet vor der Krippe Betlehems nieder und betet ihn als den in der Schwäche eines Kindes Verborgenen an."

In der Anbetung nun trifft der Mensch den unaussagbaren Gott. Obwohl auf der einen Seite eine verbindliche Sprache des Glaubens nötig ist, weiß der KKK auf der anderen Seite: „Unsere menschlichen Worte reichen nie an das Mysterium Gottes heran" (Nr. 42).

Damit wehrt sich der Katechismus gegen Vorwürfe vieler Theologen, man könne heute keine „Jenseitstopographie" mehr treiben, und die unter diesem Vorwand die verbindliche Darstellung des Glaubens ablehnen.

Bei aller Notwendigkeit der Glaubensaussage und Darstellung der Glaubensinhalte sagt der KKK: „Dieses ‚Wie' übersteigt unsere

Vorstellung und unser Verstehen; es ist nur im Glauben zugänglich" (Nr. 1000).

Sehr deutlich wird dem Leser die Aufnahme neuer Fragestellungen gegenüber dem Vorgänger dieses Buches, dem „Catechismus Romanus".

Einige Beispiele können dies verdeutlichen. Während der Catechismus Romanus unser Verhalten gegenüber den Tieren unter dem 5. Gebot behandelte, geht der KKK unter dem 7. Gebot auf diese Fragestellung ein und betont die Unversehrtheit der ganzen Schöpfung und erlaubt Tierversuche „in vernünftigen Grenzen" (Nr. 2415, 2417).

In Nr. 2241 stellt der KKK unsere Pflichten gegenüber Ausländern und Zuwanderern dar; der Catechismus Romanus kannte diese Problematik noch nicht. Ebenso nimmt der KKK die Lehren der im letzten Jahrhundert entwickelten Soziallehre der Kirche auf und stellt auch auf diesem Gebiet einen Fortschritt dar.

Während der Catechismus Romanus die Kollegialität der Bischöfe nicht *expressis verbis* kannte, zieht der KKK hingegen die Konsequenz aus der Kirchenlehre des Konzils und bringt in Nr. 880 ff. die Kollegialität der Bischöfe unter Einbettung des Petrusamtes zur Sprache.

Auch in Hinsicht der Massenmedien, eine Erfindung des 19. und 20. Jahrhunderts, kann der KKK unter dem 8. Gebot (Nr. 2493 ff.) viel Wertvolles sagen, wobei besonders die Ausführungen über Wahrheit und Schönheit (Nr. 2500–2503) einen Fortschritt darstellen.

So wurde denn auch der KKK von einem großen Teil der orthodoxen Christen positiv aufgenommen. Der Patriarch von Konstantinopel, Bartholomäus I., freute sich über die „Wiederentdeckung" des Glaubens und sprach von einer Annäherung zwischen Ost und West durch das Buch.[15]

Ebenso äußerten sich auch Vertreter der russischen Orthodoxie[16] positiv. Aus unserer Sicht ist der KKK ein Weltereignis. Jetzt spricht die katholische Kirche mit einer Sprache und jeder Gläubige kann das, was bestimmte „Medientheologen" äußern, an dieser „sicheren Norm"[17] für die Lehre des kirchlichen Glaubens überprüfen. Endlich hat jetzt jeder gutwillige Katholik die authentische Stimme des Lehramtes unserer Zeit in der Hand und kann sein Leben wieder neu an dem Echo der Stimme Christi ausrichten.

Der KKK wird noch „aktuell“ sein, wenn die heutigen Kritiker dieses Buches längst vergessen sein werden.

Auf lange Sicht wird dem KKK eine ähnliche Wirkung beschieden sein wie sie dem Catechismus Romanus zuteil geworden ist.

„Möge er der Erneuerung dienen, zu der der Heilige Geist die Kirche Gottes, den Leib Christi, die Pilgerin auf dem Weg zum unvergänglichem Licht des Reiches, unablässig ruft.“[18]

Anmerkungen:

1 Katechismus der Katholischen Kirche. München/Wien/Leipzig/Freiburg/Linz 1993. Schon bei der Vergabe der Verlage gab es eine heftige Polemik gegen den Vatikan.

2 Eine übersichtliche Information bietet Alfred Läpple: Kleine Geschichte der Katechese. München 1981.

3 Heinrich Zimmermann: Neutestamentliche Methodenlehre. Darstellung der historisch-kritischen Methode. Stuttgart 1970[3], 171.

4 Christus Dominus Art. 30.

5 ebd. Art. 14.

6 Nova Volgata Bibliorum sacrorum editio. Vatikanstadt 1979.

7 Liturgia Horarum. Editio typia altera. Vatikanstadt 1985.

8 Vgl. mein Versuch: Wahre Zeitgenossen. Marien– und Heiligenpredigten. Abensberg 1992.

9 Codex Juris Canonici. Vatikanstadt 1983.

10 Deutsche Übersetzung: Fulda 1973.

11 AKD Art. 119; vgl. auch meinen Beitrag: Zur Rezeption des „Allgemeinen Katechetischen Direktoriums“ in der nachkonziliaren Kirche; in: Joseph Overath: Mehr als nur Jahreszahlen. Vom Wert der Kirchengeschichte für die Seelsorge. Abensberg 1991, 172–188.

12 Vatikanstadt 1975.

13 KKK S.31.

14 Der „Katechismus der katholischen Kirche“ unter theologisch-zeitgeschichtlichem Aspekt, in: *Forum Katholische Theologie* 9 (1993), 81–96.

15 Gianni Valente: Das Wesentliche, das vereint, in: *30 Tage in Kirche und Welt* 3 (1993), 16 ff.

16 Aleksej Judin: Der Katechismus der Entspannung, in: *30 Tage in Kirche und Welt* 3 (1993), 20 ff.

17 KKK S.34.

18 KKK S.34.

Quellennachweise

Vater Jesu? Ein Heiliger in den Schlagzeilen, in: *Katholische Bildung* 88 (1987), 657–669.

„Heiliges Brot" oder der Leib Christi? Überlegungen zur Vermittlung der Lehre vom Altarsakrament im Grundschulalter, in: *Katholische Bildung* 85 (1984), 74–88; 157–173; auch als Broschüre erschienen (Lindlar 1984, 39 Seiten) und verschickt an die Bezieher der „Sonntagsmalblätter" von Pfr. Karl M. Harrer, München.

Etwas Häme gegen den Papst läßt sich gut verkaufen . . ., in: *Katholische Bildung* 90 (1989), 502–507 (Zusammenfassung meines Büchleins: Des Papstes neuer Freund? Eine Auseinandersetzung mit Peter de Rosas Buch „Gottes erste Diener. Die dunkle Seite des Papsttums". Abensberg 1989).

Rom und die Bibel. Widersprüche, Ungereimtheiten? Engelskirchen 1991, 36 Seiten.

Gedanken zur Diskussion über den „Priestermangel", in: *Theologisches* 21 (1991), 454–459.

Das Papsttum als Zeichen des Widerspruchs, in: *Großer Ruf* Nr. 1, 1991, S. 2.

Der Wahrheit wieder auf den Thron helfen. Zur Bedeutung der Internationalen Akademie für Philosophie im Fürstentum Liechtenstein, in: *Der Fels* 22 (1991), 260–262.

*Zur Diskussion um die Frauenordination**. Zuerst im Rahmen der Werkwoche des Weihejahrganges 1982 des Bistums Aachen in Viersen (November 1992) vorgetragen; dann erschienen in *Apostolisches* 2 (1993), 8–10; hier in veränderter Form abgedruckt.

„Froh zu sein bedarf es wenig . . . „ Natürliche Fröhlichkeit und heilige Freude beim hl. Franziskus von Assisi, in: *Forum Katholische Theologie* 6 (1990), 267–276.

„Von der Studierstube ging's zum Beichtstuhl . . ." M. J. Scheeben als Vorbild der Seelsorger heute und morgen, in: *Pastoralblatt* 40 (1988), 130–135.

Seelsorger und Dogmatiker. Ein „Interview" mit M. J. Scheeben anläßlich seines 100. Todestages am 21. Juli 1988*.

Kirche und Katholizismus in der Sicht Dietrich von Hildebrands* (Vortrag im Rahmen der Tagung der Dietrich-von-Hildebrand-Gesellschaft in Bad Reichenhall am 31. Juli 1991).

Respekt vor der Würde des kranken Menschen* (Vortrag auf der Krankenhausseelsorgertagung des Bistums Trier am 10. März 1993).

Paßt der Glaube in ein Buch? Zum Erscheinen des „Katechismus der katholischen Kirche", in: Der Fels 7/8/1993, 201–203.

* bislang unveröffentlicht

Der Autor

Dr. theol. Joseph Overath, geb. 1950 in Sieglar, seit 1982 Krankenhausseelsorger in der Erzdiözese Köln, seit 1989 zusätzlich Pfarrer einer Pfarrei im Oberbergischen.

Zahlreiche Veröffentlichungen, u. a. folgende Bücher:

Einführung in das Studium der mittleren und neueren Kirchengeschichte. Bern/Frankfurt 1979. ISBN 3-8204-6660-6

Joseph Ignaz Ritter (1787–1857). Sein Wirken als Kirchenpolitiker und seine Bedeutung als Kirchenhistoriker. Bern/Frankfurt 1979. ISBN 3-8204-6643-6

Dem Kranken dienen wie Christus selbst. Dokumente zum christlichen Verständnis von Krankheit und ihrer Pflege in Geschichte und Gegenwart. Bern/Frankfurt 1983. ISBN 3-8204-7678-4

Die sieben geistlichen Werke der Barmherzigkeit. Theologisch-praktische Besinnung. Abensberg 1984. ISBN 3-87442-018-3

Kirchengeschichte: Orientierungshilfen, Standpunkte, Impulse für heute. Bern/Frankfurt 1987. ISBN 3-8204-9697-4

Anteil am Leiden ist Teilnahme am Trost. Betrachtungen und Predigten über das Sterben mit Christus. Abensberg 1988. ISBN 3-87442-026-4

Des Papstes neuer Freund? Eine Auseinandersetzung mit Peter de Rosas Buch „Gottes erste Diener. Die dunkle Seite des Papsttums". Abensberg 1989. ISBN 3-87442-028-0

Mehr als nur Jahreszahlen. Vom Wert der Kirchengeschichte für die Seelsorge. Abensberg 1990. ISBN 3-87442-031-0

Rom und die Bibel. Widersprüche, Ungereimtheiten? Engelskirchen 1991 (zu beziehen über: St. Mariä Namen, D-51766 Engelskirchen-Osberghausen).

Diktat der Wahrheit. Ein Dietrich von Hildebrand-Lesebuch. Abensberg 1992. ISBN 3-87442-033-7

Wahre Zeitgenossen. Marien- und Heiligenpredigten. Abensberg 1992. ISBN 3-87442-041-8

Im Kranken Christus sehen. Vom Respekt vor der Würde des kranken Menschen. Trier 1993. ISBN 3-930161-00-1